旅游市场营销

主　编 ◎ 郑忠阳　张春华
副主编 ◎ 宋赵榛　苏　凯　岑人宁

西南财经大学出版社
Southwestern University of Finance & Economics Press
中国 · 成都

图书在版编目(CIP)数据

旅游市场营销/郑忠阳,张春华主编.—成都:西南财经大学出版社,2021.2
(2022.8 重印)
ISBN 978-7-5504-4624-3

Ⅰ.①旅… Ⅱ.①郑…②张… Ⅲ.①旅游市场—市场营销学—高等学校—教材 Ⅳ.①F590.82

中国版本图书馆 CIP 数据核字(2020)第 212224 号

旅游市场营销
主　编　郑忠阳　张春华
副主编　宋赵榛　苏　凯　岑人宁

责任编辑:杨婧颖
责任校对:石晓东
封面设计:何东琳设计工作室　张姗姗
责任印制:朱曼丽

出版发行	西南财经大学出版社(四川省成都市光华村街 55 号)
网　　址	http://cbs.swufe.edu.cn
电子邮件	bookcj@swufe.edu.cn
邮政编码	610074
电　　话	028-87353785
照　　排	四川胜翔数码印务设计有限公司
印　　刷	四川五洲彩印有限责任公司
成品尺寸	185mm×260mm
印　　张	14.5
字　　数	342 千字
版　　次	2021 年 2 月第 1 版
印　　次	2022 年 8 月第 2 次印刷
印　　数	2001—4000 册
书　　号	ISBN 978-7-5504-4624-3
定　　价	42.80 元

前言

QIANYAN

本教材是根据《国家职业教育改革实施方案》（职教20条）的精神，为满足旅游职业教育需要，并结合不断变化的旅游市场的最新特点而编写的。本教材亦是编者们在多年的旅游市场营销教学实践中经验的积累和总结的基础上，结合生产性实训教学资源，为适应新时代旅游职业教育的形式而编写的。本教材的出版由广西国际商务职业技术学院科研启动专项经费资助（GXSWGCC002）。

本教材是按教学常规要求，分18讲进行编写的，每讲内容的设计时长为2学时，并在每讲后设置了生产性实训任务，可以满足部分教师增加教学学时的需要。因此，本教材的教学安排既能适应36学时（周2学时），也能适应72学时（周4学时）的教学需要。本教材在体例上是按照非完全活页式教材来设计的。部分课堂练习内容和生产性实训内容，可以供学生做实训或练习使用，学生填写实训内容后可以直接将活页撕下来交给老师。

本教材由五所职业院校的教师共同编写，广西国际商务职业技术学院的郑忠阳老师和黑龙江旅游职业技术学院的张春华老师共同担任主编，负责了教材体系、知识结构设计并合作编写了两讲的内容。广西国际商务职业技术学院的宋赵榛、岑人宁与柳州市第一职业技术学校的苏凯三位老师为副主编，他们合作完成教材重要的部分内容的编写和部分内容的审校工作。

广西财经学院的周长勇和广西国际商务职业技术学院的许娟、蒋晓艳、李艺、於春毅、李莉思等老师，以及特别邀请的李华、郑叶子、董思豆等企业人士，分别完成其中1讲的内容编写工作。柳州市第一职业技术学校覃梦坚老师编写了第12、13讲的内容。

本教材在知识结构的选取上侧重于选择对职业院校旅游类学生更实用的内容，并创新地通过生产性实训内容，为教师教学和学生学习提供了较为真实的环境和内容。

由于编者水平局限，书中部分内容可能存在疏漏，敬请指正。

编　者

2020年10月2日

目录

MULU

第1讲　市场营销与旅游市场营销

第一节　认识市场营销 …………………………………… 002
第二节　旅游市场营销 …………………………………… 006

第2讲　旅游营销观念与组织结构、岗位职责

第一节　旅游市场营销观念 ………………………………… 017
第二节　旅游企业的市场营销组织结构及岗位职责 ……………… 021

第 3 讲　旅游市场营销环境与市场调研分析

第一节　旅游市场营销环境 ························ 032
第二节　旅游市场调研工具与应用 ························ 039

第 4 讲　旅游者需求与行为分析

第一节　旅游者需求分析 ························ 048
第二节　旅游者消费行为分析 ························ 052

第 5 讲　旅游市场细分和目标市场策略

第一节　旅游市场细分 ························ 064
第二节　选择目标旅游市场策略 ························ 068

第 6 讲　旅游目标市场的定位

第一节　旅游市场定位 ························ 074
第二节　旅游市场定位实训 ························ 077

第7讲　旅游市场营销竞争

第一节　旅游市场营销竞争策略……………………………… 085

第二节　旅游市场营销竞争战略与策略创新 ………………… 088

第8讲　旅行社与其产品营销

第一节　旅行社产品的概念和特点 ………………………… 096

第二节　旅行社企业品牌营销……………………………………… 101

第9讲　餐饮企业市场营销

第一节　餐饮业市场的营销基础与应用 ……………………… 108

第二节　餐饮企业营销的创新发展 ………………………………… 112

第10讲　住宿业市场营销

第一节　酒店产品及酒店营销的特点 ………………………… 120

第二节　酒店市场传统营销模式与"互联网+酒店"营销模式 … 126

第 11 讲　会展旅游营销

第一节　会展旅游 …… 135
第二节　会展旅游的营销 …… 140

第 12 讲　旅游目的地营销

第一节　旅游目的地营销的特点与作用 …… 148
第二节　旅游目的地营销战略的制定 …… 151

第 13 讲　旅游社会化营销

第一节　旅游社会化营销的功能 …… 158
第二节　旅游社会化营销的实现途径 …… 162

第 14 讲　旅游产品营销

第一节　旅游产品的直接销售渠道 …… 170
第二节　旅游产品的间接渠道 …… 173

第 15 讲 旅游商品营销

第一节 旅游商品营销 ……………………………………………… 180

第二节 旅游文创产品营销 ………………………………………… 183

第 16 讲 旅游新业态及其创新营销

第一节 旅游新业态概述 …………………………………………… 191

第二节 旅游新业态市场营销策略 ………………………………… 198

第 17 讲 旅游市场营销的策划与计划

第一节 旅游市场营销策划 ………………………………………… 206

第二节 旅游市场营销计划 ………………………………………… 209

第 18 讲 旅游市场营销组织与控制

参考文献 ………………………………………………………………… 223

第 1 讲

市场营销与旅游市场营销

学习目标

XUEXI MUBIAO

通过本讲的学习，学生应能够达到以下学习目标：

1. 正确认识现代的市场营销及其在社会中的作用；
2. 掌握旅游市场与营销的相关知识；
3. 了解旅游市场营销在实际中的应用情况。

理论概要

LILUN GAIYAO

任何企业都与市场存在着千丝万缕的联系。企业作为市场系统中的一个单位，只有随时能够同市场系统保持输入输出关系，进行物质的、劳务的、信息的交换或置换，才能求得生存与发展。市场不仅是企业生产经营活动的起点和终点，是企业与外界建立协作关系、竞争关系的传导和媒介，而且是企业生产经营活动成功与失败的评判者。认识市场、适应市场、驾驭市场、使企业活动与社会需要保持协调，是企业市场营销活动的核心与关键。

从一般的市场营销到不同行业的市场营销的是如何演变的呢？这个过程是：最初，市场形成了市场营销的基本原理；后来，在具体实施过程中，实施者发现由于行业分工的不同，采取的营销方式方法也有所不同。比如，金融产品的市场营销与农产品的市场营销就有着较大的差别。也就是说，由于产品属性的不同、行业性质的不同，实施者在进行市场营销时，会在市场营销的基本规律和理论的基础上，增加一些符合行业特性的内容，由此形成了行业的市场营销。旅游市场营销就是其中的一个分支。

旅游市场营销是市场营销在旅游业中的具体应用。20 世纪 60 年代开始，旅游业在世界经济中扮演的角色越来越重要，随着现代旅游市场的竞争日益激烈，市场营销学理论逐渐被应用到旅游企业的营销管理中，推动着市场营销与旅游市场二者的融合，从而促进了旅游市场营销学的形成和发展，其对旅游产业发展的指导作用也日益增强。

第一节　认识市场营销

导入案例

褚橙热销

褚橙，原名“云冠冰糖橙”，是冰糖橙、甜橙的一种，它是云南著名特产，以味甜皮薄著称。它是因昔日烟王红塔集团原董事长褚时健而得名。褚橙甜中微微泛着酸，像极了人生的味道，再结合褚时健不同寻常的人生经历，褚橙也叫“励志橙”。

在竞争激烈的水果市场中，原来的云冠冰糖橙并无特别之处，因此它的销售之路也不是很顺利。后来因褚时健的妻子马静芬打出一条的“褚时健种的冰糖橙”横幅，“褚橙”的名字很快被叫开了。消费者听说褚橙是一位80岁著名老人重新创业种的橙子，于是争相购买。“褚橙”很快就销售一空，“云冠冰糖橙”反倒被渐渐淡忘。经媒体追踪报道后，褚橙背后励志的故事被无限放大，通过电商平台的助推，褚橙销量直线上升。

案例解析

褚时健（1928年1月17日—2019年3月5日），他是几十年前名满中国的云南红塔集团有限公司和玉溪红塔烟草（集团）有限责任公司原董事长，被誉为中国烟草大王，是一个备受争议的风云人物。2012年，在被人遗忘了多年后，84岁的他奇迹般地复出，而且带来了一个全新的产品“褚橙”。

王石曾经感慨地说：“如果我遇到他那样的挫折、到了他那个年纪，我会想什么？我知道，我一定不会像他那样勇敢。”

褚时健在遭遇人生挫折后没有自暴自弃，而是承包了2 000亩（1亩≈667平方米，下同）荒山开种果园。当时他已经有75岁了，身体不好，他所要承包的荒山又刚经历泥石流，一片狼藉，当地的村民都说那是个“鸟不拉屎”的地方。然而，他成功了！

所以，市场营销，不是单纯的销售，不是简单的推销产品的使用价值，而是要为用户提供更多的内涵，满足顾客的需求。在这个案例中，卖的不是橙子，是精神！

理论链接

一、什么是市场营销

（一）如何定义和理解市场营销

市场营销（marketing）是一门非常年轻的学科，学科历史不超过150年，但是市场

(market) 本身已经有数百万年的历史了。当人们有了盈余的商品并且对其他商品产生需求时，市场便应运而生了；但当人们想要进一步得到更多的价值时，市场营销就出现了。

过去，我们将市场营销定义为通过销售团队、广告来提升销量，其实这也是当下很多人对于市场营销的刻板印象。

现代市场营销学认为，销售是市场营销活动的一个组成部分，但不是最重要的部分；推销是企业营销人员的职能之一，但不是最重要的职能；如果企业真正了解购买者的需要，按照购买者的需要来设计和生产适销、对路的产品，同时又能够合理定价，做好渠道选择、销售促进等市场营销工作，那么这些产品自然而然地就能销售出去。

市场营销是一门不断发展变化的学科，新的想法、新的理念不断出现，丰富其理论体系。基本上每 10 年左右市场营销理论就有一些巨大的改变（图 1-1）。

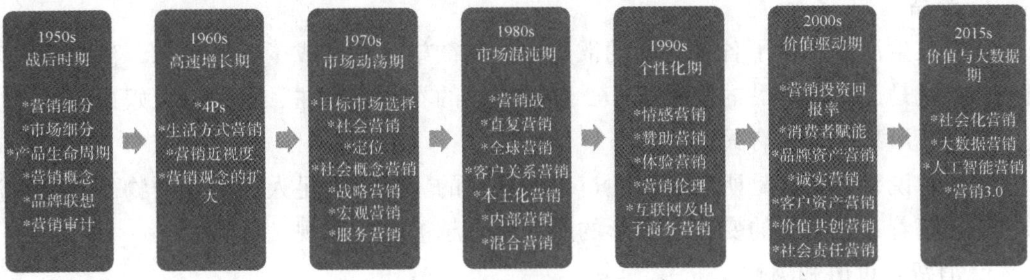

图 1-1　市场营销理论的发展

“现代营销学之父”菲利普·科特勒在 2019 科特勒未来营销峰会上，将现在的市场营销定义为 CCDV（create，communicate，deliver value），即目标市场创造、沟通和传递卓越价值。

这个定义在原有的创造和交换价值的基础上提出了一个新的观点：市场营销是一个驱动企业增长的商业准则，也就是说它的功能是促进企业增长。

为什么说市场营销可以比企业任何其他的职能部门能够带来更多的增长呢？因为市场营销部是唯一一个真正花时间和客户在一起，并希望客户发生购买行为的部门。一名合格的市场营销人员会最早发现市场的机会，即客户的需求，以及企业存在的威胁，或者说在客户买你的产品的时候存在的障碍，并将其反馈回企业从而促进企业的增长。

所以说，市场营销也是企业管理有价值的顾客关系的过程。

市场营销的目的是通过为顾客创造价值而获得回报，基本方法就是在了解消费者需求的基础上，通过满足其欲望发展新顾客（创造卓越价值）及通过创造满意来留住和发展顾客（沟通和传递卓越价值）。在这个过程中企业不仅得使产品对顾客有用（创造价值），还得能赚到钱（获得收益），这两者缺一不可。

企业要想获得顾客价值，就必须发现顾客的真实需求，并通过卓越的产品来满足顾客。这是一场价值交换的过程，而关键在于价值。

我们不妨这样理解：市场营销其实就是企业为从顾客处获得利益回报而为顾客创造价值并与之建立稳固关系的过程。

（二）市场营销的核心

通过对市场营销概念进行深入分析，我们可以从中提取出以下几组关键词：

1. 需要、欲望和需求

（1）需要。需要就是人维持日常生活的基本要求，既包括生理上的，也包括精神上的，它是人自身所具备的，不能凭空捏造。

（2）欲望。欲望是更深层的需要，是人们将需要具象化的表象，它受文化习俗、生活习惯和个人爱好的影响。随着经济的发展、科技的进步，人们的欲望也越来越多，欲望成为企业生产产品和设计产品的主要目标。

（3）需求。欲望作为人们内心想法，其表现是无穷无尽的，但是无尽的欲望之中能够真正实现的却往往只有少部分，这些能实现的欲望，就是需求。可以说需求是特定的欲望，它要求消费者兼具购买欲望和购买能力两个条件。

市场营销要做的事情，就是刺激人们产生特定的欲望，并根据这些欲望提供各种特定的产品来满足消费者的需求。

2. 产品

人们在生活中产生了各种各样的欲望，这些欲望又转变成了各种需求，满足人们不同需求的就是产品。产品的范围很广，包括人们的衣、食、住、行，以及娱乐等各个方面，既有有形物品，也有无形的服务、体验等。

总的来说，产品就是所有可以通过市场获得的、能够满足人们需要的物品。值得注意的是，随着人们需求的变化，无形的服务越来越被人们重视。

3. 消费者价值和满意

（1）消费者价值。消费者通过购买产品来满足自身的需求，但是企业和消费者在认知和目的上的差异会导致消费者购买到的产品，或是无法让他们满意，或是达不到他们对产品的期望。能够直观地反映消费者满意程度的就是消费者价值。

（2）消费者满意。消费者的满意度主要是消费者通过产品提供的功能和消费者对产品期望值的比较来衡量。当产品为消费者带来的功能大于其期望时，消费者会非常满意；当产品为消费者带来的功能等于其对产品的期望时，消费者会感到满意；当产品为消费者带来的功能小于其期望时，消费者会觉得不满意。

（3）品质。企业根据消费者满意来定义产品质量，或者是消费者可以接受的质量。

4. 市场

市场营销理念中的市场由消费者、购买能力和购买欲望组成，也就是说，形成一个市场需要在一定的空间或区域内有充足的人口，并且这些人具有足够的购买欲望和购买能力。

5. 交换和交易

（1）交换。交换是以某些物品与他人换取所需要的物品的行为。交换能否产生，取决于交换的条件，就是说交换后双方感觉是否比交换以前更好。当人们决定以交换的方式来满足需要或欲望时，市场营销就出现了。

（2）交易。交易是交换的基本组成单位，交易是双方之间的价值交换，交换过程涉及大量的工作：卖方必须搜寻买方，找到他们的需要，为他们设计良好的产品和服务，设定合理的价格，有效地开展促销活动，并高效率地进行产品的存储和运输。

二、市场营销的作用

市场营销在社会经济生活中的基本作用就是解决生产和消费之间的各种矛盾，实现生产与消费的统一，满足生活消费和生产消费的需要。但随着市场营销理论的发展，市场营销已经从经营的一种手段上升到一种理念、一种经营哲学和一种文化。

（一）市场营销对企业的作用

在激烈的市场竞争中，企业要及时对市场变化做出反应，必须要建立以市场为导向的经营运作机制，协调好与消费者的各种关系，最终实现企业的效益。

在企业外部，企业要处理好各种利益相关者的关系，建立起与不同利益主体合作的新方式。在企业内部，企业要合理利用人、财、物等资源，搞好营销协作关系。市场营销在现代企业中的地位和作用，是通过市场营销的系统工作来体现的，即企业的所有工作都应围绕营销来展开，以满足客户的需求和实现企业的价值。

（二）市场营销对社会的作用

企业的市场营销工作在“创造与传送生活标准”给社会的同时，也推动了社会的文明进步。市场营销倡导“一切以顾客为中心”的经营理念，主张凡事多为顾客着想，凡事多从对方利益考虑，并在实践中坚持“依法经商”和“以德经商”相结合的原则，推动社会文明的进步。市场营销在促进社会进步和提高人们素质等方面正发挥着巨大作用。

（三）市场营销对个人的作用

市场营销在个人的工作、生活特别是个人的成长中也发挥着巨大的作用。市场营销不仅能给个人创造巨大的财富，而且能体现个人的人生价值。许多人从营销中获得了巨大的成功。世界汽车销售冠军乔·吉拉德、日本推销之神原一平等都是其中杰出的代表，成为人们的偶像或榜样。市场营销在培养人的良好心态、业务素质、个人品德修养和技能水平等方面起到了很好的作用，是社会文明进步的重要推动力。市场营销在促进社会进步和提高人们素质等方面正发挥着巨大作用。

课堂训练

KETANG XUNLIAN

根据你的理解，举例说明生活中有哪些市场营销的行为？你认为它们有哪些作用？

第二节 旅游市场营销

导入案例

世界上最好的工作

2009年1月9日澳大利亚昆士兰旅游局在其网站上发布了一则招聘公告，高薪寻找“守岛人”，并为此专门搭建了一个名为“世上最好的工作”的招聘网站，该网站提供了多种语言的版本，短短几天时间就吸引了30多万人访问。在最高峰时段，1小时内有2.5万人的访问量。截至2009年2月23日，“世界上最好的工作”共吸引来自全球200个国家和地区的近3.5万人竞聘。

事件后期，最终入围的16强中有2位中国人。中央电视台对此事做了追踪报道，各地卫视、各大网络媒体也争相报道。中国人的出境游需求也随之高涨。有关数据显示，在2009年4月，中国大陆参团前往昆士兰旅游的游客数量，是2008年全年人数的总和。

中国台湾地区的选手王秀毓最终入围全球11强，在招聘活动结束的一年内去大堡礁旅游的台湾人也增长了250%。

案例解析

昆士兰旅游局此举招聘，完成了价值上亿元的营销任务。这次招聘可谓“醉翁之意不在酒”。这次招聘也被认为是最好的旅游市场营销的案例之一。本案例最成功之处在于昆士兰旅游局跳出了营销圈子，以创意取胜。其营销策略是跳出直接宣传本身，而借用招聘名义，推出“感受大堡礁，生活在这里”的营销理念。

旅游业是朝阳产业，发展前景广阔。旅游业作为新的经济增长点，在国民经济中的地位与作用日益显著。随着旅游业高速的发展，旅游市场竞争日趋激烈，在这种形势下，旅游企业和旅游营销者必须树立营销创新意识，赢得竞争优势，实现经营目标，提高营销效益。这一案例有两个创新的地方。

第一，引入了“工作”概念。2009年年初，正值金融风暴席卷全球之际，企业大量裁员、失业率居高不下，人心惶惶。所以，谁能够拥有一份稳定、高薪的工作，绝对是一件令人羡慕的事情。基于以上两点考虑，布拉纳团队的想法有了一次飞跃：能生活在大堡礁——不仅仅是旅游，而是拥有一份每小时1 400澳元超高待遇的工作，而且工作环境又惬意，工作内容又轻松。这该会有多么大的吸引力啊！谁能不为这份工作心动呢？

第二，请你们“帮我讲故事”。当这些想法成熟后，布拉纳团队开始为世人讲述这样一个美丽的故事：在北半球一片阴沉和寒冷的时候，这里的热带岛屿阳光明媚，有一份惬意的工作正等着你。是的，但这是“全世界最好的工作”。招聘的流程很漫长，这是布拉纳团队特意设计的，因为只有这样，世界各大媒体才会有充分时间持续报道，能“帮我讲故事”。

理论链接

旅游市场营销学是在市场营销学的基础上发展而来的，主要研究旅游市场营销活动及其规律性。该课程的核心内容是，在买方市场条件下，旅游企业从如何满足旅游者的需求出发，制定企业发展战略，组织企业市场营销活动，从而使企业在激烈竞争的市场环境中获得生存和发展。本书力求在全面系统地介绍旅游市场营销学的基本理论、基本知识和基本方法的基础上，以旅游行业为应用场景进行应用实践，包括分析旅游市场营销环境、研究旅游市场购买行为、制定市场营销组合策略及加强旅游市场营销管理等。

一、旅游与旅游市场

（一）旅游

旅游是一种复杂的社会经济现象，是人类社会经济和文化发展到一定阶段的产物，具有经济现象和文化现象的诸多特点。作为人类活动的现象之一，旅游的内涵和外延一直随着人类经济和社会生活的变化和发展而发展。由于人们的视角和研究侧重点不同，虽然人们对旅游的理解千差万别，但其中还是有一些共同的认识，如人们普遍认为旅游具有以下几个本质特征：

（1）旅游是人的空间位置的移动，而且这种移动是暂时的，这是旅游消费区别于其他消费活动的一个显著特征；

（2）旅游可以有一个或多个动机，但一般认为旅游的动机与游憩相关，当然也可能包括商务、教育、健康或宗教等因素，这一切构成了旅游的基础；

（3）旅游是人们的旅行和暂时居留而引起的各种现象和关系的总和，它不仅包括旅游者的活动，而且涉及这些活动在客观上所产生的一切现象和关系。

基于此，我们可以认为旅游是人们以消遣、审美等为主要目的，到日常生活环境之外的地方旅行和短暂逗留的各种身心体验，它是人们的一种异地休闲生活方式和跨文化的交流活动，是人类社会发展到一定阶段后最基本的活动之一。

（二）旅游市场

旅游市场是社会经济发展到一定程度，旅游活动商品化、社会化的产物。因具体运用的环境和研究目的的不同，人们对旅游市场的理解和认识也不尽一致。一般而言，本书所谈的旅游市场，重点讨论旅游市场的产品市场。我们可做如下三个方面的理解。

1. 将旅游市场理解为有形的交换地点

旅游市场就是旅游产品进行交换和消费的场所，即在一定的地理位置、空间和时间范围内，旅游消费者和旅游产品供应者进行旅游产品交易的有形地点。哪里有旅游产品交换，哪里就有旅游市场。在这种理解下，旅游市场的概念就变得简单了，只要具有交易双方、可交换的旅游产品、可接受的旅游产品价格和用于交易的设施设备，即可形成旅游市场。

2. 将旅游市场理解为无形的交换关系

旅游市场就是旅游产品供求双方之间的交换现象和交换关系的总和。它不仅包括旅游商品交换的相关群体，而且还涉及一定范围内旅游产品交换中供求双方的各种经济活动和经济关系，即旅游产品供求双方及中间商之间以经济利益为纽带，为实现旅游产品相互转让而形成的交换现象和交换关系的总和。

3. 将旅游市场理解为旅游消费者群体

根据市场营销的观点，旅游市场就是指具有旅游产品与服务消费需求和欲望，并拥有旅游产品与服务购买能力和购买权利的消费者群体。旅游市场包括现实市场和潜在市场两部分。现实的旅游市场具有需求和欲望、购买能力、购买权利、旅游消费者 4 个要素，而潜在的旅游市场不一定同时具有前述的 4 种要素，随着时间的变化，当它具备一定的条件后，才能逐步转化为现实的旅游市场。

（三）旅游市场构成要素

旅游市场由三种要素构成，即旅游市场主体、旅游市场客体、旅游市场媒介。

1. 旅游市场主体

旅游市场的主体是旅游者。旅游者是指为了满足自身心理、精神等方面的享受而暂时离开常住地，进行旅游、观光、休闲等方式消费的个人和团体。没有旅游者，旅游市场就失去了存在的基础。

2. 旅游市场客体

旅游市场的客体是旅游资源。旅游资源是指一切对旅游者构成吸引力的自然景观和人文景观等因素的总和。旅游资源应具备的条件是：一是对旅游者要有足够的吸引力和游览价值；二是对旅游目的地当地要能创造出经济效益和社会效益。

3. 旅游市场媒介

旅游市场的媒介是旅游业。旅游业是指向旅游者提供直接或间接旅游服务的行业，它是旅游者与旅游资源发生联系的桥梁。旅游资源开发为旅游者的需求提供了市场条件，而旅游者的旅游愿望与动机为旅游市场扩展提供了可能性，两者只有有机地结合起来，才能实现旅游消费需求，构成旅游市场。

（四）旅游市场的特点

旅游活动及旅游业本身所固有的特点，决定了旅游市场相对于其他商品市场具有以下六个特点：

1. 全球性

全球性是就国际旅游而言的。随着世界经济一体化的进一步推进，国与国之间的往来越来越频繁，带动了政治、文化、生活等方面的全球化进程，人们渴望走出国门，了解其他国家和地区的文化、风俗，这就使国际旅游得到快速发展。

2. 异地性

旅游活动的完成通常伴随着旅游者地理位置的移动，旅游接待企业的客源也主要是非当地居民，因而旅游市场通常都远离旅游产品的生产地（旅游目的地）。旅游市场异地性的特点，既增加了旅游者和企业获取市场信息的难度，也增加了旅游企业经营的交易成本。

3. 季节性

旅游市场的季节性表现在以下两个方面：第一，旅游目的地与气候有关的旅游资源在不同的季节，其使用价值会有所不同，这些旅游资源在特定的气候条件下，旅游价值较高，而在非特定的气候条件下旅游价值则相对较低，由此会形成淡旺季的差异。第二，旅游目的地的气候本身也会影响旅游者的观光游览活动，不同时期的客流量有明显差异。旅游经营者根据旅游市场的季节性特点，应有针对性的对策，尽量避免旅游目的地旺季接待能力不足、淡季设施大量闲置的现象。

4. 多样性

旅游者的年龄、性别、偏好等因素的差异导致了旅游需求市场的多样性，同时，为旅游经营者创造了多样化的市场空间。从旅游供给的角度看，旅游经营者进行不同形式的产品组合，可以使旅游者获得不同的感受和经历。此外，旅游经营者还可以依据旅游者购买形式的不同，采取包价旅游、半包价旅游、散客旅游等多样灵活的经营方式。随着人们旅游需求的不断提高，旅游活动的内涵还会不断增加，变得更加丰富多彩。

5. 波动性

旅游消费属于非生活必需品消费，因此，旅游需求受外部环境的影响往往很明显，如国际局势、突发性事件、季节性、重大社会活动和节假日、汇率、通货膨胀率、物价、工资及旅游者心态的变化等都是影响旅游需求的因素。从长期看，整个世界旅游市场发展趋势是波浪式的，而不是直线式的。旅游消费的波动性还体现在受时间及旅游产品中气候因素约束而导致的季节性变动，这成为旅游市场的显著特征。

6. 高度竞争性

旅游市场的高度竞争性体现在旅游者对稀缺旅游资源的竞争及旅游经营者对旅游者的竞争。在总体上，由于旅游业的市场准入门槛低，旅游市场呈现出高度的竞争性。行业的进入门槛较低，旅游产品易被模仿，最终会使同类产品越来越多，旅游市场的竞争也越来越激烈。

二、旅游市场营销与作用

（一）旅游市场营销的内涵

旅游市场营销是市场营销在旅游业中的具体应用和发展，是以满足旅游者需求和实现企业目标为目的、以实现旅游产品的交换为核心的旅游企业营销管理活动。对于旅游市场营销的概念，我们可以从以下三个方面来理解。

1. 旅游市场营销是以旅游消费者为导向的

旅游市场营销协调各种旅游经济活动，力求通过提供有形产品和无形服务使旅游者满意，从而实现旅游企业的经济和社会目标。

2. 旅游市场营销是一个动态管理的过程

旅游市场营销是旅游企业通过分析、计划、执行、反馈和控制这样一个过程来协调各种旅游经济活动，从而实现为旅游者提供有效的产品和服务，使游客满意，使企业获利的经济和社会目标。

3. 旅游市场营销的适用范围较广

一方面，旅游市场营销的主体较广，包括所有旅游企业（如旅游景区、景点、旅行社、宾馆、餐饮企业、旅游交通等）和相关旅游管理部门；另一方面，旅游市场营销的客体包括有形商品和无形服务等。

（二）旅游市场营销的作用

1. 寻找市场机会

旅游产品的无形性、不可转移性、不可储存性、生产和消费的同步性等特征，以及旅游市场的整体性、波动性、季节性和高度竞争性等特征都给旅游地和旅游企业的经营管理带来了一定的困难。它要求旅游经营者要有非凡的眼光和智慧来分析市场。而旅游市场营销的基本任务就是分析旅游者的各种需求，从社会总需求和总供给的差异中寻找市场机会；对市场进行细致分析，从而在动态变化的市场环境中寻找市场机会。

2. 实现旅游企业经营目标

市场营销理念的原则是“市场需要什么，顾客需要什么，企业就提供什么”。旅游市场营销强调以满足现实和潜在的旅游者需求为根本任务，把利润创造的过程建立在满足消费者需求之上，只有这样，旅游企业才能真正做到自觉改进产品和销售手段，以适应市场需求的变化，从而获得良好的经济效益和社会效益。

3. 合理调节旅游市场的供求关系

一方面，从需求的角度来看，旅游活动的季节性强，易受外界不可控因素的影响；另一方面，从供给的角度来看，旅游产品具有不可储存性、生产和消费的同步性等特点，旅游企业运营的固定成本比较高。因此，合理调节旅游市场的供求关系是重要且必要的，而旅游市场营销管理的中心就是研究旅游市场需求，深入分析旅游者的各种需求状况，使旅游企业的经营保持最佳状态。

4. 密切加强旅游业内部以及旅游业与相关行业部门之间的联系

旅游业由多种不同的行业和部门所组成，同时，旅游业与其他许多行业和部门紧密相连，如建筑业、制造业、银行业、保险业、公安部门等，这些行业和部门及各企业大多是独立经营的实体，但它们之间又横向构合成一个水平的统一体，共同为满足旅游者的旅游需求提供产品或服务。因此，旅游企业在经营管理中必须要重视与相关行业、部门、企业之间的协调。在整体规划、产品开发等环节中，旅游业应充分考虑各利益主体之间的分工与合作，以最大限度地发挥旅游业的整体功能。

课堂训练

KETANG XUNLIAN

请根据大学生毕业季的市场情况，选择一个典型的旅游市场营销的案例，并进行分析。

生产性实训任务

SHENGCHANXING SHIXUN RENWU

北海涠洲岛旅游发展有限公司坐落于中国最大、最年轻的火山岛上——涠洲岛，属于广西壮族自治区北海市涠洲旅游区管理委员会。景区包括南湾鳄鱼山景区、圣堂景区、石螺口景区和滴水丹屏景区等。其中，南湾鳄鱼山景区于2020年被国家文化和旅游部评定为国家5A级旅游景区。

2020年“新冠”疫情期间，广西壮族自治区文化和旅游相关部门联动积极探寻全区文化与旅游业的发展空间，缓解疫情带来的影响。广西全区旅游企业通过“旅游+直播”的方式，借助互联网各平台“云旅游”的模式实现线上引流，提升宣传效果。

创意营销练习：为冬季的广西北海涠洲岛，提出一个营销创意。

第 2 讲

旅游营销观念与组织结构、岗位职责

学习目标

XUEXI MUBIAO

通过本讲的学习，学生应能够达到以下学习目标：

1. 了解市场营销观念的发展过程；
2. 熟悉旅游市场营销的新观念；
3. 了解部分旅游市场营销的组织结构，理解部分岗位职责。

理论概要

LILUN GAIYAO

营销观念是指旅游企业从事旅游营销活动的思想观念和经营哲学，是旅游企业一切经营活动的出发点，也是旅游企业制定营销战略和策略的根本指导思想。

一般来说，营销观念的变化，必然带来营销战略和策略的变化。随着旅游业的发展，旅游企业的营销观念同其他各种类型企业的营销观念一样，也在不断地发展、变化。

一、传统市场观念

在传统的旅游市场发展阶段，尤其是产业发展早期，供方市场优势明显，旅游产品的生产和销售与其他产业接近，符合当时的市场观念，即生产销售导向观念。

（一）生产观念的表现形式

传统的生产观念是一种以产促销的观念，因而传统的生产观念表现为重生产，轻营销以及重产量，轻质量。

（二）产品观念的表现形式

传统的产品观念同样也是一种以产定销的观念，不同的是，旅游企业在早期已开始重视旅游产品的质量、功能和特色。但在早期的旅游市场旅游企业的经营者一般认为："皇帝的女儿不愁嫁，酒好不怕巷子深"。

产品观念的中心：不断提高产品质量，精益求精。

产品观念的不足：轻视市场需求，营销"近视症"。

（三）推销观念

旅游市场的推销观念是以旅游产品的生产和销售为中心的，以促进购买、激励销售为重点的营销观念。旅游企业根据自身条件来决定生产什么旅游产品以及生产多少旅游产品。旅游企业已经开始关注旅游者，寻找旅游者，并设立销售部门来推销旅游产品。

二、现代市场观念

随着旅游产业的发展，旅游消费水平的提高，旅游业供需关系开始发生重大变化。新的营销理念（现代的市场观念）开始形成，也就是市场需求导向观念开始形成。

（一）市场营销观念

持市场营销观念的旅游经营者主张顾客需要什么，我们就生产什么，销售什么。旅游企业的经营思想开始发生由"以产定销"到"以销定产"，适销对路，产销结合的根本性转变。

（二）社会营销观念

全球环境破坏、资源短缺、人口迅速增长等问题日益严重，这要求企业要考虑消费者的整体与长远利益。市场营销学界提出了一系列的新观念，如人类观念（ human concept）、理智消费观念（intelligent consumption concept）、生态准则观念（ ecological imperative concept）。其共同点是企业生产经营不仅要考虑消费者需要，而且要考虑消费者和整个社会的长远利益。社会营销观念是以市场需求和社会效益为中心，发挥企业的优势，满足消费者和全社会的长远利益为重点的营销观念。

社会营销观念的表现形式：从以旅游者为中心转变为以社会为中心。因此，旅游企业在市场营销中，要将旅游市场需求、旅游企业优势与社会利益三者有机地结合起来，确定旅游企业的经营方向。

随着旅游行为的普遍化、旅游消费的个性化和旅游选择的精准化，为更好地适应当前旅游业发展的实际和满足旅游者的新需求，旅游市场营销的观念也在相应发生着改变，这一变化体现在旅游营销组织结构和形式上。例如，旅游企业出现的"旅游顾问"岗位。随着游客群体越来越富裕，有深度旅行意愿的旅游者人数不断攀升。出境游、探险游等新旅游业态项目的开展，催生了"旅游顾问"这一岗位。

第一节 旅游市场营销观念

导入案例

阳朔竹窗溪语禅艺民宿2020年疫情下的营销活动

联合创始人总经理 李华

阳朔竹窗溪语禅艺民宿（以下简称竹窗溪语），在2020年“新冠”疫情暴发后，于当年4月1日正式恢复营业。竹窗溪语不仅在五一假期连续5天满房，而且其四月的入住率已超过60%，仅差12间夜就达到去年同期的入住率水平。

现在的酒店、民宿，不再只是一个单纯住宿的地方，它们已演变成一种场景。这种经营逻辑和商业模式，通过这次疫情后的复工得到了验证。这次疫情给了各大酒店、民宿的从业者一次“冷静思考”的机会。关于如何高效赋能，快人一步重建市场信心，总结起来有以下六点：

一、不悲观、不焦虑，抓住时机修炼内功

疫情期间，滞留在竹窗溪语的外地员工，加上我一共有7人，我们短短休息1周后，就迅速成立了新媒体营销小组。我们每天花费8~10个小时学习酒店运营管理、财务管理、服务营销等在线网络课程，开启了新媒体营销的尝试。疫情重压下的外围困境是修炼内功的绝佳时机，竹窗溪语的优秀大学生团体相互扶持、相互鼓励、携手成长，抓住时机潜心磨练内功，强大自身，加速奔跑。

二、短视频平台的弯道道超车

一场疫情，让中国人被迫提前开启“云生活”，老百姓宅在家里，娱乐方式以及获得疫情最新动态的首选是抖音、微博等社交平台，而且用户在习惯养成后很难再改变其信息获取渠道。对于宅在家的人们来说，能呼吸大自然的新鲜空气，能享受山山水水的诗意乡村是让他们羡慕的生活。

与此同时，我们排查了抖音平台上的旅游/酒店类抖音官方账号发布的内容，发现其中极少的民宿类官方账号内容能制作得特别出众，于是团队成员利用疫情期间人们对乡村美好生活的向往，连续创作阳朔中国最美乡村系列抖音视频，并发布在我们的官方账号上。我们的视频发布后仅在一周之内就获得超过1 970万的流量，超80万的点赞，竹窗溪语品牌获得有效传播。

三、深度发掘民宿特色，创新文化定位

面对这样的形势，2020年2月底，竹窗溪语作为“山水禅生活的”首倡者，提出以禅的智慧打造疗愈度假的生活方式，我们主张将衣、食、住、行、修融入疗愈度假理念，利用能够唤醒身心和疗愈的自然环境，向客人提供专业的健康生活资讯、疗法、课程和活动，让客人在放松享受的同时，获得持续健康的生活方式。

另外，我们通过进一步细化自己的目标客户群体，对企业进行了新的定位，将自己的产品、服务、文化等进行了调整与升级，使它们满足客户需求和新的市场潮流。只有顺应潮流、明确定位才能确保自己能抓取市场的脉络，取得快人一步的复苏。

四、回归服务业本质，落实“亲情化服务+个性化服务”

无论如何，酒店经营的本质是服务，这一点不会变。酒店的经营对象是来自五湖四海的顾客，每个客人都有自己不同的习惯和需求，能为顾客提供即时、灵活、体贴的服务才是服务业的生存之本。个性化服务是针对独特个体的，具有灵活性、针对性、突发性、差异性的服务，也能满足不同客人的个别的合理需求，一般不再额外收取费用。为了更好地回归服务业本质，落实亲情化、个性化的服务，竹窗溪语也在管理上制定了相应的激励机制去充分激发员工的主观能动性，对员工充分关心与支持，充分信任，充分授权，让员工在分享更多决策权的同时又能主动承担更大的责任。

五、加强品牌打造高附加值产品

疫情期间，桂林阳朔的很多酒店、民宿纷纷进行大幅度降价销售。从商业逻辑上，需要产品更新的其他产业可以以降价为手段，将老旧的产品全部抛售出去，卖完之后就能将新产品推出。而酒店产品在降价之后若想要再提升价格就很困难了。所以，若有酒店以降价为促销手段，便会让客源结构发生变化甚至影响酒店的今后营业收入。疫情期间，竹窗溪语增加了艾草足浴、晨练八段锦、瑜伽、音波声疗、冥想课程等健康养疗类的高附加值服务，同时推出乡野减压深睡眠产品套包，坚持不降价，少降价，持续打造品牌特色。

六、重视自有流量池，大力开发私域流量客户

自有流量池不仅仅指的是酒店会员系统里的会员，而且更多的是酒店员工朋友圈里的朋友或者客户，以及已经体验过酒店产品的客人和他们朋友圈等。我们重视酒店自有流量的培育，积累客人与酒店的信任关系。在非常时期，竹窗溪语邀请老客户分享入住的感受，通过图文并茂的形式分享自己的入住经历，从而打消新客户入住前的顾虑。同时我也在不同平台连续开了三场直播。根据竹窗溪语四月份的销售统计，我们的自有流量客源占比达到55%。

案例解析

我国的“新冠”疫情渐渐得到控制之时，2020 年 4 月，各行业也迎来了“复工潮”，但是，大众消费心理也不会短时间内适应现在的环境，而且经济发展面临衰退的可能，旅游消费出现一定水平的下降。

尤其是考虑到疫情之后，住宿行业充满“血腥”竞争。在这种情况下，大住宿行业的经营者也开始要思考一个问题，就是必须要改变一些传统的商业认知，更新营销观念，更多地拥抱如智慧住宿、共享经济、非接触商业等理念。未来 10 年，旅游住宿行业将会是一个智力密集型行业，其营销工作更多的关注方向是品牌影响力、运营能力和营销设计能力。这个行业的快钱红利已经被收割完毕，所以，这次“急刹车”对于旅游住宿行业既是挑战也是机会。疫情只是暂时的，人们对于美好生活的消费诉求却是长久的。新的旅游大住宿业时代已经到来，未来一定会更好，这也要求管理者更多地关注新观念旅游营销，创新发展。旅游营销观念的变化，必须通过有效的营销业务活动来实

现，而营销组织结构是成功营销活动的组织保障。

理论链接

传统的市场营销观念虽然还有一定的借鉴作用，但是，在互联网时代，尤其是2020年的疫情，给中国乃至世界的旅游市场带来巨大的冲击，使旅游市场营销中新的观念正在成为主流，具体的一些观念，简述如下。

一、旅游绿色营销

随着人们环保意识的增强，企业对营销的重新定位以适应社会从消费型向可持续发展型的转变已成为当务之急。旅游绿色营销正是基于这一要求而出现的一种新型的营销观念。它是指在旅游企业生产经营活动的各个阶段减少或避免产生环境污染，注重生态环境保护，发挥自己的竞争优势，创造和发现市场机遇，通过满足现有和潜在游客的需求来实现自己的目标。旅游绿色营销作为实现可持续发展战略的有效途径，无疑是现代旅游企业营销的必然选择。

二、旅游品牌营销

在顾客选择和“注意力经济”的影响愈来愈明显的时代，品牌营销已成为旅游企业不可或缺的策略。品牌是一种名称、术语、标记、符号或图案，或是它们的任意组合，用以识别企业的产品或服务，并使之与竞争对手的产品或服务相区分。旅游品牌是一种独立的资源和资本，是一种超越生产、商品等有形资产的外在价值，它包括品牌忠诚度、品牌知名度、品牌认识度、品牌联想、品牌其他资产（如专利、商标、品牌的各种关系）。

三、旅游文化营销

文化是旅游业可持续发展的灵魂，旅游业是一种文化型的经济产业。旅游文化营销是以旅游者的差异文化需求为导向的市场营销观念。旅游文化营销既体现着物质的交换，也体现着文化的交流；既反映着经济的发展变化，也反映着社会文化、民族文化的变革。通过旅游文化营销形成的经济文化联系，旅游业可以使得各地区、国家和民族的文化互相取长补短、融合渗透。

四、旅游社会化营销

旅游社会化营销，也可以理解为口碑营销，脱胎于旅游服务营销。20世纪中叶，随着西方发达国家陆续迈入服务经济时代，人们开始关注一直作为非主流学派的服务营销。服务营销是指旅游企业依靠提升服务质量来获得旅游者的好评，以优质口碑的方式吸引游客，维护和增进与游客的关系，从而达到企业的营销目标。由于旅游服务产品不同于实体产品，旅游服务营销也不同于一般的产品服务营销，尤其在互联网时代，在智能手机推动社会化软件（社交软件）的快速普及的情况下，这一营销观念再次深化，成为基于社会化媒体的新型营销观念。目前，旅游社会化营销几乎成为旅游企业通用的营销理念之一。

五、旅游体验营销

旅游体验营销是伴随着体验经济而出现的一种新的营销方式，它是指旅游企业通过采用让目标游客观摩、聆听、尝试、试用等方式，亲身体验、感知产品或服务的品质或性能，从而提升游客认知、喜好度并购买的一种营销方式。这种方式以满足旅游者的体验需求为目标，以服务产品为平台，以有形产品为载体，生产、经营高质量产品，拉近企业和旅游者之间的距离。旅游体验营销的目的在于促进产品销售，利用传统文化、现代科技、艺术等手段来增加产品的体验内涵，在给旅游者心灵带来强烈的震撼的同时促成销售。

六、旅游事件营销

旅游事件营销是指旅游企业通过把握新闻的规律，制造具有新闻价值的事件，并通过规范操作，让这一新闻事件得以传播，从而达到广告效果的营销手段。旅游事件营销就是事件营销在旅游业方面的应用，旅游企业通过借助或制造具有新闻价值的事件，并通过一系列的运作，让某一新闻事件广为人知，迅速增加旅游企业的美誉度和知名度。

旅游事件营销有三种类型：一是利用既定事件进行营销；二是利用突发事件进行营销；三是策划事件进行营销。由于既定事件利用的有限性及突发事件利用的不可预知性，旅游事件营销更多的是策划事件的营销。

七、旅游网络营销

旅游网络营销（tourism cyber marketing）简单地说就是指旅游企业基于互联网来实现旅游营销目标。目前，它们更多的是通过移动互联网，与游客和潜在旅游者在网上接触，向旅游者提供更好的旅游产品和服务的营销活动。

八、旅游概念营销

旅游概念营销是20世纪90年代兴起的一种营销方式，它是指旅游企业以某种有形的产品或无形的服务为依托，借助大众传媒，从吸引旅游者的注意力出发，创造新的旅游产品概念和市场概念，进行大规模的整合营销，赋予旅游产品独特的市场定位和鲜明的品牌形象，从而迅速扩大市场份额，实现资产快速增值的一种新营销理念。

九、旅游关系营销

旅游关系营销是指旅游企业将建立、发展同相关个人和组织的关系，作为旅游企业市场营销的关键变量，它把握住了现代市场竞争的特点，因此其被西方理论界誉为“对传统营销理念的一次革命”。它是以系统论和大市场营销理论为基本思想，将旅游企业置身于社会经济大系统中来考察旅游企业的市场营销活动，其核心是正确处理与这些个人和组织的关系，将建立与发展同相关个人和组织的良好关系作为旅游关系市场营销成功与否的关键因素。

十、旅游整合营销

旅游整合营销是20世纪90年代以来在西方盛行的营销理念和方法。它综合协调运用了各种传播方式，传递本质上一致的信息，以达到宣传目的。与传统营销以产品为中心相比，它更强调以客户为中心，强调营销即是传播，即与客户多渠道沟通，和客户建立起品牌关系。与传统营销的4P理念相比，整合营销传播理论的核心是4C，即产品、价格、成本、促销，要求注重和客户的沟通（communication）。旅游整合营销理论对提高旅游企业的竞争力和核心能力，保证旅游企业的可持续发展发挥了巨大作用。

课堂训练
KETANG XUNLIAN

结合本讲的生产性实训资料（阳朔竹窗溪语禅艺民宿），根据其营销理念特点，在其微信公众平台“竹窗溪语三二事”中选择一篇推文，对其在旅游营销观念的应用方面做出点评。

第二节 旅游企业的市场营销组织结构及岗位职责

导入案例

竹窗溪语——禅艺度假酒店之“竹窗溪语爆款套餐抢购活动”

一、营销文案

斩获多项大奖的桂林十大金宿级民宿，阳朔竹窗溪语年终巨献！3折抢499元特惠套餐，周末通用，限量150份！度假必囤的品质民宿！

1. 活动一【套餐抢购】

√ 价值1 532元的2天1晚套餐仅售499元

【景观房+双早+水果下午茶晚安粥+瑜伽晨练+颂钵疗愈+禅意美拍视频录制+县城内接或送+用餐9折】

√ 点击群内小程序或识别图片小程序码11月29日17：00开抢

2. 活动二【0元试睡】

√ 价值1 532元2天1晚套餐免费体验

√ 扫二维码参与转发抽奖，12月6日16：30系统自动开奖

二、营销目的

广西桂林阳朔每年的11月、12月属于旅游淡季，提高产品销售量，减少酒店的淡季损失。

三、针对人群

潜在的对旅游度假、休闲度假、养生疗愈有需求的客户。

四、营销渠道

竹窗溪语公众号：发出预售图文，并引导微信公众号用户进群。

微信社群：用户进群后，客服发出酒店的一些特色照片、活动，吸引有购买欲望的客人，这时客服关注有问题和疑问的客户，并添加这些客人的微信（他们有70%的购买可能性）。

朋友圈：竹窗溪语的客服朋友圈有近3 000位客户，在房券预售前，先倒计时预热，针对有购买欲望的客户进行私聊。

全体员工个人号：社群发送、朋友圈发送。

五、营销创意支撑内容

好玩、有趣、操作越简单，创意越足，用户参与并转发的可能性就越大。对于竹窗溪语本次活动来说，在于有趣，活动力度大，平时房价都是700~1 000元不等价位的房间，现在只需要499元，另外还附有超值的体验活动——禅意美拍视频录制、颂钵疗愈、瑜伽等都很具有吸引力。另外参与这次活动的操作简单，若客人想要购买房券，用微信扫描已生成的二维码就可以在自有开发的小程序直接购买；若客户想要参与抽奖活动，只需要保存海报，将活动内容转发到朋友圈即可。

营销活动效果统计：活动的开始20分钟内，销售50份套餐；活动开展的1个小时内，103份套餐；两天，185份套餐，仅房费销售额达9.3万元。

案例解析

该案例是一个通过自媒体完成企业营销的典型案例。同时这也是旅游企业为适应形势主动实现企业转变组织结构的典型案例。营销活动所涉及的新媒体技术和电子商务技术含量较高，并且工作任务量巨大，已经与传统的民宿或者标准酒店的营销措施有很大区别。其营销策划、计划、和执行，都是基于互联网开展的。

1. 使用社会化媒体平台，重视私域流量，建设自己的用户池

微信平台客服本身就是企业的网络员工形象，竹窗溪语公众号也是链接竹窗溪语民宿的老客户的营销工具。

2. 寻求“海报+口碑”裂变

裂变营销是以传统的终端促销的加强为基础，整合了关系营销、数据库营销和会务营销等几种新型营销方式的方法和理念。裂变首先是需要以一个（或几个）点为基础，成功地突破了这一个（或几个）点后，再进入严格的复制，由一个成功的点复制出另一个点，两个点再裂变为四个……以此类推，先慢后快，逐步推进，从而最终步步为营，快速高效地全面启动整个区域市场。

3. 营销制作网络海报主题合理，设计功底深厚

主题与文案设置具有以下特点：

（1）海报主题文案击中用户痛点，符合用户需求；

（2）主题文案要显眼，朋友圈中即使没有点开海报也可以看到海报主题文案；

（3）文案引发用户共鸣，唤起用户情怀。

其优点有：

（1）成本很低，推广出效果了才付费；

（2）效果迅速，用户的裂变速度超快；

（3）口碑奇好，越多人参与口碑越好。

4. 增加紧迫感，有效利用心理学因素

（1）奖品数量限制如使用“仅限××名免费领取”“已有××位领取”“仅剩××个名额”等。

（2）时间节点限制：“今日限时免费领取”“还剩××天免费领取”等。

该案例中，很多新的营销理念的应用势必推动企业营销部门结构和人员结构发生变化，以配合企业的经营。例如，增加短视频营销组织和人员、提高设计人员的比例等。再如，旅游企业高管参加分享，并亲自设计组织的新营销业务，也是营销组织结构变化的一个体现。

理论链接

旅游企业的市场营销组织的根本任务在于：围绕如何满足旅游消费者的需要的目标，指导和协调企业的经营活动，以保证旅游企业经营目标的顺利实现。首先，我们要分析这一组织的任务有哪些；其次，我们要在此基础上梳理旅游企业营销组织的演变。

一、旅游市场营销组织的基本概念与任务

旅游企业的市场营销组织是指旅游企业中负责管理和执行本企业市场营销工作的组织机构。其主要任务有：计划与管理性任务、执行性任务、协调性任务。

（一）计划与管理性任务

计划与管理性任务是在营销理念的支撑下，企业营销要确立的市场营销业务框架内容主要有七项，即市场调研、市场预测、编制市场营销计划、策划产品的沟通与宣传、

策划产品的销售渠道、计划和编制营销预算、评价和控制营销结果，如图 2-1 所示。

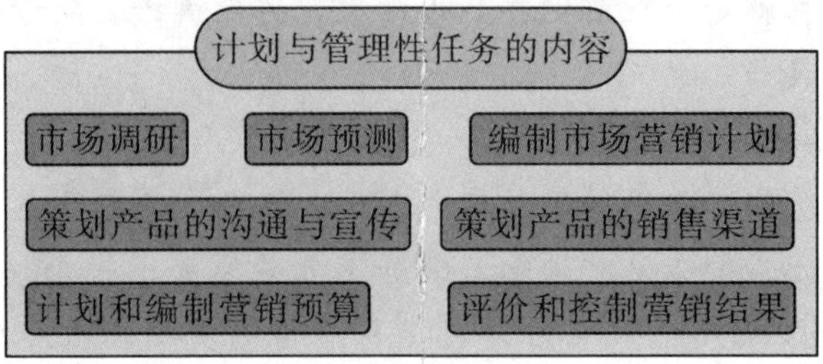

图 2-1　计划与管理性任务的七项内容

（二）执行性任务：

执行性任务是具体实施的过程内容，主要包括以下四项内容：

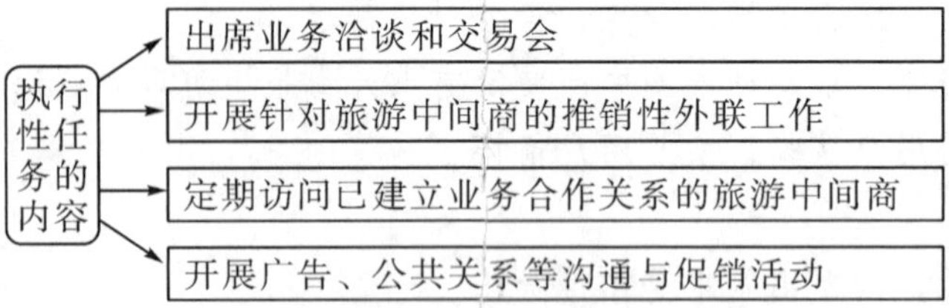

图 2-2　执行性任务的主要内容

（三）协调性任务

有效的营销工作不仅仅是专职营销人员的事情，更需要各部门、各环节配合。企业各部门、各环节密切合作，最终才能让客人满意。企业营销部门如果不能与其他部门、相关企业进行有效沟通与协调，会引发严重后果。

二、旅游企业营销组织的演变

（一）早期简单的销售部门

早期的旅游企业以生产导向为其经营管理的指导思想。销售部门的职能只是简单地推销产品，旅游企业的发展目标、规划、产品开发与价格等主要由生产和财务部门决定。早期的旅游企业的组织框架如图 2-3 所示。

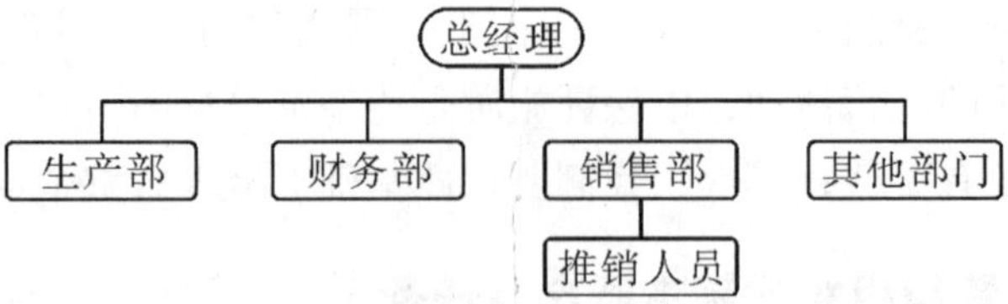

图 2-3　早期的旅游企业的组织框架

（二）兼有附属功能的销售部门

后来，旅游企业逐渐开始以推销导向为其经营管理的指导思想。销售部门的主要职责是加强推销，同时还必须负责广告宣传、顾客服务、旅游市场调查等工作。具有附属功能的销售部门及其企业的整体框架如图 2-4 所示。

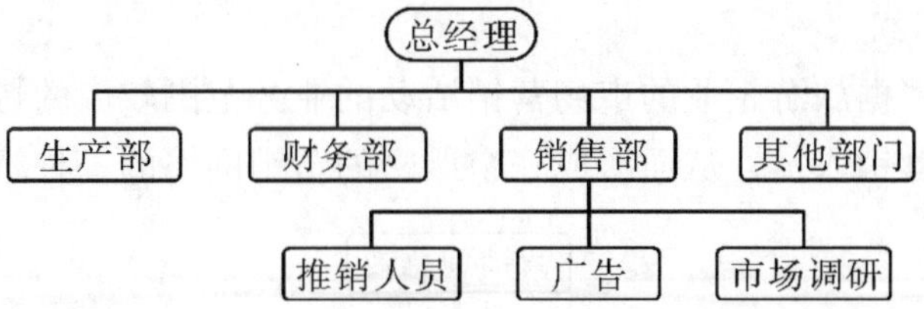

图 2-4　具有附属功能的销售部门及其所在企业的整体框架

（三）独立的营销部门

旅游企业除了推销外，还要进行日常的市场调查、旅游线路开发、广告宣传、顾客服务等工作。市场营销部门独立存在的必要性日益体现出来，最终使推销和市场营销成为平行的职能部门，如图 2-5 所示。

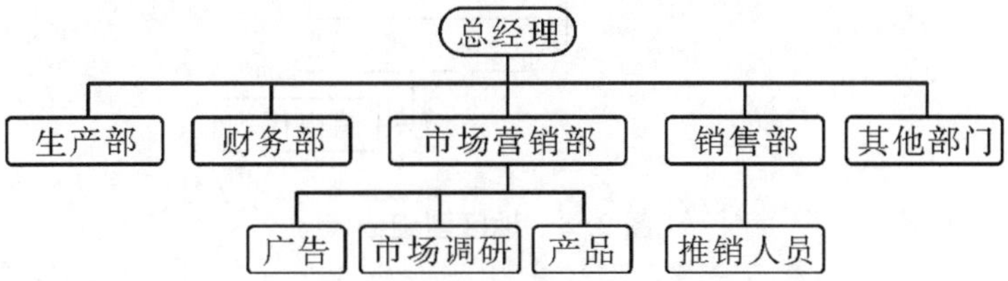

图 2-5　市场营销部和销售部成为平行的职能部门

（四）现代营销部门

随着营销观念的进一步发展，推销和市场营销合二为一，最终形成现代市场营销部门的雏形，如图 2-6 所示。

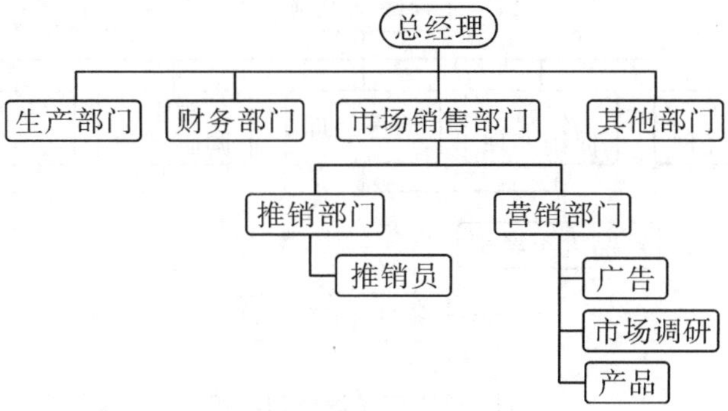

图 2-6　现代市场营销部及其所在企业的整体框架

三、旅游营销的常见组织形式下的岗位与职责

（一）职能型组织

职能型组织是最常见的旅游企业市场营销组织形式，即根据旅游市场营销管理的不同职能来设置旅游企业的营销机构，如图 2-7 所示。

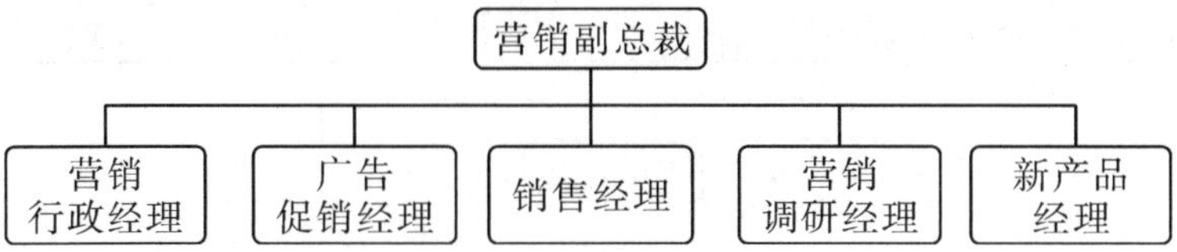

图 2-7　职能型组织

（二）地区型组织

地区型组织是根据旅游企业的市场营销活动的业务范围较广的特点，按销售部门的管理幅度依次增加营销人员，从而形成一个严密的营销网络的一种组织形式。

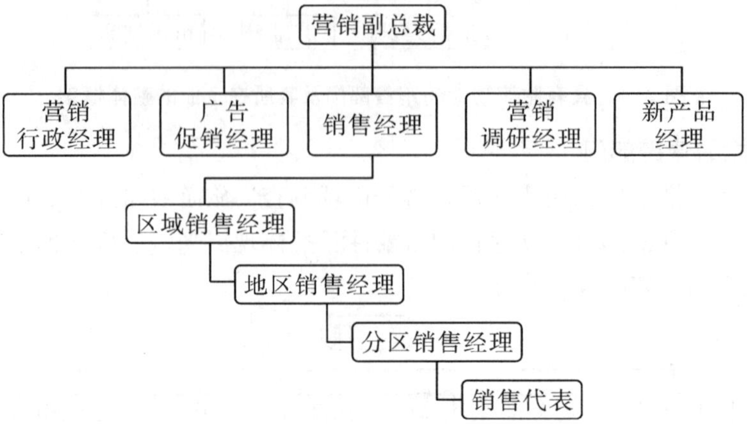

图 2-8　地区型组织

（三）产品管理型组织

产品管理型组织是指根据旅游产品（或品牌）的类别来设置旅游企业的营销机构。产品管理型组织通常由一名产品主管经理负责，下设几名产品大类经理，产品大类经理之下再设置几名具体产品经理去负责具体的产品。

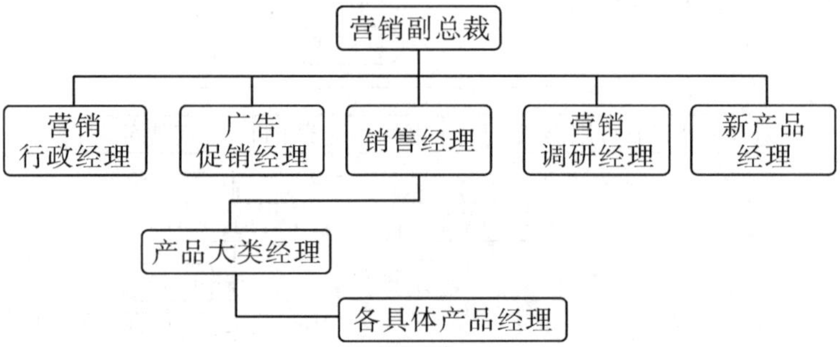

图 2-9　产品管理型组织

（四）市场管理型组织

市场管理型组织是根据旅游消费者的类别来设置的旅游企业的组织机构。这种组织形式由营销副总裁统一领导、协调各职能部门的活动。

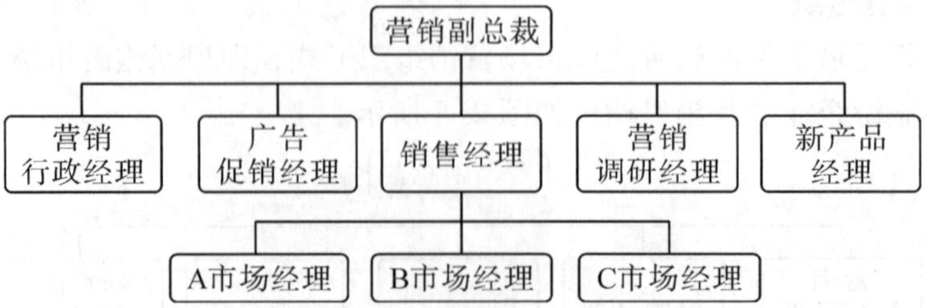

图 2-10　市场管理型组织

（五）矩阵型组织

矩阵型组织形式指根据综合产品和市场两大方面的因素来设置旅游企业的组织机构。这种组织形式一般应用于旅游企业经营多种产品并向多个市场销售的情况。

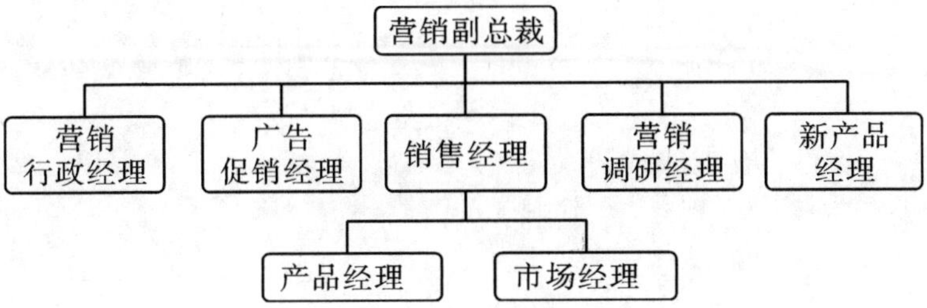

图 2-11　矩阵型组织

课堂训练
KETANG XUNLIAN

请结合本节的导入案例，分析竹窗溪语——禅艺度假酒店的旅游营销组织结构，并将其绘制出来。

生产性实训任务

SHENGCHANXING SHIXUN RENWU

如果你准备新建一家海边客栈来作为竹窗溪语——禅艺度假酒店的姊妹店，该客栈规模为10间客房，5名专职与兼职员工。请参考本节的案例，确立自己的特色营销思路，并给出你的营销组织结构设计。

第 3 讲

旅游市场营销环境与市场调研分析

学习目标
XUEXI MUBIAO

通过本讲的学习，学生应能够达到以下学习目标：

1. 了解旅游市场营销中的宏观环境和微观环境；
2. 掌握旅游市场营销环境的主要分析方法；
3. 了解旅游市场调研方法和分析工具。

理论概要
LILUN GAIYAO

旅游企业提供旅游产品和服务是在一定的市场环境中进行的。旅游企业要充分了解市场经营环境对自身的影响，及时调整自身的行为，适应、利用环境，才能在复杂多变的市场环境中生存与发展。

旅游市场营销环境泛指一切影响和制约旅游企业市场营销策划和实施的内部条件和外部环境的各种因素和力量的总和，它们构成一个多层次、相互关联且不断变化的系统。旅游业是综合性极强的服务产业，这促使旅游企业对营销环境变化的反应更为敏感。

旅游企业的营销活动必须适应复杂的、不断变化的环境。营销成败的关键，首先在于能否把握市场营销环境的特点及其变化，只有与环境的变化相适应、相协调，企业才能顺利地开展营销活动，并实现其预期的各项指标。因此，旅游企业必须注重对营销环境的持久研究，把握环境因素的变化，寻找市场机会，避开环境威胁，从而为制定市场营销战略和市场营销组合提供有价值的信息。只有这样，旅游企业才能审时度势，趋利避害，赢得市场，在竞争中立于不败之地。

在进行旅游市场营销环境的分析和市场调研中，一般有以下三种常见的模型和方法。

一、宏观环境分析模型（PEST 模型）和大环境分析模型（PESTEL 模型）

宏观环境又称一般环境，是指一切影响行业和企业的宏观因素。不同行业和企业根据自身特点和经营需要，对宏观环境因素做分析的具体内容会有差异，但一般都应对政治（political）、经济（economic）、社会（social）和技术（technological）这四大类影响企业的主要外部环境因素进行分析。而大环境分析模型（PESTEL 模型）是在宏观环境分析模型（PEST 模型）的基础上加上环境因素（environmental）和法律因素（legal）形成的。我们通常是通过这六个因素来分析企业集团所面临的状况。

二、波特的行业组织模型

迈克尔·波特教授提出的行业组织（I/O）模型揭示了外部环境对公司战略行动的决定性影响。行业组织模型通常也称为波特五力模型。

三、态势分析法（SWOT 分析法）

SWOT 分析法是战略分析常用的方法之一。它是将与组织密切相关的各种主要优势因素（strengths）、弱势因素（weaknesses）、机会因素（opportunities）和威胁因素（threats），通过调查罗列出来，并依照一定的次序按矩阵形式排列起来，然后运用系统分析的思想，把各种因素相互匹配起来加以分析，从中得出一系列相应的战略。

第一节　旅游市场营销环境

导入案例

“互联网+”时代，文化产业依托旅游市场成长

钦州坭兴陶，是中国四大古陶之一。它是以广西钦州市钦江东、西两岸特有的紫红陶土为原料制成的。它的制作工艺如下：手艺人将东泥封闭存放，将西泥取回，经过四至六个月以上的日照、雨淋使其碎散、溶解、氧化，达到风化状态，并经过碎土工艺处理。此时将东泥和西泥按 4∶6 的比例混合，再制成陶器坯料。东泥软为肉，西泥硬为骨，骨肉得以相互支撑并经过坭兴陶烧制技艺烧制后形成坭兴陶。钦州坭兴陶已成为目前广西的重要旅游商品之一。

钦州的坭兴陶企业（工作室）要做好坭兴陶文化传承者和传播者，传承坭兴陶千年传统技艺的同时，更要讲好钦州故事、坭兴陶文化。钦州坭兴陶是传统文化产业，更是钦州的文化名片。

2015 年，“互联网 +”技术兴起，在旅游业迎来文旅融合的时代后，钦州坭兴陶企业（工作室）迎来了良好的市场环境，企业发展迎来新的机遇。

它们积极拓展线上钦州坭兴陶营销，开通线上宣传渠道（如官方网微信、公众号抖音、今日头条等）及线上销售平台（淘宝、天猫、京东、微店等），加大互联网宣传力度，增强客户对企业及品牌的认知、认同。同时，企业在线下也积极开展传统营销。

它们策划的营销活动包括以下几个：

2018 年 1 月广西卫视播出跨年盛典“美丽带路 守正于芯”。节目中，王兆儒、王茁现场表演坭兴陶雕刻，王文志师傅表演拉坯技术，共同展示了广西匠人精神和坭兴陶的独特文化魅力。该节目还在广西网络广播电视台、新浪网、今日头条、腾讯视频等 9 大网络平台同步直播。

2018 年 3 月 23 日至 26 日，“第 53 届全国工艺品交易会暨‘金凤凰’创新产品设计大奖赛”在古都西安举行，由广西北部湾千年古陶文化艺术有限公司（王兆儒 王茁工作室）创作选送的“海上丝路”系列作品获全国“金凤凰”创新产品设计大赛金银奖。

2018 年 4 月，钦州坭兴陶也首次公开亮相迪拜活动现场，颜兵总监向李凌冰总领事和外宾介绍钦州坭兴陶文化及大师工匠代表作品，受到广泛关注和好评，为坭兴陶走向世界舞台描下重彩！

2018 年 12 月 20 日，第 14 届“中国-东盟礼仪大赛国际总决赛暨颁奖盛典”在泰国曼谷成功举办，本次总决赛前三名的奖品——坭兴陶，由广西北部湾千年古陶文化艺术有限公司赞助。

案例解析

以上是钦州的坭兴陶的企业及工作室应对市场环境的一些营销案例。它们充分分析市场宏观环境，发掘外部环境中存在的机遇和威胁，有效地结合当地资源，顺应市场环境的变化，抓住了市场环境中的机遇。同时，它们主动出击，积极应对传统行业所面临的威胁与挑战，完成了传统线下渠道和新型线上渠道相结合，既实现了低成本投入，又取得了良好的宣传效果。

它们应对宏观环境变化的决策有以下几个方面。

政治政策因素：在“互联网+”的政策背景下，以互联网思维为指导思想，推出线上分销模式，企业以最少的人力成本，最大限度地发挥分销系统功能。企业通过与酒店、旅行社合作，在向客户宣传坭兴陶文化的同时，开展分销业务的推广，精准锁定目标客户，使客户主动参与坭兴陶的营销。

社会文化因素：钦州坭兴陶产业作为传统行业，受到新兴产业的剧烈冲击，钦州坭兴陶产业变被动为主动，将陶艺需要“动手”的特点结合顾客对体验的需求，推出线下体验活动，并结合媒体广告以及自有平台进行宣传，以“坭兴陶文化体验”等为主题的活动多维度地宣传推广坭兴陶以及钦州的文化旅游项目。

技术因素：新媒体以及“互联网+”技术的发展，对于传统行业来说，既可能是机遇，也可能是挑战。钦州坭兴陶产业积极开通线上宣传渠道及线上销售平台，加大了互联网宣传力度。钦州坭兴陶产业正试图把互联网变成机遇，而不是威胁。

钦州坭兴陶产业虽然不能改变时刻变化的市场环境（或因素），但可以顺应市场环境的变化。相关企业通过对市场环境中影响因素的识别和分析，结合自身条件，做出相应决策。

理论链接

一、旅游市场营销环境概述

（一）旅游市场营销环境的含义

旅游市场营销环境是指与旅游企业经营管理、生存与发展有关的并对其市场营销活动有影响的所有力量和因素。这些力量与因素共同构成企业的市场环境，既包括企业外部因素，也包括企业内部因素，它们具有客观性、复杂性、差异性和关联性的特征。有效的市场营销环境分析能够帮助企业洞察市场的变化及其趋势，确立适当的经营策略并能够根据市场环境的变化及时调整策略，以适应环境的变化及市场竞争的需要。

（二）旅游市场营销环境的分类

企业的市场营销环境依照不同的划分标准可以进行不同的分类。

1. 宏观环境和微观环境

根据对企业营销活动影响的范围，我们可以将旅游市场营销环境分为宏观环境和微观环境。

宏观环境是指影响范围大、涉及面广的市场力量与因素。这些因素与力量无法直接对企业进行控制，却能够从各个方面影响企业内外的微观环境，进而影响企业的营销能力和效率。它包括自然地理因素、社会经济、政治法律、科学技术、社会文化及人口等因素。这些环境因素对企业的营销活动一般是间接的影响，所以宏观环境又称间接营销环境。

微观环境是指与企业紧密相连、直接影响企业营销能力和效率的各种力量与因素的总和，主要包括企业内部、中间商、供应商、消费者、竞争者及社会公众。这些环境因素对企业的营销活动有直接的影响，又称直接营销环境。

微观环境和宏观环境不是并列关系，而是主从关系。微观环境受制于宏观环境，微观环境中的所有因素均受到宏观环境的各种力量和因素的影响。

2. 环境威胁和环境机会

根据对企业营销活动影响的性质和方向，我们又可以将旅游市场营销环境分为环境威胁和环境机会。环境威胁是指环境中不利于企业营销和发展的因素，这些因素对企业形成挑战，对企业市场地位、生存和发展构成威胁。环境机会是指对企业营销活动有利的环境因素，为企业提供了发展的机会。

二、旅游市场营销宏观环境分析

旅游市场营销的宏观环境是指影响旅游企业的外部大环境，包括国际环境和国内环境，它对旅游企业营销活动起着重要影响。企业的宏观环境分析一般是用以下六大因素来分析的，即政治因素（political）、经济因素（economic）、社会因素（social）、技术因素（technological）、环境因素（environmental）和法律因素（legal），也就是前文提到的

PESTEL 分析模型。

（一）自然环境

旅游业的发展必须依托一定的自然地理环境，旅游业与自然地理环境存在着密切的联系，而自然资源、气候条件都影响着旅游业的发展。

（二）政治环境

政治环境是指给企业市场营销活动带来或可能带来影响的外部政治形势和状况，它主要指政治局势、国家有关政策和国与国之间的关系等。

（三）法律环境

法律环境主要是指国家或地方政府颁布的各项法律、法规及其实施情况等。

（四）经济环境

经济环境是指一个国家或地区在一定时期的经济发展状况，主要包括国内生产总值、经济发展阶段、收入分配形式、个人消费模式等有关购买力的变量。经济环境直接影响旅游需求的形成、规模和质量。

（五）社会文化环境

社会文化环境是指在一定生产生活方式和社会形态下形成的价值观念、宗教信仰、道德规范、审美观及世代相传的风俗习惯等社会所公认的各种行为规范。它对人们的消费行为有非常大的影响，从而影响旅游企业的营销活动。

（六）科学技术环境

科学技术环境是科学技术进步以及新技术手段的应用对社会进步所产生的作用。科技进步推动了旅游市场的发展，为旅游业提供了新的管理手段，极大地提高了旅游企业的营销效率和服务水平，增强了旅游企业的竞争优势，改变了人们的生活方式。

三、旅游市场营销微观环境分析

与宏观环境相比，微观环境对企业的影响比宏观环境的影响则更为直接。

（一）企业内部环境

企业内部环境主要包括企业内部的各种要素，包括企业资源，员工和企业各部门。旅游企业是由多部门构成的，一般包括企业决策层、财务部、研发部、公关部、市场部及采购部等。

（二）消费者

消费者是影响旅游营销活动的最基本、最直接的环境因素，也是企业最重要的环境因素。我们一般把消费者分为两大类，即个人和社会集团。

（三）竞争者

从消费需求的角度划分，每个企业都面临四种类型的竞争者，即愿望竞争者、一般竞争者、产品形式竞争者和品牌竞争者。愿望竞争者是指提供不同产品或服务以满足不同需求的竞争者；一般竞争者是指提供满足同一种需求的不同产品或服务的竞争者；产品形式竞争者是指提供同类产品或服务，但规格、档次、型号、款式不同的竞争者；品牌竞争者指的是产品规格、档次相同，但品牌不同的竞争者。

（四）供应商

供应商是指向旅游企业及其竞争者提供旅游产品生产所需资源的企业和个人，这些资源包括能源、设备、劳务、资金等。

（五）中间商

中间商是指处于旅游企业与消费者之间，促使交易行为完成的组织和个人，它是生产者与消费者之间的纽带和桥梁，包括经销商、代理商等。

（六）社会公众

社会公众是指对企业实现其市场营销目标构成实际或潜在影响的任何组织和个人。旅游企业的生存与发展依赖于良好的公众关系和社会环境。

（七）波特的行业组织模型

根据波特的观点，一个行业中的竞争，不止是在原有竞争对手中进行，而是存在着五种基本的竞争力量：潜在的行业进入者、替代品的竞争、买方讨价还价的能力、供应商讨价还价的能力以及现有竞争者之间的竞争。这五种基本竞争力量的状况及综合强度，决定着行业的竞争激烈程度，从而决定着行业中最终的获利潜力以及资本向本行业的流向。

波特五力分析属于外部环境分析中的微观环境分析，它主要是用来分析本行业的企业竞争格局以及本行业与其他行业之间的关系。

四、旅游市场营销环境的 SWOT 分析

旅游市场营销环境分析一般运用 SWOT 分析法，SWOT 分析法的最大特点是把企业内部条件和外部营销环境结合起来考虑，得出对企业营销战略地位的综合判断，从而为企业制定营销战略打下基础。SWOT 分析就是企业对内部条件的优势（strength）、劣势（weakness）和外部营销环境的机会（opportunity）、威胁（threat）进行综合分析，对可能的多个营销战略方案做出评价，最终选出合适的方案。

（一）企业内部条件优势-劣势（SW）分析

旅游企业营销要素是指旅游企业自身所具有的营销资源，或称营销能力。营销要素依形态可以分为两类。一类是有形资源，它是旅游企业实施市场战略的物质基础，包括企业的人、财、物等。另一类是无形资源，其包括技术、信息、组织、企业文化等，是企业营销活动的助推器。SW 分析的目的是挖掘市场机会、发挥优势、扬长避短。

（二）外部营销环境机会-威胁（OT）分析

外部营销环境机会是指外部环境中的有利因素。然而外部营销机会能否成为企业实际利用的机会要看其是否符合企业发展目标，能否与企业现有资源和条件相适应，以及企业能否比竞争对手更有效地利用此环境机会。环境机会，可以采用市场机会矩阵来分析，从市场机会的吸引力和成功概率两方面来对其进行评价。市场机会的吸引力是指企业利用该市场机会所能创造的最大利益，通常用市场需求规模、利润率和发展潜力等指标来反映市场机会的吸引力。成功概率是指企业把握市场机会并将其转化为具体利益的可能性。通过机会矩阵，我们把环境机会按照成功率的高低和吸引力的大小分别标在不同坐标区域，采取不同策略。外部营销环境威胁则是指对旅游企业发展产生不利影响和抑制作用的因素，它们对旅游企业形成挑战。对于环境威胁，企业可以采用威胁矩阵来分析。企业在对风险进行衡量时要考虑风险损失发生的概率及损失的严重程度。威胁矩

阵把环境威胁按照发生概率的高低和严重性的高低分别标在不同坐标区域进行分析。

（三）旅游市场营销战略选择

不同的机会和威胁可以组合成四种不同的环境类型，即理想环境、风险环境、成熟环境和困难环境。

理想环境的市场机会很多，严重威胁很少；风险环境的市场机会很多，威胁也很严重；成熟环境的市场机会很少，威胁也不严重；困难环境的市场机会很少，威胁却很严重。

对于理想环境，企业必须抓住机遇，迅速行动，进行产品开发和市场拓展，扩大销售，提高市场份额，提升市场地位。对于风险环境，企业应在充分的市场调查和科学预测的基础上，努力捕捉营销机会，及时做出营销战略决策，争取突破性发展。对于成熟环境，企业在维持正常运转的同时，应积极寻找新的营销机会，为开展新业务准备必要的条件。对于困难环境，企业要么努力改善经营，走出困境；要么立即转移，摆脱困境。

根据 SWOT 分析法，在对旅游企业的内外部环境做出综合分析之后，从内外环境协调平衡的角度出发，其营销战略可分为发展战略、稳定战略、紧缩战略和多元化战略四种，如表 3-1 及图 3-1 所示。

表 3-1　不同 SWOT 状态下的营销战略选择

SWOT 评价结果	营销战略选择	营销战略方向	营销原则	营销决策
优势+机会	发展战略	产品认知	开拓	占领市场、领导同行、增强企业实力
优势+威胁	多元化战略	品牌塑造	进攻	集中优势、果断还击、提高市场份额
劣势+机会	稳定战略	个性凸现	争取	随行就市、速战速决、抓住市场机会
劣势+威胁	紧缩战略	有效回收	保守	降低费用、急流勇退、占领角落市场

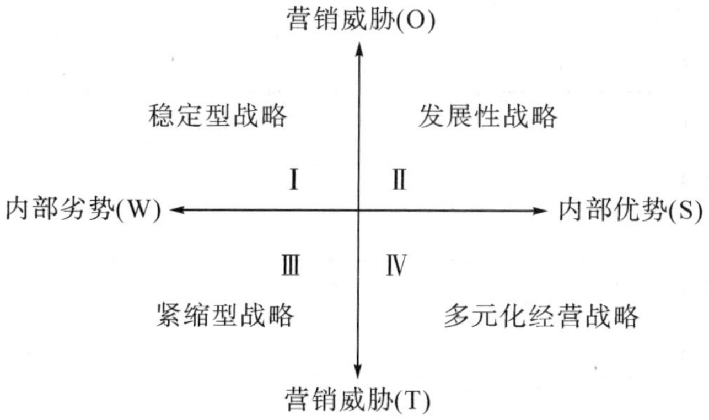

图 3-1　SWOT 营销策略矩阵

通过 SWOT 分析，旅游企业可以明确自身具备的优势，改进或回避存在的不足，并把握有利于自身生存与发展的机会，从而将优势转变为企业的竞争力。

课堂训练

KETANG XUNLIAN

结合钦州坭兴陶文化与旅游市场营销活动的基础知识，请根据当前旅游市场环境，分析并整理旅游市场营销环境的影响因素。

市场外部环境识别	
一、外部宏观环境	
政治因素（P）	1. 2. 3.
经济因素（E）	1. 2. 3.
社会文化因素（S）	1. 2. 3.
技术因素（T）	1. 2. 3.
二、外部微观环境	
企业内部环境（S-W）	1. 2. 3.
竞争者（O-T）	1. 2. 3.

表(续)

市场外部环境识别	
供应商	1. 2. 3.
中间商	1. 2. 3.
消费者	1. 2. 3.

第二节　旅游市场调研工具与应用

导入案例

运用 Excel 表格制作旅游调查问卷表

问卷调查法是国内外各类调查都广泛使用的一种方法。问卷调查可以采用各种文档形式，Excel 是制作问卷文档和进行数据分析的主要工具之一。

为改进旅游管理，提高旅游服务质量，现有某旅游公司拟通过问卷调查来了解游客在游览景区的重点关注的各类问题，该公司决定用 Excel 表格软件来编制旅游调查问卷，如图 3-2 所示。

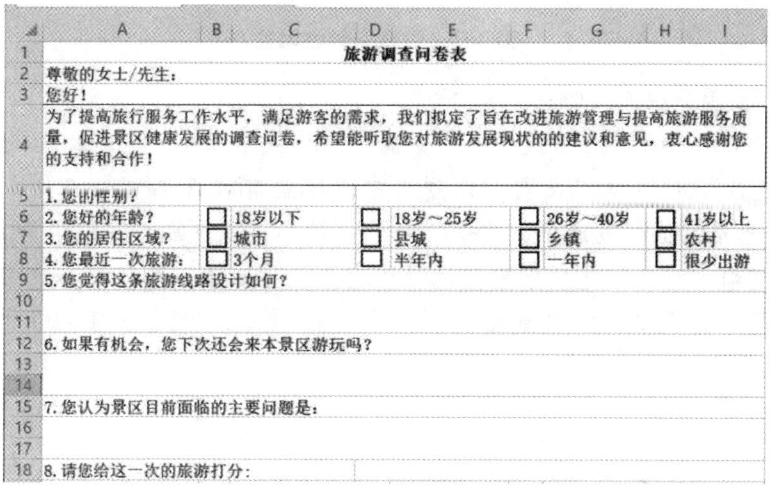

	A	B	C	D	E	F	G	H	I
1	旅游调查问卷表								
2	尊敬的女士/先生：								
3	您好！								
4	为了提高旅行服务工作水平，满足游客的需求，我们拟定了旨在改进旅游管理与提高旅游服务质量，促进景区健康发展的调查问卷，希望能听取您对旅游发展现状的的建议和意见，衷心感谢您的支持和合作！								
5	1. 您的性别？								
6	2. 您好的年龄？	□	18岁以下	□	18岁～25岁	□	26岁～40岁	□	41岁以上
7	3. 您的居住区域？	□	城市	□	县城	□	乡镇	□	农村
8	4. 您最近一次旅游：	□	3个月	□	半年内	□	一年内	□	很少出游
9	5. 您觉得这条旅游线路设计如何？								
10									
11									
12	6. 如果有机会，您下次还会来本景区游玩吗？								
13									
14									
15	7. 您认为景区目前面临的主要问题是：								
16									
17									
18	8. 请您给这一次的旅游打分：								

图 3-2　旅游调查问卷

【案例解析】

本案例要求的“旅游调查问卷”设计，应当注意要设置输入数据的有效性，避免调查对象输入无效信息。同时，为方便客户的信息输入，在问卷中，设计者应给出适当的批注说明，并且，还应注意对文档设置“修改保护”。最后，打印设计的调查问卷。可以采用 Excel 表格软件设计问卷并进行数据分析。

下面将本案例的操作分解为以下四个任务来讲解：

任务一　设计工作表

步骤一，先根据表格的需要设置单元格：

根据表格的样式，设置单元格合并、对齐方式、行高、列宽、边框等。

步骤二，输入内容：

参照图 3-2 输入所需要的字体内容和符号内容。

任务二　设置数据有效性

步骤一，设置性别有效性：

（1）选中 B5 单元格，然后依次单击“数据”→“数据工具”→“数据有效性”按钮，打开的“数据有效性”，从“数据有效性”对话框中的“设置”选项卡，设置有效性条件：“允许”设为“序列”，选中“忽略空值”和“提供下拉箭头”选项框，来源设为“男，女”。

（2）单击“确定”按钮，完成数据有效性设置，效果如图 3-3 所示。

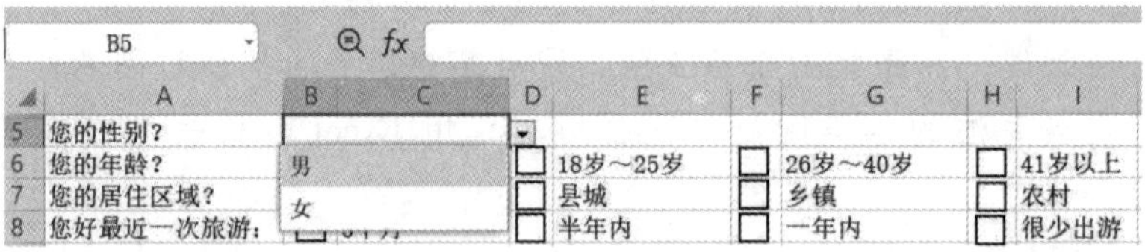

图 3-3　性别有效性设置

步骤二，设置分数有效性：

（1）选中 D18 单元格，依次单击“数据”→“数据工具”→“数据有效性”按钮，在“数据有效性”对话框“设置”选项卡中，设置有效性条件：“允许”设为“整数”，选中“忽略空值”复选框，数据“介于”最小值 1 与最大值“5”之间。

（2）在“输入信息”选项卡中，设置选定单元格时输入的信息：选中“选定单元格时输 入信息”选项框，在“输入信息”列表框中输入“请输入 1 到 5 之间的整数”，如图 3-4 所示。

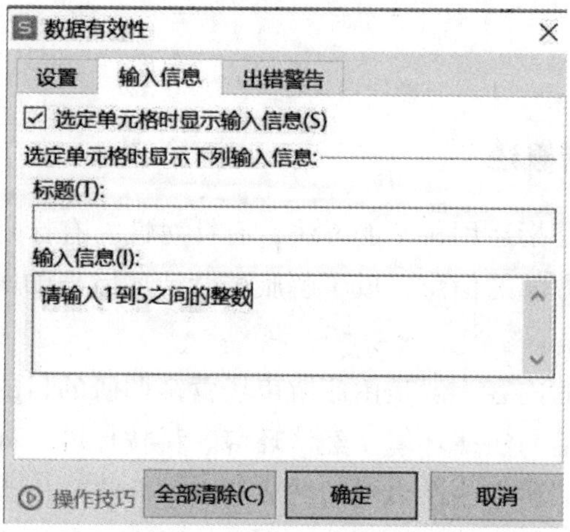

图 3-4　设置输入信息

（3）在“出错警告”这一选项卡中，设置出错警告，输入无效时进行提示：选中“输入无效时显示出错警告”选项框，在“样式”中选择“停止”，在“错误信息”列表框中输入“出错了，出错了，请给出 1 到 5 之间的整数”，如图 3-5 所示。

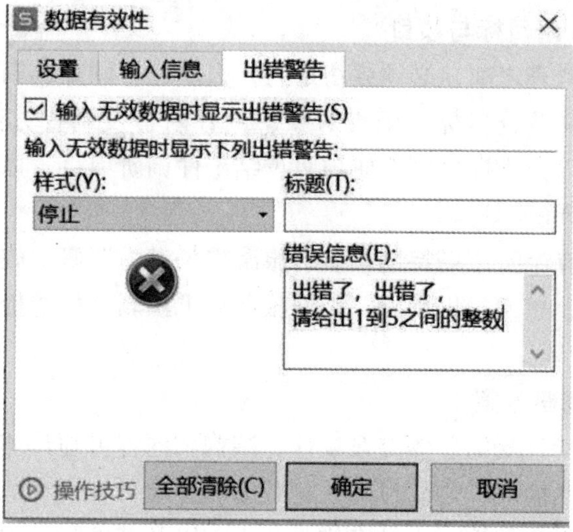

图 3-5　设置出错警告

（4）单击“确定”按钮，数据有效性设置完成。单元格此时禁止输入 1 到 5 之外的整数，如图 3-6 所示。

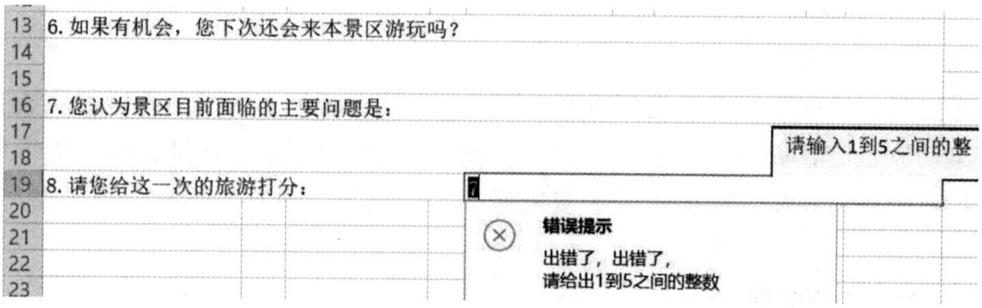

图 3-6　打分设置有效性

理论链接

一、旅游市场调研概述

旅游市场营销调研是指运用科学的方法，有针对性、有计划、系统地搜集、整理和分析有关旅游营销活动方面的信息，以了解旅游营销环境与市场状况，为旅游经营决策提供依据的一系列活动。

旅游市场营销调研的内容一般是由旅游市场营销调研的目的决定。其内容主要有宏观环境调查，如调查政治与法律环境、经济环境、科技环境、社会文化环境等宏观环境因素；或是微观的调查如研究旅游市场的构成特点，并将它作为市场细分的标准，调查客户对不同营销方式的可能态度等，测定市场发展潜力；分析旅游企业竞争者、企业形象、营销可控因素等。正确选择有效的调研工具开展调研，有利于完整、及时、准确地收集调研资料。

二、市场调研的过程

（一）确定营销调研目标与项目

企业在正式进行调查之前，必须弄清楚为什么要进行调查，调查什么问题，解决什么问题，然后才能确立调查目标、调查对象、调查内容及调查方法。按调研目标的不同，这些调研项目可以分为探索性调研项目、结论性调研项目、描述性调研项目、因果性调研项目、预测性调研项目。

常见的调研项目有旅游市场特性调研、旅游市场潜力调研、旅游市场份额调研、旅游产品发展趋势调研、短期销售预测、长期旅游需求预测、旅游价格预测、旅游竞争者调研等。

（二）制定营销调研方案

旅游市场营销调研计划的总体方案设计、结构和内容可随具体情况而有所变化，一般调研方案的内容包括摘要、调研目的、调查的内容项目与调查范围、采用的调查工具与方法、调研进度与经费预算、人员安排与分工，以及其他附录内容。

（三）搜集相关信息资料，实施调研计划

1. 搜集现有的信息资料

现有的信息资料又称二手资料，又称文案资料，是指已有的、为其他目的而搜集到的信息，包括内部资料和外部资料。

2. 进行实地调查，搜集一手资料

一手资料，又称原始资料或实地调查资料，是调查者为实现当前特定的调查目的而专门搜集的原始信息资料。一手资料是为实现营销目标而制定的调研项目所形成的资料，其特点是目的性强，特别适用于搜集那些变动频繁、敏感的要素，但耗费时间长，所需资金多。

（四）分析处理信息

获取的信息必须经过整理汇总和分析后才会给旅游企业提供有效信息。搜集人要保

证资料的可靠性和准确性。校核后的资料要按内容进行分类、编码，统计表要按每一类别编制，市场调查人员利用统计方法对资料做必要的分析。

（五）提交调研报告

调研人员应将调研结果以及对结果的分析以书面形式做出详细说明，写出调研报告。调研报告一般由导言、正文、调研结论与附件组成。

调研报告是对调研成果的总结和调研结论的说明，调研报告的编写力求观点正确、材料典型、中心明确、重点突出、结构合理。

三、旅游市场营销调研的主要方法

旅游市场营销调研的方法很多，常用的方法有访问法、观察法、实验法、文案调查法四种。

（一）访问法

访问法是指调研人员通过面对面交谈、留置问卷、电话、互联网等方式，以调查提纲或调查表的形式，向被调查者了解情况、搜集资料的方法。有面谈访问法、电话询问法、邮寄问卷法和网络调查法。

（二）观察法

观察法是指调研人员到现场进行观察和记录的一种市场调研方法。观察法常常需要与访问法等其他调研方法结合起来使用。

（三）实验法

实验法是指调研人员将调研对象置于特定的控制环境之中，通过控制变量和检验结果差异来发现实验变量与目标变量间的因果关系，它适用于获取因果性调研数据。

（四）文案调查法

文案调查法就是搜集企业内部和外部各种信息资料，从中摘取与市场调研项目有关的信息和资料，对调查内容进行分析研究。

以上四种调研方法，各自有其相应的优缺点，究竟应采用哪一种方法，应视调研的问题和所需资料而定。如果要了解被调查者关于旅游方面的态度，采用访问法效果较好；如果要推介旅游新产品或调查旅游价格问题，则应选择实验法；若要了解旅游者对旅游企业的认同度，则适宜采用观察法。

四、市场调研统计分析工具

市场调研获得的数据资料一般要经过统计分析工具整理分析，才能成为有用的数据资料。常用的统计分析工具有 SPSS、Excel、SAS、EViews、R。

（一）SPSS

SPSS 软件是目前受广泛欢迎的统计分析软件，容易操作，功能齐全，操作可以“傻瓜化”，是非专业统计人员进行数据分析很好选择。

（二）Excel

Excel 软件是我们常用的数据表格软件，也有一定的统计计算分析功能，安装微软 Office 软件一般只有简单的表格处理和计算/公式应用，如果要进行数据分析则需要另外安装数据分析功能，安装完成后软件有 19 种数据分析工具，从“方差分析：单因素方差分析”到“Z 检验：双样本平均差检验”，完全能够满足一般的数据分析需要。

（三）SAS

SAS 软件功能齐全但是价格不菲，该软件虽然尽量简化操作，但是使用者仍然需要经过一定的培训学习才能使用，它也可以进行编程，对于一些初学者的基本统计来说，使用不太方便。

（四）EViews

EViews 软件是处理回归和时间序列等问题的经济计量学软件。它能够处理以时间序列为主的多种类型数据，对数据进行描述统计、回归分析、传统时间序列分析等以及建立条件异方差、向量自回归等复杂的计量经济模型。

（五）R

R 软件是一种免费的、由志愿者管理的软件，编程语言与 S-plus 所基于的 S 语言一样，使用很方便，还有不少统计学家和爱好者不断在 R 网站提供他们编写的各种最新软件包和程序。

课堂训练

KETANG XUNLIAN

为钦州坭兴陶的低价旅游纪念品市场拟定一个营销调研方案并设计调查问卷。

生产性实训任务

SHENGCHANXING SHIXUN RENWU

结合本章第一节的【课堂训练】，利用SWOT分析法评价所整理的因素，并尝试制定企业战略。

SWOT分析

外部环境	
O	1. 2. 3.
T	1. 2. 3.
内部环境	
S	1. 2. 3.
W	1. 2. 3.

SWOT评分

外部环境（OT）

O	权重	评分	加权评分
1			
2			
3			
4			
小计	0.5		
T			
1.			
2.			
3.			
4.			
小计	0.5		
合计	1		

内部环境（SW）

S	权重	评分	加权评分
1			
2			
3			
4			
小计	0.5		
W			
1.			
2.			
3.			
4.			
小计	0.5		
合计	1		

第 4 讲

旅游者需求与行为分析

学习目标

XUEXI MUBIAO

通过本讲的学习，学生应能够达到以下学习目标：

1. 通过学习，深入了解不同旅游者的需求及购买行为的特点；
2. 具备能对影响不同类型的旅游者消费行为的各种因素进行分析的能力。

理论概要

LILUN GAIYAO

人们在旅行游览过程中，为了满足其自身发展和感受的需要便要进行旅游消费。产生旅游需求的客观条件便是要有可自由支配的货币以及闲暇时间。旅游消费是旅游需求的现实直接表现，满足旅游需求的客观和主观条件后，旅游者便可产生消费行为。随着社会生产力的发展，旅游者的消费行为也在变化，对旅游者的消费行为分析有助于了解旅游者的需求，组织科学的旅游市场营销活动。

旅游需求是人们为了满足旅行游览、休闲度假等需要所引发的对一定量旅游产品的需求。旅游需求的形成包括客观因素，也包括主观因素。

但旅游动机是形成旅游需求的主观和直接原因。旅游动机包括旅游者身体、文化、社会交往、地位和声望等方面的动机。促发旅游动机产生的主要心理有：探新求异的积极心理和逃避紧张现实的消极心理。另外，个性心理因素和某些外部因素也可以形成旅游动机。

影响旅游需求的客观因素是非常复杂的，主要包括旅游产品价格、交通费用、旅游目的地（国）的物价水平、货币汇率、可自由支配收入水平、闲暇时间、旅游客源国或地区的人口数量、人口年龄结构、性别结构和职业结构等，以及家庭人口状况、受教育程度、政治因素以及旅游目的地（国）的旅游供给状况，等等。

旅游需求从根本上决定了旅游购买行为。旅游购买行为是旅游产品购买者在收集与旅游产品相关信息的基础上，在选择、购买、消费、评估旅游产品的过程中的各种行为表现，旅游企业通过分析旅游购买行为，可以把握旅游购买者的行为特征，更好地为他们服务。

旅游购买行为分析的作用主要有三个方面：

第一，旅游市场营销决策的基础。

研究购买行为是旅游市场营销的重要任务。企业通过分析和了解旅游购买行为，有助于其找准市场目标，提供受旅游购买者欢迎的旅游产品和服务，以及符合旅游购买者要求的营销产品组合去适应旅游市场。

第二，旅游企业提供个性化服务的条件。

经营者研究旅游购买行为，应充分关注不同类型旅游购买者的需求特点，提供不同旅游产品和服务，以满足旅游者个性化的需求，形成本企业经营特色。

第三，旅游企业引导购买行为的前提。

研究旅游购买行为，有利于企业正确引导旅游购买行为，通过针对性的营销刺激，使旅游购买行为朝着有利于本企业的方向转化。

第一节　旅游者需求分析

导入案例

杭州至无锡的旅游列车途经江苏、浙江和上海，沿线有众多旅游景点。2019 年曾有人在这趟列车上做了一次国内旅游计划的调查，在这次调查中，一位经常跟随父母外出的青年说："今年嘛，我想到哈尔滨冻一冻，到海南去热一热。"另一位在机关单位工作的女士则表示要充分利用假期出去走走，散散心。这份调查统计表明：有 30%的人出省市旅游超过 4 次以上，只有 10%的人没有参加过出省市的旅游。

在旅游景点的选择上，大多数人表现出了对新闻媒体的依赖性。在对"你是通过何种途径了解旅游信息"问题的回答中，有一半以上的人在网络媒体和传统媒体这两种选项上同时打了勾，有 20%的人选择了听朋友的介绍（包括朋友圈），只有 10%的人选择了到旅行社去索取宣传资料。

在旅游行程安排上，大多数被调查者的回答是，在费用一定的条件下，更愿意多跑几个地理位置比较集中，或者是沿线和环线较多的旅游景点，如泰山与曲阜、青岛、威海与烟台，而在长江沿线，不少旅游者将南京、天柱山、庐山连成了一线。当然，也有部分人回答只想去一个休闲景点好好地待上一段时间，如云南丽江、大理或西双版纳等。

案例解析

从导入案例中可以看出，不同的旅游者具有不同的偏好，在旅游需求和消费行为方面也存在一定的差异。因此，旅游企业只有更多地了解旅游者的偏好及需求规律，掌握他们在旅游活动中的消费行为，才能科学地设计有吸引力的旅游产品，提供让旅游者满意的服务，从而获取更好的经济效益和社会效益。

旅游动机是多种多样的。由于旅游消费者的国家、民族、职业、性别、年龄不同，旅游的动机和目的也各不相同。他们有的是为了消遣娱乐，有的重在探亲访友，等等。即使是同一旅游者在不同的时间和环境条件下，旅游动机也会发生变化。

正是由于旅游者有不同的旅游动机，旅游的形式才得以不断翻新和多样。基本旅游动机分为四类：

（1）身体健康方面的动机，包括休息、运动、消遣、娱乐以及其他。忙碌的工作、繁杂的家务、生活的压力使人们的身体和精神都感到疲惫，产生了旅游动机，如观光放松身心、缓解压力、摆脱日常事务的干扰，度假，疗养，参加保健、健身和娱乐活动，参加打高尔夫球、散步、游泳、滑雪等室内外运动等。

（2）文化方面的动机。文化方面的动机是指为了解异国他乡的文化、丰富知识、扩大视野而产生的动机，如了解异国异地历史文化传统、风俗习惯、音乐、艺术、舞蹈、绘画和宗教等，参观宗教圣地、历史遗迹，寻访名胜，参加学术和文艺交流活动。

（3）人际方面的动机。人际方面的动机即社会交往方面的动机，包括接触其他民族、结交新朋友、探亲访友、寻根、回国及家庭联系等。这类动机是为了社会交往，与社会保持经常性接触。

（4）地位和声望方面的动机。这类动机与自我需要和个人发展有关。出于这类动机的旅游包括事务旅游、会议旅游、考察旅游，以及实现个人兴趣爱好的旅游等。这类旅游可以使旅游者被注意、被承认、被赏识、被尊重，获得良好的声望。

理论链接

一、旅游需求的概念和特征

（一）旅游需求的概念

旅游需求是指在一个特定时期内，有旅游欲望和足够闲暇时间的消费者在各种可能的旅游产品价格下愿意并且能够购买的旅游产品的数量。旅游需求是旅游者对旅游产品的需求。旅游需求是一种有效的需求，表现为旅游者的购买欲望、购买能力。

（二）旅游需要、旅游动机和旅游需求的区别

旅游需要就是指当人处于旅游缺乏状态时而出现的个体对旅游愉悦行为的自动平衡倾向和择取倾向，是心理内驱力在潜在旅游者头脑中的意识反映。

旅游动机是由旅游需要所催发、受社会观念和规范准则所影响、直接规定具体旅游行为的内在动力源泉。旅游动机和旅游需要属于心理学的范畴。

旅游需求和旅游需要有区别。旅游需求是一个经济化的概念，而且是一个在旅游者旅游购买决策过程中表现出来的概念。

社会进入相对富裕阶段，就会产生旅游需要。但旅游需要和旅游实现之间存在着一定的障碍。只有克服这些障碍，企业才能使潜在的旅游需要转化为具有现实意义的旅游需求。

二、旅游需求的产生的主观因素及客观条件

（一）旅游需求产生的主观因素

旅游需求产生的主观因素，实质上是人们在各种外在因素和条件的综合作用下，所反映出来的其从生理和心理上对旅游的一种渴望。它包括生理性因素和心理性因素。

旅游动机是由旅游需要所催发、受社会观念和规范准则所影响、直接规定具体旅游行为的内在动力源泉。旅游动机是形成旅游需求的首要主观条件，不同的旅游动机意味着旅游者在旅游形式、出游时间、旅游组织方式和旅游目的地类型选择上的差异。

不同的旅游动机决定了旅游者类型的多样性，同时会带来旅游者消费水平的多样性。

（二）旅游需求产生的客观条件

旅游需求产生的客观因素是指人们可支配收入的提高（前提条件）、闲暇时间的增多（必要条件）及交通运输条件的现代化（重要条件）三个重要因素，分为潜在旅游需求和实际旅游需求。

实际旅游需求是指三大前提条件都具备时的状态；潜在旅游需求是指旅游支付能力和闲暇时间不同时具备时的状态；潜在旅游需求是实际旅游需求的基础，反映了旅游市场的潜力，在有效需求不足的情况下，潜在旅游需求的转化非常重要。

三、旅游需求的特征

（一）旅游需求是一种高层次的需求

旅游需求是一种高层次的需求，表现为人们追求更好的物质和精神享受方面的满足。

（二）旅游需求是敏感性需求

旅游需求是敏感性，表现在对社会政治条件的敏感性和对经济环境的敏感性，例如，2020 年“新冠”疫情对世界旅游业的影响。

旅游者的旅游需求与所在国的经济发展状况呈正向关系，经济发展良好，则旅游需求旺盛，反之，则旅游需求萎缩。价格、个人收入、汇兑替换性、目的地形象、距离和市场等各种经济和非经济因素都会引起旅游需求的变化。因此，旅游需求呈现出敏感性特征。

（三）旅游需求是一种多样性的需求

人们的个性差异，生活条件的不同，经济收入的差别和人们所处的社会环境的不同使人们的需求是多样的，因而旅游需求也表现为一种多样性的需求。旅游需求的多样性是旅游供给多层次性的前提和条件，也是造成旅游供给技术性矛盾的重要原因。

（四）旅游需求是一种主导性的需求

旅游需求的产生虽然受旅游产品吸引力作用，受经济、社会、政治、文化及环境等各种因素的影响，但最根本的还是受人的心理条件的影响。人们的价值观、生活方式、生活习惯、消费特点等都会直接决定和影响旅游需求的产生，因而旅游需求是一种主导性的需求。

（五）旅游需求是一种复杂性的需求

旅游需求的复杂性一方面是由人的心理活动的复杂性所决定的，另一方面是由旅游环境的复杂性所决定的。

（六）旅游需求是一种指向性的需求

指向性的需求表现为旅游需求的时间指向性和旅游需求的地域指向性。旅游需求在时间上有较强的季节性。从旅游客源地的角度看，旅游需求在地域上表现为地域的集中性。

四、旅游需求的影响因素

旅游需求除了受到旅游者的主观因素和收入水平、闲暇时间及交通条件的直接作用外，还受政治、经济、文化、法律、自然、社会等各种外在因素的影响。

（一）人口因素

人口是影响旅游需求的最基本的因素之一。因为旅游本身就是人的一种行为。因此，人口的数量、素质、分布及构成对旅游需求产生着重要的影响，从而形成不同的旅游需求规模和结构。

（二）经济因素

经济条件是产生一切需求的基础，因此，国民经济发展水平、收入分配、旅游产品价格、外汇汇率等都直接或间接地影响着旅游需求的规模及结构。

（三）社会文化因素

旅游者所在不同国家或地区的社会文化的差异，以及由于社会文化因素影响所形成的消费习惯和需求心理，在很大程度上影响着旅游者的旅游需求，从而影响着旅游者的消费行为。

（四）政治法律因素

旅游接待国的政局稳定，则市场对该国旅游产品的需求量就多，反之，则对该国旅游产品的需求量就少。此外，旅游接待国的有关法律、法规及执行情况，也对旅游需求产生着直接和间接的影响。

（五）旅游资源因素

旅游资源和旅游需求相辅相成，旅游资源刺激旅游需求的产生，旅游需求则促使旅游资源转换成经济优势，二者相互影响，相互作用，相互促进。

课堂训练
KETANG XUNLIAN

选取身边五种不同类型的旅游者，并对其旅游的需求进行调研分析，完成下列表格。（每个种类的旅游者不能少于五人）

旅游者类型					
旅游者 特点描述					
旅游动机					

表(续)

旅游者类型					
旅游需求					
产生旅游需求的原因					

第二节 旅游者消费行为分析

导入案例

抗击疫情，夜间旅游活动复苏火爆

随着各种夜经济的迅速火爆，夜间旅游需求更旺盛，人们还发现“80后”和“90后”成了夜间旅游的消费群体，根据中国旅游研究院的大数据调查数据，相比于其他年龄段，18~34岁的群体更热衷于夜间旅游消费。调查数据显示，夜游花费在200~400元和400~600元的比重最高，1 000元以上比重最低。

案例解析

夜间旅游活动形式各样，年轻旅游者居多，是因为这部分群体对于新事物的体验欲望更强，他们更愿意为新奇与兴趣买单，夜间旅游受到了年轻群体的广泛欢迎。调查数据显示，夜间旅游者消费行为整体上是趋于理性的，他们会选择性价比高的产品，而不是激情盲目消费。

随着社会经济的发展，旅游消费的项目不断丰富，且容易受到多种因素的影响。青年人搜集信息的能力很强，在大数据时代背景下，传统的消费行为受到巨大的冲击和影响。借助旅游电子商务软件，消费者可以轻松找到合理的产品价格，旅游市场的价格透明度很高。

夜间旅游的发展，丰富了旅游者的夜间旅游生活，旅游者在旅游过程中的消费行为也发生了显著变化。

理论链接

一、旅游消费行为含义及购买行为类型

我们将旅游者（包括个人和团体）在搜集旅游产品的相关信息进行决策以及在购买、消费、评估、处理旅游产品时的行为表现，统称为旅游消费行为。根据旅游者购买目标、性格特点等差异以及旅游者的购买兴趣表现和能力表现，我们可以对旅游购买行为进行如下分类：

（一）按照旅游购买决策单位进行分类

由于旅游购买的主体不同，旅游购买行为可以分为两类，即旅游消费者的购买行为和组织机构的旅游购买行为。

旅游者消费行为指旅游个体、家庭或群体直接购买旅游产品和服务的行为，由于个体旅游者单独出游与群体出游（包括家庭）出游相比较，其购买行为有很大差异。因此旅游购买行为又分为个体旅游购买行为和群体旅游购买行为。

组织机构消费行为指以某种组织为购买单位的购买旅游产品和活动的购买决策过程。其也可以依据购买决策单位的不同划分为一般组织机构的旅游购买行为和中间商的旅游购买行为。

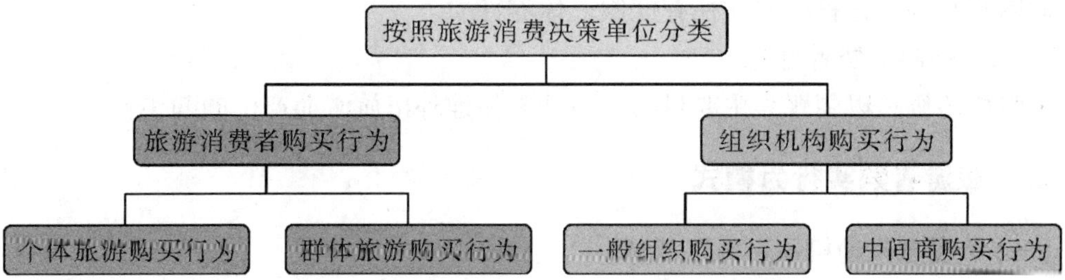

图 4-1　按照旅游购买决策单位进行分类

（二）按照旅游者购买的参与程度进行分类

按照旅游者购买时参与成都高低，旅游购买行可以为分为短程旅游购买行为和远程旅游购买行为。

购买短程旅游产品，旅游者的决策过程简单，信息水平要求相对较低。购买远程旅游产品时，由于远程旅游耗时长、价格高，旅游者会投入较大的时间和精力去搜索相关信息，决策时较慎重，决策过程也复杂得多。

（三）按照旅游者购买动机进行分类（最常见的分类形式）

1. 观光型旅游消费行为

旅游者以观光游览自然风光、名胜古迹、社会风情、博物馆等为主要目的，离开常

住地外出旅行而产生的购买行为。

2. 娱乐消遣型旅游消费行为

娱乐型旅游者以娱乐、消遣求得精神放松为主要目的，离开常住地外出旅行而产生的购买行为。

3. 文化知识型旅游消费行为

文化知识型旅游者以获得文化知识、精神满足为目的，离开常住地外出参加文化旅游活动而产生的购买行为。

4. 公务型旅游消费行为

公务型旅游者以完成公务为主要目的，他们是在一定的时间内到外地出差，顺便参加旅游活动而产生购买行为。

5. 医疗保健型旅游消费行为

旅游者为了在治疗慢性疾病或提高人体健康水平同时又能轻松欢度假期而离开常住地外出参加旅游活动而产生的购买行为。

6. 商务型旅游消费行为

商务旅游又称商业旅游，商务型旅游消费行为是以经商为目的，把商业经营与旅行、游览结合起来的购买行为。这类旅游消费档次高，费用远远高于普通游客。例如，经贸机构从业人员跨地区进行贸易洽谈等。

7. 探险型旅游消费行为

探险型旅游者为了满足旅游者探险、刺激心理需求为目的，离开常住地外出参加旅游而产生的购买行为。

8. 休憩型旅游消费行为

休憩型旅游者以休养、憩息、消遣和精神放松为主要目的，离开常住地外出旅游而产生的购买行为。这种类型往往有度假、休养性质。

9. 宗教旅游消费者行为

宗教旅游则是以朝觐为主要目的，离开常住地外出旅游而产生的购买行为。

二、旅游者购买行为模式

（一）“需求—动机—行为”模式

旅游消费者主动的消费需求，形成旅游动机，最终形成购买行为，构成了旅游购买活动的全过程。游客的消费行为取决于其消费动机，而动机源于需求。当旅游者产生旅游需求而未得到满足时，就会引起一定程度的心理紧张。当出现了可以满足需求的目标时，旅游者的这种需求就会转换为内在的动机，动机驱动着旅游者产生具体的旅游消费行为，如图 4-2 所示。

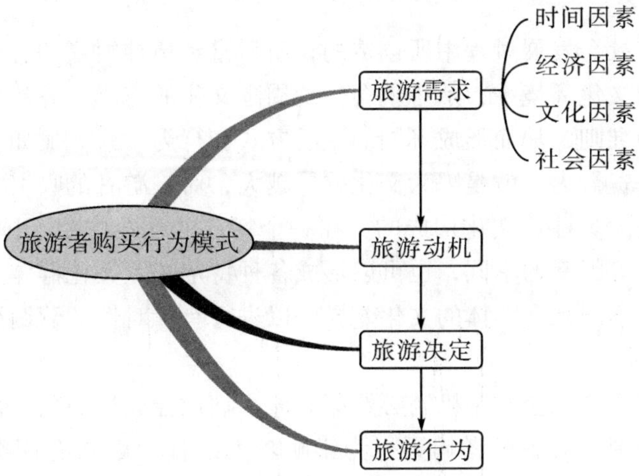

图 4-2　旅游者购买行为模式

（二）“刺激—反应”模式

人的消费购买行为是人的内在要素在受到外部因素刺激下，所做出的相应反应的结果，企业可以把这种消费者的购买行为过程建立一个“刺激反应”模式来表述。在企业未了解旅游者以前，旅游者对企业来说就是一个黑箱，企业对于影响旅游者内在的要素及决策过程的规律一概不知，仅仅知道该黑箱在接受来自外部的环境刺激和企业的营销刺激时，可能会产生相应的反应，表现在旅游者接受外在刺激后所做出的一系列购买决策上。

三、影响旅游消费行为的主要因素

旅游者生活在纷繁复杂的社会之中，其购买行为受到多种因素的影响。旅游企业要想有效地开展市场营销活动，必须分析影响旅游者购买行为的有关因素。旅游企业可以将影响旅游者购买行为的因素归结为文化因素、社会因素、个人因素和心理因素四个方面，如图 4-3 所示。

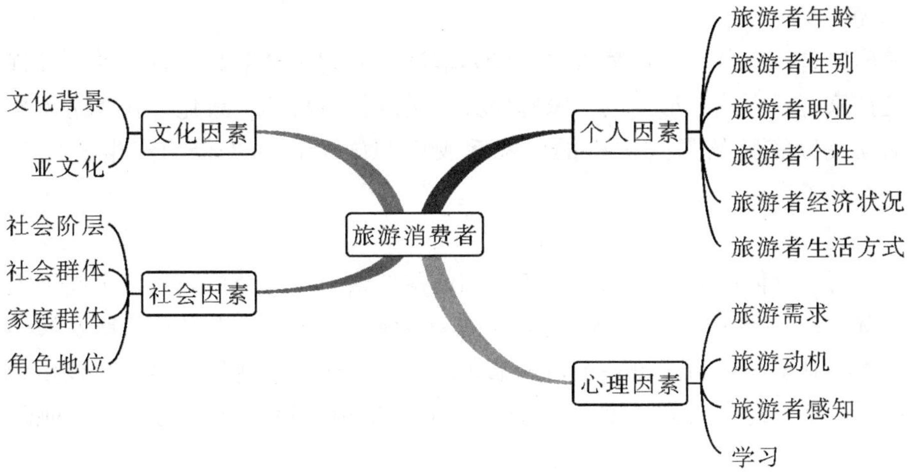

图 4-3　影响旅游消费行为的主要因素

（一）文化因素

文化是人类在社会发展过程中所创造的物质财富和精神财富的总和。每位旅游者都生活在一个特定的文化环境中，从小就会受到周围文化的熏陶，并建立与该文化相一致的价值观念和行为准则，从而形成不同的生活方式和行为方式。例如，中西文化的差异造成的跨境旅游消费行为，就是因为文化差异越大，对旅游者的吸引力就越强。

每种文化都是由多种亚文化构成的，在一个特定的社会中由于国籍、宗教、民族、地域、种族、语言等因素的不同，也可以形成各种特定的亚文化群体。因此，旅游企业营销人员必须了解不同社会群体的文化差异，以进行有针对性的营销活动。

（二）社会因素

社会结构和相应的社会控制机制必然深刻地影响社会成员的购买行为，使个人行为与社会需要相互协调。对旅游者购买行为影响较大的社会因素有四类，分别是社会阶层、社会群体、家庭群体和角色地位。

1. 社会阶层

社会阶层是社会学家根据职业、收入来源、教育水平、价值观和居住区域对人们进行的群体划分，它是按层次排列的、具有同质性和持久性的社会群体。处于同一社会阶层中的成员，一般具有相同的价值观、生活方式、兴趣及消费行为等；而处于不同社会阶层的人在上述方面则会存在较大的差异。对一个旅游消费者而言，处于哪一个社会阶层，将直接影响其对旅游产品的选择，因此，旅游营销人员必须了解不同社会阶层的特征及心理状态差异。

2. 社会群体

社会群体是指对消费者生活习惯和偏好有直接影响的各种社会关系。社会群体主要包括除家庭成员之外的亲属、同事、朋友邻居等，是个人获取外界信息的主要来源。社会群体对旅游消费者的购买态度和对旅游产品的选择具有潜移默化的影响。这是因为旅游消费者信任与其关系较密切的社会群体成员，会觉得从朋友、同事、亲属处所获得的信息比从商业渠道得来的信息更加可靠与更加重要，往往也存在更少的偏见而加以接受。

3. 家庭群体

家庭群体是一个最基本、最重要的所属群体。人们的价值观、审美观、爱好和习惯大多都是在家庭的影响下形成的，家庭使其成员的行为趋于一致化。在旅游消费中，很多旅游活动是以家庭的形式进行的，家庭成员对旅游者购买行为产生直接而长远的影响。

4. 角色地位

个人在每一群体中的位置可以用角色和地位来说明。一个角色包含了周围人期望其进行的所有活动，个人会在不同的相关群体中扮演着不同的社会角色。所扮演的每个角色，都会影响其购买行为。每一个角色都代表了一种地位，地位可以反映该角色在社会中受尊重的程度，对其旅游消费行为产生一定的影响，使其进行与其身份地位相称的消费。

（三）个人因素

旅游者的购买行为也受个人因素的影响，主要包括旅游者年龄、性别、职业、个性、经济状况和生活方式的影响。

1. 年龄对旅游者购买行为的影响

年龄的差异使旅游者在生理和心理状况、收入及旅游购买经验等方面产生差别。因此，不同年龄的旅游者会表现出不同的旅游购买行为。例如，大多数的青年旅游者都喜欢刺激性强、冒险性较强、时尚新潮的旅游产品；中年旅游者则比较理智，讲求实际，重视家庭温暖与和睦，因此更倾向于全家出游，且消费较理性；而老年旅游者则倾向于节奏舒缓、舒适安全且耗费体力较小的旅游活动。旅游营销人员还必须关注旅游者在人生历程中兴趣变化的情况，根据消费者每一阶段的行为特点，制定适当的营销策略。

2. 性别对旅游者购买行为的影响

由于生理因素和社会条件的影响，男性和女性在个性特点与旅游爱好上也有所不同。因为大多男性比女性更富有好奇心理。男性旅游者大多选择能发挥体力优势的项目，如爬山、涉水等，更注意旅游参与的过程，而对其他方面不太敏感，旅游花费较女性旅游者多。而女性旅游者由于体力上的原因，更愿意选择观赏型的旅游目的地和项目，即使选择参与性项目，项目的参与强度也不太大；她们更注意旅游的情境和感受，对旅游目的地的整体环境很敏感。

3. 职业对旅游者购买行为的影响

职业在很大程度上决定了旅游消费者的收入水平和闲暇时间，决定了其社会地位，从而影响旅游购买行为。不同职业的旅游者在旅游购买行为方面会有一定的差异。

4. 个性对旅游者购买行为的影响

个性在心理学中也称为人格特质，是指个人独特的心理特征，个性促使个人对周围环境有相当持续一致的反应。个性特征直接影响旅游者的购买行为，不同个性的旅游者所选择的旅游目的地和购买方式往往有很大的差异。了解旅游者的个性特征才能有针对性地提供令他们满意的旅游产品与服务，以实现旅游市场营销的目的。

5. 经济状况对旅游购买行为的影响

购买力是旅游购物需求产生的前提条件之一，它直接影响着消费者购物过程的购买决策。旅游消费者经济基础越高，产生购买行为的频率就越高，反之亦然。旅游消费是一种弹性较大的消费，旅游者的经济状况在很大程度上影响其对旅游产品和服务的价格选择，最终影响其旅游服务。

6. 生活方式对旅游购买行为的影响

生活方式是一个人所表现出来的有关其活动、兴趣和看法的生活模式，是消费者内在动机和性格特征与外部社会相融合后的一种表现。

（四）心理因素

旅游者的旅游购买行为受到旅游者心理因素的影响，主要体现在以下四个方面。

1. 动机

动机是人们采取某种行为的内在动力或愿望，动机是旅游者购买行为的最根本的驱动力。旅游动机引导人们去探求满足旅游需要的目标，通过旅游购买及消费来缓解生理和心理上的紧张感。人类的需要可分为生理性需要和心理性需要，因此，动机也分为生理性动机和心理性动机。

旅游动机从根本上讲属于心理性动机。由于动机源于人类的需要，因此通过了解人类的需要就能深入地理解人们的旅游动机。美国著名心理学家亚伯拉罕·马斯洛认为人是有欲望的动物，人的需要是以层次的形式出现的，按其重要程度大小由低级需要逐级向上发展到高级需要，依次为生理需要、安全需要、爱和社交需要、尊重需要和自我实现需要。这些需要被刺激产生后，人类才会有各种各样的购买行为。

2. 知觉

知觉是人对外部事物的信息筛选、加工和解释的过程。知觉受刺激物的特点和刺激物同周围环境的关系以及感知者自身因素的影响，在很大程度上影响旅游者的购买行为。

3. 学习

学习是一种经由练习而使人在行为上产生持久改变，从而使人们适应自身和周围环境变化的过程。旅游者的学习内容包括旅游动机学习、旅游态度学习、旅游经验学习，对旅游购买行为的产生具有深刻的作用。当一种需要产生时，人们就通过学习来获得需要的满足，如购买行为就是一种习得行为。

4. 态度

态度是指人们对某种客观事物或观念比较一贯的评价、感觉及行动倾向。态度能够使人们对相同或相似的事物产生大致相同的行为，从而避免了对每一项新事物都要以新的方式做出反应，节省了时间和精力。因此，态度具有稳定性和一致性，一般很难改变。在大多数情况下，对某种产品和服务持有肯定态度的人就会倾向于购买该种产品和服务。

三、熟悉旅游者和组织机构购买决策的过程

旅游者的消费过程，是一个相互关联的消费行为系列，旅游消费过程在购买行动发生之前就已经开始，而且还包括购买后的行为。这个过程一般分为五个阶段，即问题识别、信息搜集、可选方案评估、购买决策以及购买后行为。

（一）问题识别

旅游者的购买过程从问题识别开始。问题识别是从认识旅游者需要产生的动机开始的。需要可以由旅游者的生理和心理状况引起，也可以由外部的刺激引起。需要上升到一定程度就成为驱使人们行动的力量。

在这一阶段，旅游营销人员要了解旅游消费者有什么需要，努力唤起和强化消费者的需求，并协助旅游者确认需要，创造需要。

（二）信息搜集

人们产生了旅游需要后，就会对所需对象产生兴趣，一般会有意地或下意识地寻找有关产品的信息。旅游者的信息来源有四种：相关群体来源（家庭、朋友、邻居及同事等）、商业来源（旅游广告、推销等）、公共来源（大众传播媒体、各种非企业的评审组织）和个人经验来源（旅游者自身的旅游经验）。

（三）可选方案评估

旅游者进行购买选择时，不论是目的地选择还是单项旅游产品的选择，都会在多个

目的地或品牌中进行。在大多数情况下，一个旅游者在进行目的地选择时，一般只会从几个目的地中进行挑选，并对其中的选项进行分析、整理、评估，以形成自己的观点和倾向。旅游营销人员只有使自己的产品入围消费者的选项清单，才有被选中的可能。

（四）购买决策

通过对可选方案的评估，旅游者已经初步产生了购买意图。购买意图如果不受其他相左意见和信息的干扰，就会导致购买决策和购买行为。一般而言，购买意图和购买决策过程包括品牌决策、经营商（或代理商）决策，时间决策、数量决策和支付方式决策等。

（五）购买后行为

旅游者完成的购买行为和消费行为，既是一次旅游消费活动的结束，同时也可能是下次是否购买的开端。不管是满意、不满意，还是疑虑，每一种体验都会伴随着特定的购买后行动，这又会影响到该旅游者下次的购买行为以及他人的购买决策。因此，购买后行为对于旅游营销人员具有重要意义。旅游者购买后的满意程度是由两种因素共同作用的结果：产品实际质量和顾客期望的产品质量。

四、旅游组织机构的分类和特点

旅游组织机构按照购买产品和服务的目的不同，分为一般组织机构和旅游中间商。组织机构购买旅游产品和服务是为了自己消费，如企事业单位、各种协会机构、社会娱乐组织等。

旅游中间商则是为了盈利而购买产品和服务，包括各类旅游企业、旅游批发商、旅游代理商、旅游零售商等。

影响一般组织机构购买行为的因素分为外部因素和内部因素。

影响企业旅游购买行为的外部因素主要包括经营环境因素和竞争者因素。企业的经营环境由宏观经济、政治、技术以及社会文化等因素构成，这些因素对企业的旅游购买行为产生重大影响。

影响企业购买旅游产品和服务的内部因素包括该企业的业务特点、经营宗旨、制度、组织结构以及购买中心或购买成员个人特点等。企业的业务特点决定了该企业员工出差的方向、时间，并间接影响对交通工具、食宿设施的选择。企业文化和公司制度在很大程度上影响着企业商务人员的旅游购买行为。

组织机构的旅游购买过程与个体购买者的旅游购买过程有相似之处，但也存在很大差别。组织机构的旅游购买过程要经过以下五个步骤：识别购买需求、建立购买标准、寻找供应商、选择供应商、购买后的评估与反馈。

（一）识别购买需求

当组织机构中有成员意识到某种需要或问题要通过旅游服务的购买才能解决时，组织机构的旅游购买过程就开始了。旅游购买的需求除了使用者了解之外，购买人员或组织高层管理人员也应该了解。他们对需求进行重新判断和说明，并以此为基础建立购买标准。

（二）建立购买标准

使用者及购买者明确了旅游购买需求后，就会为购买确立各种标准，其内容包括公司应购买哪一类型的旅游服务；有多少人参加本次旅游；旅游线路及目的地选择具体的时间安排；活动项目安排；交通及饮食住宿设施的选择；所需费用的初步预算，等等。这些标准经上级主管人员批准后，就可以以此来寻找旅游供应商。

（三）寻找供应商

购买人员可以通过各种方法寻找旅游服务企业。他们可以查找企业名录，请旅游行业协会的咨询机构或者同行推荐。在此基础上，购买人员可以选择 4~7 个旅游服务企业，把购买标准拟定为招标书或招聘书，寄送给各个旅游服务企业，并请它们提出各自的建议书或投标书，以作为选择的依据之一。

（四）选择供应商

在这一过程中，公司决策人员依据各个旅游服务企业提供的投标书或建议书选择旅游服务企业。在选择过程中，公司成员会考虑旅游服务企业的信誉、产品、质量、价格、支付条件、营销人员的素质以及对公司购买人员的需要所做出的反应。

（五）购买后的评估和反馈

在这一阶段，购买人员对每个旅游服务企业的绩效进行综合评估。在较重大的旅游购买行为发生后，购买中心人员一般都会向产品和服务的最终使用者征求意见，了解他们对产品和服务的满意程度。购买后的评估和反馈最终可帮助购买中心做出下次是否继续购买该旅游企业的产品和服务的决定。

课堂训练

KETANG XUNLIAN

请描述你自己某一次出行的旅游购买行为的五个阶段。

生产性实训任务

SHENGCHANXING SHIXUN RENWU

武汉中部对外经济技术合作集团有限公司（简称“武汉中部集团”）是一家以国内外高端人才资源服务为核心，集职业教育、教育投资、职业技能培训、校企合作运营管理、教育产品研发、教育信息化产品生产销售等业务于一体的综合性企业。2018年公司扩大经营成立集团公司，简称“武汉中部集团”。

该公司建立了一套完整并规范的科学营运体系，在企业的规范管理，操作、运营、监控及应急处理等环节都有效地进行了控制，为企业的良性发展奠定了坚实的基础，经过十多年的发展累计安置就业人员已达万人，和多家国内外优秀企业建立了良好的合作关系。

根据武汉中部对外经济技术合作集团的资料，试分析这一企业组织机构的旅游消费行为特点。作为采购集体旅游产品的一般组织机构，它可能有哪些行为？（从识别购买需求、建立购买标准、寻找供应商、选择供应商、购买后的评估与反馈五个方面分析）

第 5 讲

旅游市场细分和目标市场策略

学习目标
XUEXI MUBIAO

通过本讲的学习，学生应能够达到以下学习目标：

1. 理解旅游市场细分的含义和作用；
2. 识记旅游市场细分的原则和依据。

理论概要
LILUN GAIYAO

20 世纪 90 年代，菲利普·科特勒指出，企业在确定自己的目标市场的过程中，要经历三个过程：市场细分化、市场目标化、市场定位。

市场细分就是按照购买者的需求和欲望、购买态度、购买行为特征等不同的因素，把一个总体市场划分成若干个具有共同特征的子市场的过程，这对提高企业营销效率十分重要。分属于同一细分市场的顾客，他们的需要与欲望极为相似，分属于不同细分市场的顾客对同一产品的需要和欲望存在着明显的差别。旅游企业市场细分就是将一个错综复杂的旅游企业市场划分成若干个具有相同需求的子市场，以确定旅游企业目标市场的过程。

通过市场细分，我们会发现不同欲望的消费者群，任何时候和地点，都会经常存在一些未满足的需求，这就是市场机会。但不是所有市场机会都会成为企业的机会。只有市场机会与企业的目标、任务、资源条件一致，并且比其他竞争者具有更大的优势时，市场机会才是企业的机会。

所以，企业要根据自身特点从细分的市场中选择适合企业的目标市场，并最终完成合理的市场定位。在旅游市场中，很多差异化竞争获得成功，主要归功于这一工作的成功。

旅游市场细分把旅游市场划分为若干个分市场，并从中选择自己的目标市场。旅游市场细分是分析旅游消费需求的一种手段，对于旅游企业而言，它有以下四种作用。

（1）有助于发现营销机会，及时寻找新的市场机会。

（2）有助于制定和调整营销因素组合，适时调整营销策略。

（3）有助于取得有利的竞争地位，制定灵活的竞争策略。

（4）可以更有效地使用各种资源，为中小型企业选择独特发展空间、回避大企业的竞争。

在众多的细分市场中，到底哪些细分市场对旅游企业来说吸引力更大？如何确定先后次序和轻重缓急？只有将市场进行细分并评估以后，才能分清细分市场的主次。

第一节　旅游市场细分

导入案例

万豪国际酒店集团公司

万豪国际集团旗下拥有30个标志性酒店品牌：万豪、喜来登、JW、万丽、W、威斯汀等，其逾7 000家酒店遍及130个国家和地区。这家著名的旅游企业针对不同的细分市场，成功地推出了一系列品牌：公平（Fairfield）、庭院（Courtyard）、万豪（Marriott）以及万豪伯爵（Marriott Marquis）等。

在早期，公平（Fairfield）是服务于销售人员的，庭院（Courtyard）是服务于销售经理的，万豪（Marriott）是为业务经理准备的，万豪伯爵（Marriott Marquis）则是为公司的高级经理人员提供的。后来，万豪旅游企业对市场进行了进一步的细分，推出了更多的旅馆品牌。

案例解析

在“市场细分”这一营销行为上，万豪可以被称为超级细分专家。原有四个品牌都在各自的细分市场上成为主导品牌之后，万豪又开发了一些新的品牌。波特曼丽嘉（Ritz-Carlton）在高端市场赢得了很高的赞誉；新生（Renaissance）作为间接商务和休闲品牌与万豪（Marriott）在价格上基本相同，但它面对的是不同消费心态的顾客群体——Marriott吸引的是已经成家立业的人士，而Renaissance的目标顾客是那些年轻人；在低端旅游企业市场上，由Fairfield Inn衍生出公平套房（Fairfield Suite），从而丰富了自己的产品线；位于高端和低端之间的旅游企业品牌是城镇套房（Towne Place Suites）、庭院（Courtyard）和居民客栈（Residence Inn）等，它们分别代表着不同的消费水平，并且各自在产品和服务的风格上有效地进行了区分。

随着万豪对市场的进一步细分，市场细分的持续进行，万豪又推出了弹性套房（Springfield Suites），它比公平客栈（Fairfield Inn）的档次稍高一点，主要面对每晚消费 75~95 美元的顾客市场。为了获取较高的价格和收益，旅游企业的 Fairfield Suite 品牌逐步向 Springfield Suites 品牌转化。

通过市场细分来发现市场空白是万豪的一贯做法，正是这些空白市场成了万豪旅游企业成长的动力和源泉。万豪一旦发现有某个市场还没有被占领，或者现有价位的某些顾客还没有被很好地服务，就会马上填补这个空白。公司的信心建立在了解目标顾客需求的基础之上，并有能力创造一种产品或服务来满足这种需求。顾客的信心并不是建立在“万豪”这个品牌或者其他服务质量上，其信心基础是“旅馆是为满足顾客的需求而设计的”。

理论链接

旅游市场细分的方法主要有四种，分别是按旅游者人文因素进行细分，按旅游者地理区域因素进行市场细分，按旅游者心理因素进行市场细分以及按旅游者行为因素进行市场细分。

（一）按旅游者人文因素进行市场细分

旅游者的人文因素特点可以表现在很多方面，如年龄、性别、家庭人数、收入、职业、受教育程度、社会阶层、宗教、国籍等。

消费者在不同的年龄阶段，由于生理、性格、爱好的变化，对旅游产品的需求往往有很大的差别。因此，我们可按年龄范围细分出许多各具特色的旅游者市场。例如，老年人希望自己的房间离电梯、服务台比较近，同时喜欢有耐心、热情周到、细致入微的服务；年轻人喜欢追求新的经历和感受，喜欢尝试新的酒店，享用新的设施。

在对产品的需求、购买行为、购买动机方面，两性之间有很大差别。例如，男性多偏好探险类的旅游产品，而女性外出旅游时则更注重人身财产安全。公务旅游以男性为主，家庭旅游时间和旅游目的地的选择也一般由男性决定，而在购物方面女性通常有较大的发言权。在购买旅游产品时，男性通常对价格反应较迟钝，而女性则较敏感。

其他的因素，诸如收入水平、家庭状态也会影响其对旅游产品的选择。一个人的收入水平不仅决定其购买旅游产品的性质，还会影响其购买行为和购买习惯。顾客由于受教育水平不同，审美观具有很大的差异，对旅游企业客房装饰用品的品种、颜色等会有不同的偏好。一个家庭按年龄、婚姻和子女状况可划分为单身、新婚、满巢、空巢、孤独等不同阶段。在不同的阶段，家庭的需求也会有所不同。

（二）按旅游者地理区域因素进行市场细分

按地理区域因素进行市场细分，是指企业按照旅游者所在的地理位置来细分旅游市场，以便企业从地域的角度研究各细分市场的特征。

1. 按主要地区进行市场细分

世界旅游组织（UNWTO）将国际旅游市场划分为六大区域，即欧洲区、美洲区、东亚及太平洋区、南亚区、中东区、非洲区。据有关统计，欧洲和北美出国旅游者及所接待的国际旅游者人数最多，国际旅游收入也最高。而近 20 年来，旅游业发展和增长最快的地区则是东亚及太平洋地区。

2. 按国家、地区进行市场细分

这是旅游业最常用的一个细分标准。把旅游者按其国别划分，有利于旅游地或旅游企业了解主要客源国市场的情况，从而针对特定的客源国市场的需求特性，制定相应的市场营销策略，从而提高市场营销效果。

3. 按气候进行市场细分

各地气候的不同会影响旅游产品的消费，影响旅游者的流向。从国际旅游市场看，凡气候寒冷、缺少阳光地区的旅游者一般趋向于到阳光充足的温暖地区旅游。这也是地中海地区、加勒比海地区旅游业发达的主要原因。根据气候特点的不同，企业可以把旅游市场细分为热带旅游区、亚热带旅游区、温带旅游区、寒带旅游区等。

4. 按人口密度进行市场细分

根据人口密度，我们可以将旅游市场细分为都市、郊区、乡村等。

（三）按旅游者心理因素进行市场细分

按心理因素进行市场细分，就是按照旅游者的生活方式、积极或者消极态度、个性等心理因素来细分旅游市场。这就可以理解为什么不能利用一种营销策略来满足所有旅游群体的要求。

（四）按旅游者行为因素进行市场细分

根据旅游者对旅游产品的了解程度、利益、消费情况或反应，我们将他们划分为不同的群体。行为变量——行为目的、时机、利益、使用者状况、使用率等是划分细分市场至关重要的出发点。

1. 按购买目的细分市场

按一般旅游者的旅游目的来细分市场，大体上可划分为以下几种：

（1）度假旅游；

（2）商务旅游；

（3）会议旅游；

（4）探亲访友；

（5）外出购物旅游；

（6）工作假期旅游；

（7）宗教或精神探索旅游；

（8）探险旅游；

（9）体育保健旅游；

（10）以教育为目的的旅游。

这些细分市场，由于旅游者的目的不同，对旅游产品的需求特点也有差异，例如，度假旅游者需要较高的服务质量，其在做决定时需要时间和指导意见，不断地做价格比较，通常度假时间较长，并且其决定会受季节的影响；而商务旅游者做决定则较快，通知的提前时间较短，出行时间短、次数多，对价格的敏感性不高，不受季节影响，他们需要的是快捷、方便、灵活和单据齐全。

2. 按购买时机细分市场

根据旅游者产生需要、购买或消费产品和服务的时机，可将他们区分开来。例如，某些产品和服务主要适用于某些特定的时机，诸如“五一”节、国庆、春节、寒暑假等。旅游企业可以把购买时机作为细分指标，专门为某种特定时机的特定需求设计和提供旅游服务，如餐厅可在春节时提供诸如年夜饭服务，专门为学生提供寒暑假特别旅游服务等。

3. 按旅游者寻求的利益细分市场

按旅游者寻求的利益细分市场指的是按旅游者对产品和服务追求的不同利益，将其归入各个群体。一般来说，旅游者购买某种产品，都是在寻求某种特殊的利益。因此，企业可以根据旅游者追求的不同利益来细分市场。旅游企业在采用这种方法时，要判断旅游者所追求的最主要利益是什么，他们各是什么类型的人，企业的各种旅游产品提供了什么利益，旅游者追求的利益与企业提供的利益是否匹配等。只有了解旅游者寻求的真正利益，企业才能通过为旅游者提供最大的利益来实现自身的营销目标。

4. 按使用者状况细分市场

旅游市场可被细分为某一产品和服务的从未使用者、曾经使用者、潜在使用者、首次使用者和经常使用者。例如，为了保护市场份额，企业应该在维护品牌知名度和阻止忠诚客户流失上做工作。

5. 按使用率细分市场

使用率是指旅游者使用某种产品和服务的频率。按使用率划分，旅游市场可以被细分为少量使用者、中度使用者和大量使用者。

课堂训练
KETANG XUNLIAN

某研究报告显示，经常旅游的旅客在假日旅游的安排上比不经常旅游的旅客更投入，更喜欢变革，更希望成为意见带头人。这些旅客经常旅游，常常从报刊、书籍和旅游展示会上搜集旅游信息。

对此，请问如何充分利用这一点，开展经常旅游的旅客所在的细分市场的营销工作？

第二节　选择目标旅游市场策略

导入案例

瑞士有一家女士饭店，只有28个房间，除大堂接待处，宾馆内的任何区域都不准男人进入，宾馆所有工作人员都是女性，宾客可以穿着自己的晨衣从自己的卧室到楼顶的健身美容中心。在房间设计上，该旅游企业体现出“处处为女士服务”的宗旨，如其浴室设计比普通的三星级宾馆要大一些，灯光也好一些，且备有定光调节器，但没有刮须器的插座。客房内的衣柜和衣架都是特别设计的，适合挂裙子之类的衣物，迷你酒吧中可见的巧克力及花生被瑞士无糖饼干和亚洲小吃所代替，早餐也是节食减肥类的餐食。虽然开业后其收费不菲，但这家宾馆还是受到一些注重隐私的商务女性的欢迎。我国上海的美丽园龙都大酒店、瑞吉红塔大酒店都设有女性楼层。

案例解析

近年来，由于旅游企业行业竞争日趋激烈，采用差异化营销策略的旅游企业也日趋增多。这就意味着旅游企业在进行差异化市场选择和定位，将以不同产品、不同价格、不同销售渠道及多种促销手段来满足不同的目标市场。

理论链接

市场细分揭示了旅游企业所面临的各种可供选择的细分市场，当旅游企业选定目标市场后，如何经营好这些目标市场，成为旅游企业营销人员需要考虑的一个重要问题。旅游企业目标市场选择策略是指旅游企业如何选择自己的目标市场。常用的目标市场选择策略如图5-1所示。

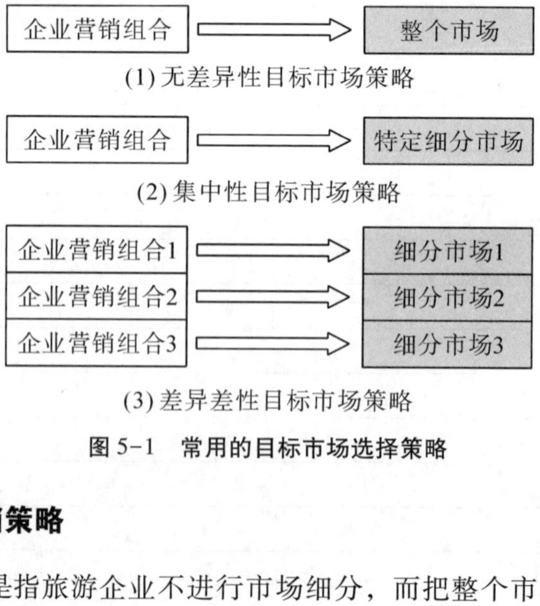

图5-1　常用的目标市场选择策略

一、无差异营销策略

无差异营销策略是指旅游企业不进行市场细分，而把整个市场作为自己的经营对象。这种方法在旅游企业的实际经营中表现为试图用一种营销策略应对整个市场，不分主次，什么顾客都接待。其目的是集中满足市场消费者的共同需要。

这种策略在营销学中称为无差异策略。无差异策略适用于：同质化市场，即市场需求差异小得可以忽略不计的市场；通用性新产品的介绍期；需求大于供给的卖方市场。

无差异营销策略既有优点，也有不足之处。其优点主要是可以减少旅游企业的经营成本和营销费用。由于采用单一的营销组合，产品的组合成本、销售渠道等费用大大降低。不足之处是这种策略忽视了市场需求的差异，可能导致部分顾客的不满。另外，这种策略不能适应竞争激烈的市场环境。

二、差异性营销策略

旅游企业选择两个或两个以上的目标市场，并针对不同目标市场采用不同的营销组合，这种经营策略在营销学中被称为差异性营销策略。差异性营销策略适用于以下三种情况：

第一，规模大、资源雄厚的旅游企业或旅游企业集团；

第二，竞争激烈的市场；

第三，产品成熟阶段。

三、集中性营销策略

营销人员使用某种特定的营销组合来满足某个单一目标市场，并将旅游企业的人力、物力、财力集中于这一目标市场，这种策略在营销学中称为集中性营销策略。

集中性营销策略适用于：旅游企业资源并不多的中小旅游企业或者竞争比较激烈的市场。

生产性实训任务

SHENGCHANXING SHIXUN RENWU

涠小洲，是一家在广西北海涠洲岛上诞生的特产品牌，尤其以出产和销售“海鸭蛋蛋黄酥”驰名。这一品牌的建设和拥有者是一位岛上的年轻姑娘，她通过在岛外打工积攒了积蓄，并学习经营知识后，返回家乡创业，在美丽的涠洲岛上，开创了自己的特产店、珍珠店，并培育了面向涠洲岛游客的自有品牌：涠小洲。

访问涠小洲淘宝店和微信公众平台，请分析它的细分市场，撰写出分析报告。

第 6 讲

旅游目标市场的定位

学习目标

XUEXI MUBIAO

通过本讲的学习，学生应能够达到以下学习目标：

以大学生创业为视角，通过案例学习和实际创业实践，完成旅游市场细分、目标市场选择与市场定位策划的知识性学习和实践性训练。

理论概要

LILUN GAIYAO

企业对旅游市场进行细分的目的是选择目标市场，以便加强促销，并提高促销效率。企业在众多的细分市场中，应用合理的选择策略，做出营销选择，实际上是一个极其重要的决定。因为这个决定关乎今后企业的市场定位、战略设计，如果这一环节出现偏差，后期的营销工作，有再好的营销策略和执行团队，也是南辕北辙。所谓失之毫厘，谬以千里。

一、旅游目标市场的选择模式

旅游企业需要确认细分市场对公司是否具有吸引力，例如，市场的大小、成长性、盈利率、规模经济性、风险程度等。其次，旅游企业必须考虑对细分市场的投资与企业的目标和资源是否相一致，进而采用不同的模式完成旅游目标市场的选择。

（一）密集单一市场模式

旅游企业简单、直接的选择，通过密集单一营销，能够更加了解本细分市场的需要，并能快速在此领域树立特别的声誉，可在该细分市场建立巩固的市场地位。

（二）有选择的专门化模式

旅游企业选择若干细分市场，其中每个细分市场在客观上都具有一定的吸引力，并且符合企业的目标和资源。

（三）产品专门化模式

相对有一定特点的细分市场，例如老年社群旅游市场，旅游企业集中提供一种专门的旅游产品和服务，为满足细分市场的顾客群体的各种需要，向各类顾客销售这种产品。

（四）完全市场覆盖模式

旅游企业用多种旅游产品同时满足各种顾客的需求，运用不同的产品和服务覆盖所有类别的消费者。

二、市场定位

市场定位是指企业为其产品（品牌）确定一个市场地位，塑造其在目标顾客心目中的形象，使产品具有一定特色，适合一定顾客的需求和偏好，并与竞争对手的产品有所区别。旅游企业进行准确的市场定位，其作用主要体现在以下三个方面：

第一，有利于企业建立竞争优势；

第二，有利于企业营销组合的精确执行；

第三，有效避免企业间的恶性竞争。

选择目标市场并进行市场形象定位时，要充分考虑到消费者的因素。消费者对市场上各种产品进行比较之后，会形成地某一种产品的各种属性的看法。

第一节　旅游市场定位

导入案例

走进全球六大袖珍宾馆 体验压缩的乐趣

一、墨西哥恩塞纳达（Endmico）

在墨西哥荒漠的一座小山坡上，坐落着这家小巧别致的休闲疗养所，它会给您远离喧嚣的惬意之感。20 间风化钢建造的 240 平方英尺（约 22.3 平方米）的客房体现了超现代的感觉，但更迷人的是落地窗户，透过它，您能看到加利福尼亚半岛北部的瓦尔德瓜达卢佩山谷著名的葡萄园。游客可以在那里品尝著名的葡萄酒（Zinfandels 和 Sémillons），坐在一个私人露天平台上看着夕阳，配上新烤的佛卡夏（一种意大利烤面包），真是乐哉！

二、西班牙特鲁埃尔（Consolacin）

西班牙中部的阿拉贡地区有丰富的旅游资源——摩尔风格的建筑和世界顶尖级葡萄酒。然而，单就这家宾馆，八个独立的“小单间（kubes）”就不虚此行。简约艺术风格的建筑特征体现在以下几个方面：芬兰著名的阿泰克灯具、光滑的钢吊壁炉和凹陷的页岩浴缸。邀您分享卧室周围的山地景观。当地对于吃也很讲究，有一家餐厅，总是更新传统佐料菜肴，如慢炖 36 小时的伊比利亚猪肉，并配有奶油土豆泥和酸菜花。

三、智利艾尔基谷（Elqui Domos）

有一个巨大的可伸缩的天窗安装在床脚，完美地展现出艾尔基谷著名的晴朗夜空，恐怕您连电视机都不需要了。在房间里，除了盯着令人瞠目结舌的星际战争，客人在这些超现代（现代摇摆装置、金色木谈心角）但是娇小（小的居住空间、阁楼卧室和甲板）的三层小屋里可以尽情享受。游客可以去游泳池边的小屋上天文学知识普及班，或夜间骑马旅行。那里甚至还有现场天文观测台，但没有什么比你在阳台上饮用当地的精酿啤酒、透过望远镜仰望夜空更诱人的了。

四、挪威范道尔的尤文特（Juvet）宾馆

Juvet 宾馆采用全景观落地窗和中世纪风格的家具，七个 290 平方英尺（约 27 平方米）的房间很像迷你版的菲利普·约翰逊的玻璃屋。所有的建筑结构均由挪威著名公司设计，可直接眺望室外的旷野。离挪威首都奥斯陆 300 英里（约 483 千米）的地方可供狩猎松鸡或泛舟。宾馆柔和的装饰设计是为了衬托叹为观止的景色。如果你不去温泉浴场或者供应北欧食品的餐厅，你恐怕见不到你的邻居。

五、芬兰的卡克斯劳太恩宾馆

对于那些敢于在北极圈内度假的勇敢者来说，卡克斯劳太恩（Kakslauttanen）宾馆就像遥远芬兰的迪斯尼世界：它拥有世界上最大的雪顶教堂、芬兰桑拿、一个冰吧、传统的桦木建的蜜月套房和明亮的范思哲浴室。如果您不想去学习雪雕，或者淘金，最好的选择就是待在 194 平方英尺（约 18 平方米）的加热玻璃圆顶屋里，躺下来观看远处闪烁的北极光。

六、瑞士弗利姆斯的胶囊（POD）宾馆

想捕捉被大雪所困而包围在冬季仙境中的浪漫感觉吗？预订一间 POD 宾馆 83 平方英尺（约 7.7 平方米）的木结构、印度风格的小茅屋吧。当雪堆高达 13 英尺（约 3.96 米）时，每个乡村小屋可以成为附近众多户外冒险活动的取暖房基地，也包括在险峻的山峰上越野滑雪，到瑞士大峡谷徒步旅行。

案例解析

这些极其迷人的小型宾馆把美妙的度假元素浓缩到一个小巧别致的空间里——温馨舒适的床、别致的设计、优美的景致——豪华也可以装进小宾馆。这些酒店选址于风景优美的地方，浓缩了当地的文化精髓，软硬件设施均属世界一流。但做这些需要企业明确选择这样一个中高端、有某些情怀的小众细分市场，这一选择对于大多数企业来说，是有巨大风险的，如何实现旅游市场的定位，塑造良好的形象，是关键。

理论链接

一、旅游市场定位的过程

（一）明确竞争对手

旅游企业的竞争对手，包括企业面对的现实的竞争对手，以及潜在的竞争对手。两家旅游企业产品是否具有竞争替代产品，一个最简便的测定方法就是：一家旅游企业降

低价格时，看另一家旅游企业的顾客是否转移过来，如果转移过来，说明这两家旅游企业就是竞争对手，转移过来的人越多，说明竞争程度越高；反之，转移过来的人越少，竞争程度也越低。

（二）对竞争对手产品进行分析

在确定竞争对手后，企业必须从静态和动态两个方面了解、分析和比较竞争对手的情况，特别是竞争对手的产品种类、设备设施状况、服务质量及价格等情况，以了解本企业产品的优势及不足。

（三）确定产品特色

确定产品特色是市场定位的关键。首先，企业要了解市场上竞争对手的定位情况，了解其产品有何特色；其次，企业要研究旅游者对产品各属性的重视程度，并在市场定位时突出强调旅游者所关心的产品属性。最后，企业要考虑自身的条件。

（四）评估差异化利益

当初步确定旅游产品的差异化和产品利益后，企业需要对这些差异化利益进行评估。

二、旅游市场定位的定义

市场定位是指企业为其产品（品牌）确定一个市场地位，塑造其在目标顾客心目中的形象，使产品具有一定的特色，适合一定顾客的需求和偏好，并与竞争对手的产品有所区别。旅游企业进行准确的市场定位，其作用主要体现在以下三个方面：

第一，有利于企业建立竞争优势；

第二，有利于企业营销组合的精确执行；

第三，避免企业间的恶性竞争。

三、产品（品牌）定位的方法

旅游产品品牌定位是塑造旅游产品品牌形象的关键步骤及难点所在，在旅游市场基础上分析，并且使用定位方法提炼出特定旅游产品目的的品牌定位。目前主要的定位方法有如下几种：

（一）比附定位法

比附定位是一种“借光”定位方法。它借用著名景区的市场影响来突出、抬高自己。例如把三亚誉为“东方夏威夷”，把小浪底水库誉为“北方的千岛湖”。

（二）心理逆向定位法

心理逆向定位是打破消费者一般思维模式，以相反的内容和形式标新立异地塑造市场形象。例如，河南林州市林滤山风景区以“暑天山上看冰堆，冬天峡谷观桃花”的奇特景观征服市场。

（三）狭缝市场定位法

狭缝市场定位是旅游景区（点）不具有明显的特色优势，而利用被其他旅游景区（点）遗忘的旅游市场角落来塑造自己旅游产品的市场形象。例如，我们在《德阳市2004—2007年营销策划方案》将原有四川娱乐城改造为童话乐园，就是将市场定位在儿童市场，并以独特的童话主题公园的形式推出市场。

（四）变换市场定位法

变换市场定位是一种不确定定位方法。它主要针对那些已经变化的旅游市场或者根本就是一个易变的市场而言的。市场发生变化，景区（点）的特色定位就要随之改变。

（五）差异、共生定位法

这个主要以有突出联系的多个景区来定位。例如，桂林与柳州，两个旅游景点相连，因此柳州的品牌定位就与桂林的品牌定位既有区别又有互动。

课堂训练
KETANG XUNLIAN

假设你是北海一家民宿（民宿规模为20间房）的老板，请为大学生情侣假期度假的民宿酒店细分市场，设计你的产品（品牌）定位，为你的民宿产品（品牌）设计目标顾客心目中的形象。

第二节　旅游市场定位实训

导入案例

生产性实训案例：2019年河南企业团建定制产品案例

2019年12月19—23日，广西国际商务职业技术学院的创业团队组织了一次与某旅行社联合开发、定制的广西北海研学旅游活动。这是一次由学生团队提供服务的企业团队文化建设、科技研学活动。

具体行程安排如下：

12月19日，下午四点，定制团从郑州新郑机场飞抵南宁吴圩国际机场，创业团队一行接机后，由持有导游证并完成实习的同学担任导游讲解工作，提出5个有关研学旅行问题与游客互动，进行行程介绍。晚上七点左右，团队乘车抵达北海，在具有北海特色的海鲜餐饮店用晚餐，晚饭后，入住市区某酒店。

12月20日，早上7点半结束早餐后，前往北海科技馆参观，其中包括深受年轻人喜爱的机器人和无人机基础学习和体验。随后，在合浦延安食街用午餐，品尝鱼丸芥菜汤、木薯糍（招牌菜）、蚝蜊煎蛋等具有渔家特色的菜肴，下午游合浦县（古廉州）老街，感受当地民族历史文化。游完老街后返回北海，入住某海景酒店，黄昏时安排天台茶话会，晚上自由漫游老街。

12月21日，建议早起，可自己慢游外沙渔港。早餐结束后，请当地导游陪同游览北海市区及冠头岭。用完中餐后，步行初识银滩，后入住海滨特色别墅酒店。稍事休息，车行至南珠文化珍珠店后车送客人到侨港，体验越南风情，自由活动，晚上自行返回酒店。

12月22日，全天自由活动，不限制早餐时间，游客可以早起海边观日出，也可以参加兴趣活动如无人机与机器人研学实践、别墅区自由摄影（提供服饰），下午参与采购（侨港市场），准备红酒烧烤晚会，续住海景特色别墅酒店。

12月23日，早上七点安排叫早服务，早餐后八点准时出发前往钦州（大约一个半小时车程）。参观中国四大古陶发祥地千年古陶城、体验制陶，听关于坭兴陶艺术的专业解说，并参观王兆儒、王茁大师的艺术收藏和坭兴陶工艺品、纪念品。

中午12点出发，前往南宁吴圩国际机场，结束难忘的北海研学旅行。

案例解析

在这个企业团建旅行定制要求中，一个重要的、特殊需求是满足员工带家属旅行的需要，并且要求对年龄不等的家属进行适当的照顾，所以设计了集民族文化、滨海旅游、科技文化等于一体的创新型旅游产品，满足企业文化建设和员工家属旅行的需要，实现精准定位，深受用户的喜爱，一经推出很快就完成了报名工作。根据参加本次旅行的游客的年龄结构、教育背景、出行动机等因素来看，游客年龄从10岁到40多岁不等，说明不同年龄层的游客对研学旅游产品的项目有不同的倾向。40岁以上的游客对广西少数民族文化兴趣浓厚，10~20岁的游客对无人机和机器人的关注度很高。有的甚至是一家人共同来参与本次研学旅行的。所以，通过分析，确定的细分市场为有10多岁孩子的家庭，并结合北海特色文化，吸引40岁左右的父母参与。再对这样的家庭进行精准画像，这为家庭的典型特征就是父母有一定的教育背景，很愿意对孩子进行智力投资，他们认为北海研学旅行可以让孩子从游玩中学习到知识。

本案例的设计新颖、亲切，收到用户好评，同时在满足用户需求上，根据广西北海特点，进行了用心设计，塑造其在目标顾客心目中的贴心、智慧、万能、品质等形象，使产品具有一定特色化和创新性，适合一定顾客的需求和偏好，并与竞争对手的产品有所区别，扩大了自身影响力，完成了一次自身定位的形象建设。

理论链接

旅游市场细分和旅游目标市场的选择是让旅游企业如何找准顾客，而旅游市场定位则是让旅游企业如何赢得顾客的“芳心”。旅游市场定位的关键是企业设法在自己的产品上找出比竞争者更具有竞争优势的特性，根据竞争者现有产品在细分市场上所处的地位和旅游者对产品某些特性的重视程度，塑造出本企业产品的市场定位。因此，旅游企业市场定位的全过程可以通过以下 3 个步骤来完成。

一、识别企业的竞争优势

旅游者一般都会选择那些给自己带来最大价值的产品和服务。因此，赢得和留住顾客的关键是要比竞争对手更好地理解顾客的需要，并向他们提供更多的价值。正如美国学者波特在《竞争优势》一书中所指出的：“竞争优势来自企业能为顾客创造的价值，而这个价值大于企业本身创造这个价值时所花费的成本。”旅游企业的竞争优势取决于其旅游产品开发设计和经营管理方面的成本优势及其旅游产品的创意设计能力。

要想确定企业的竞争优势，需要具体了解以下问题：竞争对手的产品定位是怎样的？目标市场上旅游者的需要和欲望的满足程度如何，哪些需要和欲望是尚未得到满足的？针对竞争对手的市场定位和目标市场上旅游者需要的利益，企业可以做什么？

旅游企业就可以从中找出与竞争对手的差异，并由此确定自己的竞争优势。

二、选择有价值的竞争优势

并不是所有的差异都能成为竞争优势，旅游企业要做的就是区分哪些差异能够成为有价值的竞争优势。通常，企业要通过对以下问题的回答来衡量自身的竞争优势。

第一，重要性：要能够给相当数量的旅游者带来实惠。

第二，独特型：既没有其他企业使用，也不能再以更独特的方式被竞争对手使用。

第三，可沟通性：易于被旅游者见到并理解。

第四，可负担性：旅游者能够负担得起由于差异带来的费用。

第五，获利性：旅游企业能够从中获得利益。

大多数旅游者对各个旅游企业之间的细微差异并不十分感兴趣，旅游企业也没有必要费时、费力去深入探求每一处的不同。一般来说，旅游企业只需要对那些最能体现企业风格、最适合目标市场需要之处进行必要宣传即可。这就要求企业确定需要突出多少种差异和需要突出哪些差异。

三、沟通及传播企业的市场定位

在确定了市场定位后，旅游企业就必须要把它准确无误地传递给目标旅游者，使其独特的竞争优势在旅游者心目中留下深刻印象。旅游企业要通过营销活动使目标旅游者了解、熟悉、认同本企业的市场定位，并在旅游者心目中建立与其定位相一致的形象。如一家旅游企业定位于“质量上乘”，那么它就必须努力地把这种信息传播出去。优质产品的信息可以通过营销的其他要素表达出来，如高价格，因为在人们的观念中高价格往往意味着高质量：高品质的旅游产品设计、高质量的广告媒体选择、高素质经销商的合作等，这一切必须与企业“质量上乘”的定位相一致。

此外，旅游企业还要不断强化其市场形象并保持与目标旅游者的沟通，以巩固其市场地位。如果目标旅游者对企业的市场定位理解出现偏差，或者由于企业宣传上的失误而造成目标旅游者的误会，企业要及时纠正与其市场定位不一致的形象。

课堂训练
KETANG XUNLIAN

实训讨论：如果广西驾到项目针对大学生毕业旅游市场开展定制旅游活动，应该如何进行形象定位设计？

生产性实训任务

SHENGCHANXING SHIXUN RENWU

在竞争日益激烈、品牌高度同质化的普通旅游市场中，谁的特色越明显，谁的竞争力就越强。特色化经营已成为很多企业吸引消费者的一大差异化手段。根据短视频与直播火爆的实际，如果广西驾到项目拟开通短视频与直播工具并作为主要营销工具，请分析对应的细分市场，并完成市场定位的形象设计。

第 7 讲

旅游市场营销竞争

学习目标

XUEXI MUBIAO

通过本讲的学习，学生应能够达到以下学习目标：

1. 理解并掌握旅游市场营销竞争策略的基本理论；
2. 能对旅游企业的竞争对手进行简单分析；
3. 根据企业实际情况进行竞争策略设计。

理论概要

LILUN GAIYAO

一、竞争者识别

竞争（competition）或称为市场竞争，在同一市场上如果存在两个以上的企业生产同一性的或可替代的产品，就会存在竞争。旅游企业参与市场竞争，不但要了解谁是自己的顾客，而且还要清楚谁是自己的竞争对手。一般来说，旅游企业可以从竞争对象的竞争能力的角度来界定其竞争者，把竞争对手划分为四个层次，见表 7-1。

表 7-1　竞争者层次的划分

竞争者层次	含义	举例
品牌竞争者	把旅游行业内以相似的价格，向相同的顾客提供相同产品的企业互为品牌竞争对手	如携程旅行网与去哪儿旅行网，中国国旅与春秋旅行社等
行业竞争者	把旅游行业内提供不同档次、品种、价格产品的企业看作行业竞争对手	如酒店行业中，所有的企业（万豪、喜来登、如家、7 天等），不论高档还是低档，都互为行业竞争者

表7-1(续)

竞争者层次	含义	举例
一般竞争者	把为满足相同需求而提供不同产品的企业看作一般竞争对手	如杨国福、麦当劳、老乡鸡、海底捞等都能满足“充饥”的需求，这些企业们就互为一般竞争者
广义竞争者	把为争取同一笔资金而提供不同产品的企业看作广义竞争对手	如某消费者计划娱乐性消费1万元，去旅游或购买高档游戏机，这两者取其一，相关企业互为广义竞争者

二、旅游市场营销组合策略演变

1967年，美国“现代营销学之父”菲利普·科特勒在其畅销书《营销管理：分析、规划与控制》第一版进一步确认了以4PS为核心的营销组合方法，被归结为四个基本策略的组合，即产品（product）、价格（price）、渠道（place）、促销（promotion），由于这四个词的英文字头都是p，再加上策略（strategy），所以简称为“4PS”。旅游市场营销组合策略演变历程如下：

4PS（产品、价格、渠道、促销）—6PS（政府力量、公共关系）—4CS（消费者需求、成本、便利、沟通）—4RS（关联、反应、关系、回报）。

三、市场竞争策略

市场竞争策略，是指企业根据自己在行业中所处的地位，为实现竞争战略和适应竞争形势而采用的各种具体行动方式。菲利普·科特勒把企业的竞争地位分为四种，如表7-2所示。

表7-2 企业市场竞争地位

竞争地位	说明
市场领导者	指在相关产品市场上占有最大的份额，在价格变化、分销渠道等方面对本行业中的其他企业起着领导作用的企业
市场挑战者	指在行业中名列第二、三名等次要地位的企业
市场跟随者	指追随在领导者之后的企业，自觉维持共处局面，只求维持现有的市场份额
市场补缺者	指专注于被大企业忽略的某些细小市场，在大企业的夹缝中生存和发展

随着旅游企业的不断成熟，旅游行业中不同的市场份额者之间免不了要进行持续、激烈的竞争。因此，研究市场领导者、挑战者、追随者和补缺者的竞争策略，对于掌握旅游企业竞争方法，具有重要意义，如表7-3所示。

表7-3 不同市场竞争地位的策略选择

竞争地位	市场竞争策略
市场领导者	扩大市场总需求策略；保持现有市场份额策略；扩大市场份额策略
市场挑战者	正面进攻；侧翼进攻；包抄进攻；迂回进攻；游击进攻

表7-3(续)

竞争地位	市场竞争策略
市场跟随者	紧密跟随；保持距离跟随；选择性跟随
市场补缺者	创造补缺市场；扩大补缺市场；保护补缺市场

四、旅游市场营销战略与策略的关系

二者都是围绕企业产品销售所采取的具有计划性的谋略和手段，但有一定的区别：

第一，企业营销战略是全局性的，营销策略是局部的；

第二，企业营销战略是长期的，需要相对稳定，而营销策略是相对短期的，需要相对灵活；

第三，企业营销策略是企业营销战略意图的阶段实施。

第一节 旅游市场营销竞争策略

导入案例

广西古龙山大峡谷：区域产品组合营销，1+1>2

广西的德天跨国瀑布是中国最美的六大瀑布之一，国家5A级景区。古龙山大峡谷距离德天瀑布30千米，在区域旅游资源上两者共属于桂西南旅游的王牌景点。

德天跨国瀑布年接待游客量约为100万人次，是桂西南流量最大的景区，德天跨国大瀑布是亚洲第一大跨国瀑布，是电视剧《花千骨》的主要取景点。

古龙山大峡谷策划"看德天跨国瀑布，游古龙山大峡谷"营销活动，推出系列组合产品：凭德天跨国瀑布的门票免费游古龙山大峡谷；推出德天跨国瀑布+古龙山大峡谷联票；看德天跨国瀑布住古龙营地等，最终达到"流量"共享，实现低成本引流获客，活动期间从德天引流20 000多人次。

策划的具体产品为：

套票1产品：票+票

德天瀑布门票（门市价115元）+古龙山大峡谷观光游门票（门市价100元）= 套票优惠价格：115元

增值内容：凭德天门票免费游玩古龙山，游客购买一个景区的门票，可以游玩两个景区，附加值增加，出行成本降低。

德天瀑布门票（门市价115元）+古龙山大峡谷漂流门票（门市价180元）= 套票优惠价格：180元

增值内容：游玩内容互补叠加。

套票2产品：票+住

德天瀑布门票（门市价 115 元）+古龙山大峡谷住宿（门市价 160 元）= 套票优惠价格：160 元

增值内容：增加住宿内容。

案例解析

在案例中，面对重量级的竞争对手德天跨国瀑布，古龙山大峡谷摒弃了传统的单方竞争策略，转向强强联合，寻求共赢的新思路。竞争的本质在于共同开拓市场、共同提高经营水平，共同把市场做大。竞而不争，各方共赢，才是市场竞争的最高境界。

同时，这也是古龙山大峡谷景区整体产品营销竞争策略的一个表现，有效进行了区域资源组合营销；打破传统的营销思维模式，避免单独作战；发挥多品牌、多产品的协同效应；实现不同品牌、不同产品的组合，提升产品价值，相互渗透、相互融合；建立“区域”关系的绑定效应，实现在产品体验和用户体验上的互补。

古龙山大峡谷景区实际的竞争策略有以下几个方面：

第一，多产品策略。古龙山大峡谷景区属于观光型资源景区，过去几年和大多数的观光型景区一样，产品单一，只有一个门票产品。2019 年，古龙山大峡谷投入重金，结合景区丰富的水资源，开发出了 4 个产品，从游览内容和游玩体验上都进行了丰富。新开发的主要产品有：峡谷观光游、三峡二洞经典漂、地下河探秘漂、四峡三洞丛林穿越。制定多产品策略，带来了更多的市场机会，也大大提高了市场竞争力。

第二，低价引流，高价转化策略。由于产品品类增多，就可以在营销活动中利用单个产品进行低价引流，再进行二次转化，突破了首道入门门票价格高的门槛，人均消费客单价也得到提高。

第三，线上线下渠道结合策略。稳抓旅行社（传统线下渠道），打通全网渠道。在传统的旅游线下渠道，把古龙山产品纳入旅行团的线路行程，把范围扩大到客源地组团社，同时主动联合周边景点给旅行社，策划出 2 天 1 晚，4 天 3 晚等团队行程。传统渠道抓团队，线上直接渠道抓散客。把景区产品做成标准自驾游产品，建立票务系统，打通携程、美团、同程等在线旅行社（OTA）平台，实现票务的零售分销。2020 年，推出自有微商城营销系统，打通新媒体和自媒体端，实现利用在线旅行社（OTA）大平台引流，自媒体精准营销。

第四，全面覆盖宣传策略。从品牌形象展示到内容营销。在品牌形象展示上，只做带有引导行为的广告，比如公路广告牌。营销重点更多地转到内容营销上，策划节庆活动、主题活动，再通过移动互联网工具，如微信、微博、今日头条、抖音等进行传播。

理论链接

常见的旅游市场竞争策略包括以下两种。

一、市场领导者策略

市场领导者占有的市场份额最大，在市场总需求扩大时其受益也最多。例如，旅游市场的出行人次和人均消费额逐年提高，那么旅游行业所有的企业都将获利，而龙头企业将获得相当大的利益。扩大市场需求的主要途径有开发新用户，从开拓新市场、地理扩张、市场渗透等方面着手；寻求新用途，在现有产品基础上不断发掘出新功能；说服人们成为回头客，树立良好的口碑，带动消费。

二、“产品、价格、渠道、宣传”（4P）营销组合策略

4P 营销是企业为顾客提供满意的商品和服务而实现企业目标的过程。市场营销竞争策略的制定是一个相互作用、创造和反复的过程。4P 营销组合策略的各元素说明，见表 7-4。

表 7-4 4P 基本元素

元素	策略
产品	注重开发的功能，要求产品有独特的卖点，把产品的功能诉求放在第一位
价格	根据不同的市场定位，制定不同的价格策略，产品的定价依据是企业的品牌战略，注重品牌的含金量
渠道	企业并不直接面对消费者，而是注重经销商的培育和销售网络的建立，企业与消费者的联系是通过分销商来进行的
宣传	很多人将 promotion 狭义地理解为“促销”，其实是很片面的。promotion 应当是包括品牌宣传（广告）、公关、促销等一系列的营销行为

（一）产品策略

企业制定经营战略时，首先要明确企业能提供什么样的产品和服务去满足消费者的要求，也就是要解决产品策略问题。企业的一切生产经营活动都是围绕着产品进行的，即通过及时、有效地提供消费者所需要的产品而实现企业的发展目标。企业如何开发满足消费者需求的产品，并将产品迅速、有效地传送到消费者手中，构成了企业营销活动的主体。

（二）价格策略

企业通过对顾客需求的估量和成本分析，选择一种能吸引顾客、实现市场营销组合。价格策略的确定一定要以科学规律的研究为依据，以实践经验判断为手段，在维护生产者和消费者双方经济利益的前提下，以消费者可以接受的水平为基准，根据市场变化情况，灵活制定商品的价格。

（三）渠道策略

渠道是整个营销系统的重要组成部分，它对降低企业成本和提高企业竞争力具有重要意义。渠道策略包括直接渠道或间接渠道的营销策略、长渠道或短渠道的营销策略、宽渠道或窄渠道的营销策略、单一营销渠道和多营销渠道策略、传统营销渠道和垂直营销渠道策略等。企业营销渠道的选择将直接影响到其他的营销决策，如产品的定价。

（四）宣传策略

宣传策略也被叫作促销策略（promotion tactics），它是一种促进商品销售的谋略和方法。有各种不同形式，如按照顾客在购买活动中心理状态的变化，适时展示商品以刺激顾客的购买欲望，或激发顾客的购买兴趣，或强化商品的综合印象以促进顾客的购买行为。

课堂训练
KETANG XUNLIAN

请为古龙山大峡谷提出新的宣传策略和建议。

第二节 旅游市场营销竞争战略与策略创新

导入案例

广西古龙山大峡谷景区：创新营销模式，实现全民营销

2020 年初，“新冠”疫情暴发，旅游景区为响应抗击疫情的号召，纷纷暂停营业，旅游市场也进入停滞状态，在抗击疫情的同时，传统的营销推广模式受到了冲击，古龙山大峡谷率先利用互联网，创新营销的模式，推出“全民营销活动”，搭建自有票务分销和产品营销系统平台，并招募 1 000 位旅游经纪人加入古龙山大峡谷的推广服务营销体系。活动一上线，即引来 2 000 多位旅游从业人的参与。全民营销，把营销的触点从渠道转变到个人，包括导游、旅行社计调、旅游达人、社群达人、景区员工、异业人员都能成为营销人员，极大地提高了营销的灵活性，降低了营销成本，实现精准营销，全员获益。

2020 年 4 月 1 日，古龙山大峡谷“全民营销活动”一经上线，成绩斐然，活动第一天就售出 1 000 多张门票，10 天活动，15 000 张门票售罄；2 天招满 1 000 名旅游经纪人。在疫情期间旅游业门可罗雀的大环境下取得了可观的业绩。

案例解析

在案例中，古龙山大峡谷面对停滞的旅游市场，转变思路，另辟蹊径，采用全民营销策略，向旅游者提供了与众不同的差异化服务方式，令人耳目一新，短时间内吸引了社会的关注。线上宣传的方式成本低，传播范围广，提高了市场占有率。集中人力、财力、物力对疫情期间的线上市场展开营销活动，换取了较大经济回报。

这一营销案例，折射出该企业的新的营销战略在抗击疫情的过程中已经形成：企业通过全员营销，发展与企业相关的人进行全民营销，充分发挥了旅游从业人员的营销潜力，营销人员个人增加了收入的同时，景区的推广渠道也下沉得更深，让景区的营销活动更广，更深地接触用户，时效性和到达率更高，最终达到点对点营销的效果。系统通过绑定营销关系，把游客转变成推广员，使游客游玩之后还能积极主动地为景区进行推广。

理论链接

旅游市场营销战略是指在市场调查研究和市场预测的基础上，企业根据市场环境并结合自身能力，对旅游企业发展方向和长远目标所做的全局的定性安排。

它是企业在一个相当长的时期内市场营销发展的总体设想和规划。旅游市场竞争战略的选择应建立在对竞争地位判断的基础上，处于不同竞争地位的旅游企业会选择不同的竞争策略，但无论旅游企业选择哪种竞争战略决策，都是为了突出自身的竞争优势。

旅游市场营销战略具有这样几个特点：全局性、长期性、系统性、权威性、稳定性与适应性、机遇性与风险性。

从上述案例可以看出，及时调整市场营销战略，就是机遇性与风险性并存的一种战略决策。旅游企业市场营销战略的类型有以下六种：

一、密集型发展战略

密集型发展战略是以现有旅游产品或现有目标旅游市场为基本条件，去扩大目标市场的一种战略。密集型战略主要是通过以下三种措施来实现：

（一）市场渗透

市场渗透的目的是扩大现有市场占有率，将潜在顾客转变为现实顾客。采用鼓励策略增加现有顾客的消费次数；增加营业网点，方便顾客购买；降低经营成本，提高服务质量，争取新顾客。

（二）市场开发

市场开发是指以现有旅游产品去开发新的旅游市场来增加销售量，其目的是增加新的市场，扩大旅游产品销售领域。

市场开发的主要途径是选择新的区域市场，发现现有旅游产品的新客户；挖掘现有旅游产品的新功能去争取新顾客；调整销售渠道，扩大宣传范围，拓展目标市场等。

（三）产品开发

产品开发是指企业通过对旅游产品的更新改造，去巩固原有市场份额，进而提高市场占有率。

产品开发的主要途径有旅游产品升级（提高产品规格、深化服务内涵）、开发旅游新产品、旅游产品延伸开发（在现有产品基础上增加新品种）。

二、多元化发展战略，分散经营风险

多元化发展战略包括同心多元化战略、水平多元化战略和跨行业多元化战略。

同心多元化战略是指开发与本企业现有产品相关度高的新产品。水平多元化战略是指开发与现有产品关系不大的产品。战略是指跨行业多元化——进入其他行业发展。

三、归核经营战略

归核经营战略是指企业坚持、突出主业，做大做强主业，不进军其他行业。

四、一体化增长战略

一体化增长战略是指以原有旅游产品为中心向上、向下、平行延伸产品。

后向一体化，如旅行社拓展旅游交通业务。

前向一体化，如景区、酒店开办旅行社。

水平一体化，如在不同区域开展连锁经营。

五、全球营销战略

旅游企业实行全球营销战略，有利于市场规模的扩大，有利于分散风险，有利于实现规模效益。

六、市场细分战略

市场细分战略的步骤有如下两点：

（一）明确旅游企业任务

确定旅游企业任务时，经营者要考虑五个关键因素：企业的历史、管理者和所有者的偏好、环境要素、旅游企业资源、独特的能力。

（二）确定旅游企业目标

旅游企业目标应满足以下方面要求：层次化、可行性、数量化、协调一致性、激励性、唯一性。

课堂训练
KETANG XUNLIAN

营销策略背后的战略分析

本讲案例中，古龙山大峡谷的全民营销策略降低了企业的营销成本，整合各类营销渠道有助于减少企业固定薪资成本。全民营销背后的提成机制也激励了营销人员，很多企业利用此类模式，创造了较好的营销效果。

但是，全民营销模式简单，可复制性强，易于被对手复制，从而使企业很容易失去竞争力。另外，全民营销毕竟和专业营销不同，也存在部分虚假营销的可能，尤其是营销人员可能会过于夸大项目的优点，最终导致各类维权现象出现。

请以古龙山大峡谷全民营销为对照，自行查找任意旅游企业的类似营销案例与其进行对比，从全民营销策略的优劣势角度进行分析，分析其背后的营销战略。

生产性实训任务

SHENGCHANXING SHIXUN RENWU

【实训背景】

广西古龙山大峡谷，国家 AAAA 级景区，位于广西靖西市湖润镇，集峡谷群、瀑布群、溶洞群、地下暗河群、原始植被、峰丛绝壁、溪流奇石于一体，由古劳峡、新灵峡、古龙峡、新桥峡四个峡谷，迎宾洞、百福洞、古龙洞三个地下暗河溶洞及单级落差 128 米、宽约 70 米凌空飞泻的古龙大瀑布和 12 个美如画卷的壮丽瀑布景观组成，峡谷全长 7.8 千米，占地约 17 平方千米，集峡谷山水之灵气，汇暗河溶洞之精华。四个峡谷之间的河流及三个地下暗河溶洞相通，形成四峡三洞连通的世界级奇观。

古龙山大峡谷是广西山水旅游的重要组成部分，是桂西南旅游的王牌景点，距离靖西市 30 千米，距离南宁市 230 千米，距离北海市 380 千米，距离德天跨国瀑布景区 30 千米，距离崇靖高速公路通灵出口 3 千米。

以广西古龙山大峡谷景区为例，思考竞争策略的设计与创新。

【任务分工】

1. 学生分成若干小组，以组为单位进行实训。
2. 可通过图书馆和相关的微信公众平台、抖音、微博等网络途径获取资料。
3. 可通过老师或学生代表联系古龙山大峡谷景区工作人员，获取相关信息。

【实训要求】

请设计完成古龙山大峡谷景区下一个年度的营销策略调整思路。

第 8 讲

旅行社与其产品营销

学习目标

XUEXI MUBIAO

通过本讲的学习，学生应能够达到以下学习目标：

1. 熟悉旅行社自身的营销策略，了解其产品价格的制定方法；
2. 掌握旅行社产品的定价策略，能为旅行社产品制定合理的价格；
3. 了解旅行社产品销售渠道的类型，熟悉选择旅游中间商的方法等营销常识。

理论概要

LILUN GAIYAO

旅行社是伴随着旅游业的发展而形成的重要的机构，也是联系游客和旅游地之间的重要纽带。旅行社是重要的旅游活动组织企业，营销业务是旅行社最重要的业务之一。旅行社自身是一个直接面向游客的旅游组织经营企业，自身品牌的营销和其经营产品的营销，都是旅行社经营中的重要营销业务。

随着世界旅游业的蓬勃发展，我国旅游业发展也异军突起，颇具规模，旅行社在经历了如雨后春笋般发展后，在电子商务的冲击下，出现了两极分化的问题：一部分越做越大，一部分却走向萎缩甚至消亡。随着交通的越来越发达和经济水平的提高，多种旅游方式出现并且占据了相当一部分的市场。旅游业的竞争也越来越激烈。显然，在互联网时代，旅行社要更新观念，改变以往陈旧落后的营销战略，致力于研究新的市场营销策略，力争使自己在严酷的竞争中立于不败之地。

在激烈的市场竞争中，企业根据市场需求推出旅游产品，为旅游产品制定合理的价格，并通过有效的销售渠道把旅游产品销售到旅游者手中，是旅行社产品营销的核心问题。

旅行社产品价格受到定价目标、成本因素和市场需求的影响。根据旅行社产品的不同，企业可以采用新产品计价策略、心理计价策略、促销计价策略，运用成本加成计价法、需求导向计价法、竞争导向计价法等，掌握向旅游者报价的原则，为营销活动保驾护航。

第一节　旅行社产品的概念和特点

导入案例

北海环球国际旅行社有限责任公司产品营销案例——品味越南

一、产生背景

（1）目前市面上赴越旅游产品良莠不齐，以传统的购物、“赶鸭子”游以及低价旅游已经不能满足大众群体对旅游品质和体验的需求。

（2）市面上同质化产品较多，用户疲于选择。

（3）目前，越南已成为发展最快的中国出境旅游目的地，广西毗邻越南北部，地理位置优越。

二、产品设计原则

（1）以人为本原则。从广西赴越南旅游是旅行社销售的主要旅游产品，也是广西出境旅游开发和市场营销的重要对象，能同时拉动广西与越南的经济发展，保证既要符合旅游供给规律，又要符合旅游市场需求规律；从游客的心理、生理等要素出发，真正为游客着想。

（2）特色优势原则。充分发挥越南拥有众多旅游资源的特色优势，以享誉世界的奇特自然风光下龙湾为龙头；以历史底蕴丰富的河内旅游资源为依托；聚焦独具特色的民族风情文化资源，打造特色旅游线路产品。

（3）深度体验原则。通过“点”与“线”相结合的互动设计，均衡吃、住、行、娱、游五大要素的设计，突出品味越南高质量旅游主题，增强体验度。

（4）公开、透明、性价比高原则。坚持“纯玩”理念，拒绝任何形式的套路，让游客体验到真正的高性价比的优质旅游服务。

三、产品亮点

（1）反向设计。根据目前市面上的攻略和要求反向设计，与市场上靠拼价格的广西赴越南旅游产品有本质区别。

（2）产品不断与时俱进。线路不断更新，带给用户更多的小众旅游体验；打破市场上传统跟团旅游模式，开创跟团游与自由行兼容新模式，告别传统“赶鸭子”游。

（3）公开、透明、性价比高。全程纯玩、零自费、零购物，实现真正意义上的“纯玩”，享受自由行的体验。

（4）服务更贴心。体验团队亲赴越南踩线酒店，卫生舒适看得见；设计团队推出特色高质量餐饮，与传统跟团餐说再见；售后团队24小时连线出团导游，行程全跟踪。

(5) 景点组合连线。连线越南北部著名旅游城市、组合越南北部优质旅游景点，一次走完越南北部精华。

四、行程安排

第一天：北海—东兴—芒街—下龙

美丽“南国明珠”出发—观【北仑河风光】—赏【中越界碑】—跨【中越友谊大桥】—欣赏越南民族特色歌舞

第二天：下龙—河内

畅游【巡州岛】—泛舟【下龙湾】—探访【迷宫仙境】—穿梭【月亮湖】—打卡【天堂岛】

第三天：河内—下龙

参观【巴亭广场】—游览【胡志明陵】—打卡【主席府】—遇见【独柱寺】—品鉴【博物馆】—穿行【36古街】—漫步【还剑湖】

第四天：下龙—芒街—东兴—北海

再遇下龙湾—途径芒街—邂逅东兴—返回温暖之家

吃：越南特色民族餐【簸箕宴】、越南饮食文化代表【莲花餐】、越南火锅文化精髓【海鲜火锅宴】

住：越南优质星级酒店，国标三星以上

行：全程高级舒适大巴

娱：欣赏越南民族特色歌舞、体验本土生活风情

游：经典景点一个不漏，创新升级新玩法

五、产品营销情况

(一) 营销方式

(1) 模式与时俱进：在互联网普及的今天，与时俱进，采用“线上+线下”相结合的营销模式。

(2) 服务深入人心：定期对体验过的游客进行回访调查，不断完善创新。

(3) 细节彰显人心：赠送游客贴心伴手礼，如健康水等。

(二) 营销反馈

自推出以来，该产品以贴心的旅游服务和优质的旅游体验，受到游客一致好评，屡次获得游客赠送的锦旗。

案例解析

中国旅行社行业价格竞争激烈，各种“零团费”现象还存在。旅行社管理者普遍认为，低价竞争会造成两败俱伤。目前更多的旅行社在进行价格竞争的同时，更多的注意到旅游市场营销的真正含义，开始运用多种竞争策略，提高竞争的层次，而不是降低要求，低价竞争。

每年年末，都是旅游线路批发商和平台社集中签订全年合同的时候。在这个利益循环的供应链中，链条都是由旅游线路批发商、旅行社门店和平台社三方搭建完成。线路批发商是每条旅游线路的具体执行方，它们影响、甚至控制着酒店、航空公司、导游、

景区门票和商店的资源。但随着近年来游客出行选择的多样化、电商的介入以及旅行社门店之间的竞争加剧，这一利益链条不再平衡。

“产品+服务”才是旅行社的本分。在激烈竞争中，旅行社开始出现两极分化。“做旅游行业归根到底就是四个字——产品、服务”。现在，旅行社不再只为了抢客源而一味地降低价格来吸引客人，其服务水平却在不断提升。例如，过去游泰国曼谷，可能一条万金油线路就能搞定，但现在可能同一个地方有4、5条游行线路，其中一些适合中老年人，另外一些适合年轻人，还有一些则是为有特殊需求的人定制的产品。在线上旅游企业大打价格战争夺市场之际，传统旅行社也开始加速“触网”转型升级。面对旅行社的价格战，游客逐渐变得较为理性，转为看重产品和服务，不会被“降价路线”牵着鼻子走。

理论链接

一、影响旅行社产品价格的因素

每项旅游产品都具有一定的价值，它体现在生产这种产品所消耗的社会劳动量上。同时，社会价值、产品的声望等各种因素也都对产品价值会产生直接的影响。制定旅游产品的价格，既要以产品的价值为依据，又要充分考虑定价目标、成本、市场需求及竞争者。

（一）定价目标

旅游产品定价目标要服从旅游企业营销战略，如实行市场份额战略的企业在定价时可能会采取低价策略。旅游营销管理人员要根据阶段营销目标的不同来制定不同的价格。

1. 以取得最大利润为目标

以利润最大化为目标，就是利用潜在竞争者跟随仿制的时间差（从研发到产品投放旅游市场之间的），尽可能地赚取利润。以取得最大利润为目标不是一味地给旅游产品定高价。对于需求弹性较大的旅游品，定价高会导致需求下降，单位成本会相对上升，总收入反而会降低，进而影响总利润。

2. 以求生存为目标

当企业遇到经营困难时，为维持业务、等待市场转机，旅行社一般会采取低价策略，以低价吸引游客，从而获得喘息机会。有时旅行社甚至会把旅游产品价格定在成本线附近，这种做法看起来不赚钱，但却能保证企业生存，寻找新的机遇。

（二）成本因素

旅游产品的成本是制定价格的基础。一般情况下，旅游产品成本越高，旅游产品的价格相应也会提高，旅游产品成本由固定成本和变动成本两部分组成。固定成本是指不因产量或销售额变化而变化的成本，如固定资产折旧费、租金、办公费、固定工资等，这些成本只要企业存在就必须分摊到旅游产品中去；变动成本是随产量或销售额变化而变化的成本，如采购成本、奖金等。

（三）市场需求

一定时期旅游产品供给是一个既定的量，而旅游产品需求的季节性特点又很明显，当旺季来临时，一些旅游产品价格会随之上涨。如海南岛在每年 12 月到次年 2 月是旅游旺季，酒店客房价格往往会上涨 50%左右。又如“十一”“五一”旅游黄金周期间，住宿需求十分旺盛，一些包价旅游线路的价格会上涨 20%~30%。一般来说，供不应求时价格可以定高些，供过于求时价格可以定低些。供求关系的变化，要求旅游产品的价格要有一定的灵活性。

二、旅行社产品的定价策略

（一）旅行社产品的计价策略

1. 新产品计价策略

（1）高价取脂计价策略。

这种策略的特点是采取高价投放市场，以期在短期内获得高额利润。其一般适用于接待能力有限、具有垄断性和需求缺乏弹性的旅游线路。

（2）低价渗透计价策略。

这种策略的特点是采取低价投放市场，以便增加销量，广泛占领市场。其一般适合于常规线路、具备大批量接待能力的旅游产品。

2. 心理计价策略

（1）尾数。旅游产品的定价为一个零头数结尾的非整数价格。比如××一日游 128 元，这样使旅游者感觉计算精确，值得信任。

（2）整数。旅行社有意将旅游产品价格定为整数。比如××六日游 4 800 元，这样给人一分价钱一分货的感觉。

（3）声望。旅行社利用自身的声望，也就是利用品牌效应来制定高价，给旅游者高价优质的感觉。

（4）吉祥。旅行社利用旅游者喜爱吉祥数字的心理来制定价格，比如 66、888、99 等。

3. 促销计价策略

（1）数量。旅行社根据旅游者或者购买数量或金额的多少给予不同折扣，以吸引更多的客源。

（2）季节。旅行社根据季节的不同制定不同价格，一般是淡季低价，旺季高价。

（3）现金。旅行社在允许购买者延期付款的情况下，为了鼓励购买者迅速付款，根据付款时间给予其一定折扣。

（4）同行。当旅游产品通过中间商销售时，往往会给予一定的折扣优惠。

（二）旅游产品的计价方法

1. 成本加成计价法

这种方法指按照单位成本加上一定百分比的加成来制定线路的销售价格，加成就是指一定比率的利润。公式为

$$单位产品价格=单位产品成本\times（1+利润率）$$

例如某旅行社期望某旅游线路的成本和销售额如下：

单位变动成本：1 000 元

固定成本：20 000 元

预计组团人数：20 人

于是，该旅游线路的单位产品成本 = 单位变动成本 + 固定成本/单位销售量

= 1 000+20 000/20 = 2 000（元）

现假设该旅行社成本毛利率为 10%，则其加成价格是

单位产品销售价格 = 200（1+10%）= 220（元）

这种方法应用最多，计算简便，保证了旅行社从自身的利益角度制定旅游价格，不足之处是忽视了旅游者的心理接受能力。

2. 需求导向计价法

需求导向计价法是以旅游者对旅游线路的价格的认识为依据来计价，具体分为认知价值计价法、需求差别计价法两种。

（1）认知价值计价法。

这种方法认为，旅游线路的价格决定因素是旅游者对它的认识水平，可以运用各种宣传促销活动来影响旅游者的认识，特别是旅游者对企业品牌的认识，使旅游者形成对企业有利的价格认知。

（2）需求差别计价法。

这种方法是建立在旅游者对旅游线路的价值认识、旅游者对产品需求的差异之上的计价方法。旅行社根据不同购买力、数量、种类、时间、地点等因素采取不同的价格。

3. 竞争导向计价法

这种方法主要是为了应对市场竞争，主要包括率先计价法和随行就市计价法。

（1）率先计价法。

旅行社率先确定其条旅游线路的新价格，确定该产品的市场价格在市场中有一定竞争力，这种方法适用于实力雄厚的旅行社为开发新旅游线路。

（2）随行就市计价法。

旅行社参照行业中主要竞争对手的价格，或跟随市场上的平均价格计价。这种方法既可以应对竞争，又可以保证旅行社获得利润，是一种较为稳妥的计价方法。

课堂训练
KETANG XUNLIAN

情景与问题：小蒋接到旅行社一位老客户的咨询。客户所在企业计划组织 20 多名员工去云南大理、丽江等地旅游，计划用 6~7 天的时间，要求小蒋为他们策划行程及报价，小蒋根据客户的要求给他们选择了“昆明—大理—丽江双飞双卧五晚六日游”的行程。这个行程究竟应该向客户报多少价格呢？

时间	旅游行程	住宿	用餐
D1	10：43从南宁乘动车前往昆明，当日15：22抵达素有“春城”美誉的高原城市昆明，入住酒店后自由活动	昆明	晚餐
D2	早餐后参观云南地矿珠宝馆（约60分钟），乘大巴到石林（89千米，约80分钟），游览天下第一奇观、阿诗玛的故乡——石林风景名胜区（约120分钟），参观七彩云南；欣赏云南茶艺表演（约160分钟，含茶艺表演及用餐时间），乘大巴返回昆明，晚上乘动车至大理	大理	早餐、中餐、晚餐
D3	游览大理古城（约1小时），漫步驰名中外的洋人街，感受南语故国韵味；欣赏白族歌舞，品尝三道茶（约30分钟）	大理	早餐、中餐、晚餐
D4	中餐后从大理乘大巴至丽江，游览丽江古城、四方街（约2个小时），晚餐后可自费品尝当地特色纳西美食；华灯初上时，漫步在家家泉水、户户杨柳的高原古城里，每每抬头向高处望去，深蓝色的纯净夜空下，一切是那么的宁静，这里有太多停留的理由，一切随你心意；晚上自行返回酒店休息	丽江	早餐、中餐
D5	早餐后游览玉龙雪山一线（约2小时）：乘索道游览云杉坪、白水河、甘海子及号称“小九寨”的由玉龙雪山雪水融化而成的蓝月谷（云杉坪电瓶车和蓝月谷电瓶车40元费用游客自理），晚乘动车返昆明	昆明	早餐
D6	早餐后逛鲜花市场（约60分钟），11：50乘动车，返回温馨的家，结束愉快旅程		早餐

说明：

（1）服务标准：入住三星级酒店，提供标准化团餐（八正五早，正餐八菜一汤）。

（2）报价含南宁往返昆明动车票及税费、昆明往返大理火车、空调点第一门票、丽江古城维护费、导游服务费。

（3）报价不含旅游意外保险、单房差、游客个人消费及自愿选择的自费项目。

（4）出团时间：4月上旬。

（5）团队人数：25人以上成团。

第二节　旅行社企业品牌营销

导入案例

北海市副市长到北海环球国旅就复工复产开展调研

2020年2月28日，北海市副市长卓英子到北海环球国旅调研疫情防控情况，以及公司复工复产所面临的困难和问题。市旅游文体局党组书记李才能、局长鲁性东陪同调研，北海环球国旅董事长陈念坤、副总经理李峰、王霞等公司领导参加了接待工作。

卓副市长首先对北海环球国旅率先为疫区积极捐款给予了高度评价，对公司的经营理念以及在抗击疫情的过程中所表现出的高度社会责任给予了充分肯定。

北海环球国旅董事长陈念坤向调研领导汇报了公司疫情防控措施和复工复产所面临的困难和问题。自疫情发生后，北海环球国旅严格遵照市旅游文体局及防控指挥部的要求，采取“不新接、尽快返、严防控”的方针，全面停止所有旅游接待业务；同时，对公司全体员工发布《北海环球国旅关于严防新型冠状病毒感染的倡议书》，及时出台科学防控指导，坚持一手抓疫情防控、一手抓生产经营准备工作，做到“两手抓、两手硬、两不误”，坚定信心，同舟共济，科学防治，精准施策，统筹抓好公司发展稳定各项工作，为疫后的复工复产做好充分准备。

（资料来源：根据北海市人民政府门户网站《市领导走访调研重点旅行社疫情防控和复工复产工作》整理）

案例解析

企业责任感和使命担当，是一个企业走向辉煌的重要因素之一。在这次“新冠”肺炎疫情中，北海环球国际旅行社有限责任公司，再一次成为当地的旅游企业明星，这是企业的精神，同时也是一种企业文化最好的展示，也是企业公共关系的重要组成，是企业自身品牌建设的一个环节。

理论链接

一、旅行社当前主要存在的问题

我国旅行社作为一个直接面向游客的旅游企业，其自身的品牌和市场营销工作，是非常重要的一个方面，当前旅行社的经营过程中还存在以下问题：

（一）旅行社降价竞争，不考虑长期效益

我国旅游业快速发展的今天，旅行社依然是旅游市场中两类主要经营实体，旅行社面对激烈的市场竞争，一些旅游公司不思整改，不考虑从机制改革入手，从公司内部挖掘潜力，而盲目实施“降价战”，使整个行业被动实施低价格策略，以低价来吸引更多游客。从表面上看，旅行社获取了利益，但从长远看，这样的营销方式，只会损害旅游企业自身的利益，得不偿失。

（二）忽视售后服务，导致游客流失

旅行社的服务质量是旅行社生存的保障，也是旅行社获取利益的无形资产，游客是旅行社的上帝，旅行社必须做好“售后服务”，巩固游客与旅行社之间的友好联系，培养游客的忠诚度，为旅行社的长期发展巩固客源。

但是现在纵观全国各旅游市场，绝大部分旅行社没有一个完善的旅游产品售后服务体系。更有甚者，很多旅行社在认识上出现严重的偏差，他们认为旅游就是一锤子买卖，游客返回之后，服务就结束了，从而忽视了售后服务，导致游客流失严重。这从根本上影响了旅行社乃至旅游企业的发展。

（三）忽视自身旅游形象的树立

近几年来，旅游形象已被越来越多的人关注，旅行社越来越重视旅游形象品牌的打

造。旅行社品牌形象的树立，是旅行社知名度、美誉度的展现，有利于培养游客心目中对企业的情感认知，培养游客的信任度和忠诚度，并通过展现品牌的个性，让游客感知到企业同其他企业的区别，最终影响游客的购买行为。这不仅有利于游客建立消费偏好，更有利于旅行社的营销手段的有效实施，促进旅行社品牌资产的形成。

（四）系统性不强，科技含量低

在科学技术日新月异的今天，旅行社也应该顺应时代的需求，把科技优势充分运用到旅游营销当中去。但是很多旅游企业还仅使用电话、传真等通信工具来开展营销，而且在经营过程中缺乏先进的技术与手段，营销工作的科学性不强。在当前科技突飞猛进的形势下，这种运营模式显然是会被淘汰的。

二、解决问题的对策及相关建议

（一）打造完备的旅游产品及其售后服务体系

游客选择旅行社的同时就寄予了对旅行社的期望，旅游线路画出的是游客旅游的轨迹，游客对沿途的景区十分关注，对“吃、住、行、游、购、娱”的满意程度将直接影响游客对旅行社的印象。因此，旅行社首先应该对旅游产品设计做出详尽的方案。首先，旅行社在制订计划之前，做一次较为彻底的市场调查，针对不同年龄、不同身份、不同地区、不同性别的人群，分析不同的群体对什么样的旅游线路最感兴趣，指向性一定要明确。其次，旅行社在组织游客完成旅游线路之后，及时进行售后反馈，可以发放游客调查表，或采取电话回访的形式，调查游客对此次旅游服务的满意程度、对产品的要求和意见。

（二）加强对旅游从业人员的素质培训和法律培训

改革开放是旅游业发展的契机，也是旅游行业从业人员大量涌入的开端。有很多人甚至来不及受专业的培训，就匆匆上岗，这导致旅游从业人员良莠不齐，素质高低不一。导游作为旅行社的一线员工，直接影响游客旅游体验和期望值，在业务中时常会出现与游客发生纠纷的情况，这些纠纷有的甚至成为“热点”新闻，这对旅行社的成长是极为不利的。分析其原因，大部分纠纷都是由于旅游从业人员法律意识淡薄而导致的。所以，要使我国的旅游业走上正轨，首先要加强从业人员的素质培训和法律培训。提高从业人员的素质，可以帮助其更好地为游客服务、树立企业形象、获得企业的品牌效应。增强其法律意识，可以避免从业人员触犯法律，减少不必要的纠纷。培训方式可以是多种多样的，各旅行社可以根据情况灵活机动地决定。旅游企业的领导，应以身作则，带头学好法律法规，还要加强对从业人员的监管和监督，把素质和业务考核与员工的工资挂钩，对有问题的人员要从及时发现、及时整改，帮助其把问题消灭在萌芽状态。

（三）应用高科技手段，促进旅游事业的发展

在信息化时代，建立旅行社的信息系统和客户服务系统是十分重要的。再加上同行业激烈的竞争，要想使企业在竞争中立于不败之地，就必须运用高科技手段，在最短的时间内掌握第一手资料，知己知彼，方能百战百胜。首先，一定要把旅游数字化建设引入到旅游管理中，把每个子公司和总公司紧密相连，做到信息畅通、快捷，提高工作效

率。其次，在企业经营中，用高科技手段替代人工操作，既节省了人力和财力，又提高了效能，减少了操作中的失误，更好地为广大游客服务。再次，旅行社的发展要跟得上世界形势，就必须大力发展网络营销。

（四）树立旅行社良好形象，打造知名品牌

当前，企业文化是展现企业“软实力”的重要指标，各旅行社更要视形象为生命，努力打造企业形象，树品牌，提高企业知名度和信誉度。旅行社可以从以下几个方面入手：

第一，加大宣传力度，提高旅行社的知名度。旅行社可以通过合适的媒体，如国内知名报纸、杂志、广播等宣传旅行社的旅游服务项目、景点和特色；从游客的需求出发，进行产品设计和宣传。

第二，通过创意活动形式促进宣传，提高旅行社的美誉度。互联网让世界成为“地球村”，创意广告越来越热，旅游业的宣传手段层出不穷，花样繁多。

第三，增强旅行社员工的形象意识，树立员工的良好形象。良好的仪表总会给人留下美好的印象，也会在客观上促进旅行社的整体良好形象的形成。例如，邀请专业人士为企业员工设计制服，无论是明亮醒目的颜色搭配，还是每一处的细节设置无一不彰显了该公司团结协作、奋发向上的团队精神。员工的精神风貌，反映了企业的精神风貌，特别是一线员工，直接服务游客，因此，员工的良好形象是旅行社整体形象的重要组成部分，员工对游客的服务质量的高低，将直接影响游客对企业的印象。良好的员工形象加上良好的服务，必将给旅游企业带来一笔无形资产，为企业的发展助力。

随着国民生活水平日益提升，我国人民开始追求高质量、高品位的生活，这对我国的旅游业来说，无疑是迎来了它的高速发展的时代。旅游企业应抓住这一契机，开动脑筋，运用现代化管理手段，完善市场策略，更健康、更稳步地发展。

课堂训练

KETANG XUNLIAN

请为北海环球国际旅行社有限责任公司创作一篇关于“北海海洋研学产品”的推文，该推文将由北海环球国际旅行社的企业微信公众号在暑假前向各中学生家长推送。

要求：要体现北海环球国际旅行社有限责任公司的企业文化，针对中学生细分市场。

生产性实训任务

SHENGCHANXING SHIXUN RENWU

【实训背景】

北海环球国际旅行社有限责任公司在每年寒、暑假前都要开发面向大学生的暑假产品，并且都会有一个主题设计，这一主题也是产品营销的主题。

【任务分工】

全班分为四组开展实训，每组设计一个不同的主题，互相不能参考。

【实训要求】

每个团队站在北海环球国际旅行社有限责任公司企业的角度，各自设计一个产品的主题，每个小组统一设计思想，各位组员在自己的活页上，完成自己的产品营销宣传文案的设计。在时间允许的情况下，小组制作提交幻灯片展示文档（PPT），由组长或其他代表完成演讲。

第 9 讲

餐饮企业市场营销

学习目标

XUEXI MUBIAO

通过本讲的学习，学生应能够达到以下学习目标：

1. 了解餐饮业营销在全域旅游时代的意义；

2. 熟悉常见的营销手段和策略；

3. 以案例分析和生产性实训为依托，从实践的角度，锻炼在餐饮业进行旅游市场营销的能力。

理论概要

LILUN GAIYAO

旅游餐饮企业是旅游业的三大支柱之一，因此，旅游餐饮企业市场营销是旅游市场营销的一项重要内容。餐饮企业的体验关系到旅游体验的好坏，尤其是在全域旅游时代，几乎所有的餐饮企业都可以借助餐饮类旅游电商平台服务于旅游人群，专门的旅游餐饮与本地餐饮之间的界限几乎已经模糊，全体餐饮企业都在为旅游服务，市场营销也就成为餐饮企业的头等要事。在旅游电子商务飞速发展的今天，本地生活服务电子商务已经融入其中，餐饮预订、外卖送餐成为基本的餐饮业数字化形式，市场营销业完全进入了新的时代，随着餐饮企业的日益发展，餐饮企业营销在餐饮企业经营中的作用也愈加重要。餐饮业具有可重复消费的特性，且消费频率直接影响黏性顾客的消费。这就要求餐饮企业的市场营销要针对老顾客确定“长期营销计划与短期促销活动相结合”的营销思路，还要尤其注意通过老顾客介绍获得新客源，从而获得长期市场营销的回报，同时应关注旅游人群，通过网络口碑和评价获得旅游新客源。

一、餐饮企业市场营销的概念

餐饮企业市场营销是指为了满足顾客的合理需求，为使餐饮企业盈利而进行的一系列经营、销售活动。营销的核心是满足顾客的合理要求，其最终目的是使餐饮企业盈利。营销部常常代表顾客的要求和利益，而顾客的要求有时非常苛刻，有可能影响其他部门的正常工作程序。营销部应做好与经营部门的协调关系。餐饮企业营销的作用在于沟通餐饮企业与顾客之间的供求关系，以求得餐饮企业的最佳经济效益，因而餐饮企业的市场营销是餐饮企业经营管理的核心。

二、现代餐饮企业市场营销的特点

餐饮企业产品是有形设施和无形服务的结合，它不是单纯以物质形态表现出来的无形产品。餐饮企业产品的市场营销具有综合性、无形性、不稳定性、时效性等特点。因此，餐饮企业的营销要根据其特点，有效地组织相应的市场营销活动，以追求效益的最大化。

三、餐饮企业创新营销基础

（一）提供个性化服务

人们的消费观念及消费需求不断向高级阶段发展，消费者已从原有的数量消费、质量消费转向个性化消费。餐饮企业提供的是生活服务，客人的一般心理总是求新、求异、求变的，比如对于异地的各种文化，人们往往表现得乐意接受。

（二）强化人性化营销

其实对每一个餐饮企业而言，它们都会不断推陈出新。餐饮企业都明白好餐厅要让每一个客人都感觉到受重视，感受到人文关怀和贴心服务，而并非单单是餐厅环境设施的花样设计，或是价格上的优劣势等。

（三）注重销售多元化

市场不断地发展与变化，餐饮企业仅仅依靠单体独立作战方式已不再能够维系餐饮企业的生存与发展，这就需要餐饮企业转变观念，改变营销策略。

（四）注重售后服务

由于餐饮业具有可反复消费的特性，目前市场又大都实现了互联网化，所以口碑营销极其重要。餐饮业的售后服务主要表现在听取用户的反馈意见；了解客户对餐饮企业产品的看法和最近一次消费的时间与感受；了解客户近期有无新的需求，以便发现新的销售机会；向客户宣传、推介新产品，创造再销售；学会倾听，多听少说，多让顾客说话；对于顾客要有及时、热情的回应，让顾客感受到你在用心地倾听。

第一节　餐饮业市场的营销基础与应用

导入案例

东方鸭王酒楼的项目设计与营销措施

某市的东方美食苑是当地著名的餐饮企业集散地，依托东方美食苑餐饮聚集地良好的客群基础，有企业策划了东方鸭王酒楼新餐饮项目。应对竞争激烈、变幻莫测的餐饮市场，企业的产品定位为北京烤鸭的新派烤鸭代表，旨在打造北京新派烤鸭品牌。

东方鸭王酒楼开业两个月以来，借助天然的流量，在拥有了一定的顾客后，举办了回馈消费者的关爱优惠活动；将顾客满意营销、内部员工营销和文化营销三者结合，作为本次营销活动的重点。

（1）活动的目的：增加东方鸭王酒楼品牌的影响力，提升知名度和美誉度；提升东方美食苑的品牌形象，增强竞争力；加强员工的企业忠诚度和向心力；提高员工服务意识、工作用心性；进一步提升东方美食苑的企业文化；提升销售额，增加利润；为下一步更好的发展打下良好的基础。

（2）活动时间：共计 15 天。

（3）参与人群：东方鸭王酒楼的所有员工、就餐的顾客等。

具体方案策划：

1. 内部：微笑服务比武

在活动期间，所有员工一律微笑服务，细致耐心，让顾客乘兴而来，满意而归，提高顾客的感觉消费价值。企业在活动前召开动员大会，在活动期间开展服务大比拼，请顾客参与，在大厅设一个专门的版面，每日评出当日的服务之星，并给予奖励。

2. 对外：特价优惠

（1）每日推出一道特价菜，每日不重样。

（2）随顾客所点菜品加赠部分菜品，如消费 100 元送两份小菜；消费 200 元以上，加赠 2 道凉菜；消费 500 元以上，加赠 4 道凉菜等。

（3）打折，这是一个迅速刺激消费的法宝，推荐适当打折刺激消费。但特别提示：本店的特色为烤鸭，烤鸭的价格不打折！

【案例解析】

餐饮市场存在着激烈的竞争，各式各样的大小餐饮企业、饭店，以不同的特色冲击着食客的味觉、视觉。一个餐饮企业要获得成功，务必具备以下条件：

（1）拥有自己的特色；

（2）全面的（质量）管理；

（3）足够的市场运营资金；

（4）不断推陈出新。

这些条件缺一不可，否则，餐饮企业可能就是昙花一现。这也是许多餐饮企业、餐馆风光开业又迅速消失的原因。

餐饮企业既是独立的企业，也与大型带有餐饮服务的休闲环境、旅游环境的市场营销密切相关，餐饮市场营销几乎可以囊括：网络营销、内部营销、个性化营销、关系营销、文化营销、低碳营销等各类营销方法，它们互为补充，不可或缺。东方鸭王酒楼，是在东方美食苑的基础上进行创新的饭店。餐厅选址则是看中了其区域内的东方洗浴、东方美食苑多年的宣传与运营，这些品牌已有了相当的知名度。利用东方在宣化的知名度和客群，可以有效地进行延伸用来宣传新的东方鸭王酒楼。

该案例中，餐饮市场营销中注意到了两个关键点：内部服务质量和外部顾客口碑。

微笑服务，是这一策划的服务质量体现，餐饮服务的目的是让顾客满意，只有顾客满意了，餐饮企业才能获得持续的客源；要做好优质的服务，离不开企业内部员工的努力；内部员工营销的成功又以全面的（质量）管理、有效的激励机制和良好的企业文化氛围为基础。

餐饮业有这么一句话：金杯、银杯不如口碑。众多信息渠道中，消费者对周围相关群体如家庭成员、朋友、同事带给信息的重视程度要远远高于广告信息和推销人员带给的信息，他们倾向于从相关群体获取消费信息，并会继续把信息传播给别人，让信息加上人们的主观评价并不断传播下去。所以在很多状况下，口碑的渗透效果要远远大于企业本身的促销活动。该活动中，顾客在获得打折优惠后，会在心里倾向于更多地给予员工服务好评，并乐于参与活动。同时，其主打产品烤鸭不打折，正是这个营销策划的重点，完成了主菜的品牌用户聚焦。

理论链接

对餐饮企业营销管理而言，获得顾客满意是十分重要的。如果营销人员只是通过各种方式不断招徕新顾客，而忽视餐饮消费的重复性，且餐饮企业又因为自身的服务问题，那么就造成顾客的不断流失。这种一锤子买卖必将使餐饮企业走向衰退，因为招徕的顾客越多，流失也就越快。顾客是最好的老师，餐饮企业营销者要主动收集顾客的意见或建议，设法通过多种渠道，调查和预测顾客的需求，获取顾客的反馈。

观念决定行为，有什么样的观念就有什么样的行动。餐饮企业若缺乏正确的营销观念作为经营指导，就很难在激烈的市场竞争中取得胜利。现代餐饮企业在营销工作中，必须把握营销观念的以下四个要点。

一、正确选择目标市场

餐饮企业所有的经营活动都是围绕着顾客而展开的。也就是说，餐饮企业门店要首先对市场进行充分的调研，之后再去选择适合自己的目标市场，了解这些市场中现有顾客和潜在顾客的要求，设计有针对性的餐饮企业产品，满足目标市场的要求，从而实现经营利益。

餐饮企业不可能占领和满足每一个客源市场。我们简单地将客源市场分成 A、B、C，分别代表高、中、低三个档次的客源。假设本餐饮企业是接待 B 档客源能力的餐饮企业，这表示餐饮企业的硬件和服务都是满足中档客源需求的。如果接待 A 档客源，就很难满足他们的需求，需要付出额外的精力去迎合他们。但若较多的接待 C 档客源，也会因为 C 档客源对价格敏感，他们的需求同样难以被满足，而且还可能会影响 B 档客源的满意度。所以，餐饮企业营销管理者必须明确餐饮企业的市场定位，尽量避免接待与自身定位不相称的客源。

二、不断了解顾客需要，力求顾客满意

随着时代的进步，餐饮企业的顾客需求也会有所改变。当餐饮企业的产品不能再满足顾客不断变化的需求时，餐饮企业就需要主动改变自己的营销策略及服务设施，完善

服务。顾客满意是餐饮企业赖以生存的基础。营销管理者要统计顾客的满意情况，测算顾客的满意率，同时要将本餐饮企业的顾客满意率与竞争对手相比较。只有保持较高的顾客满意率，餐饮企业才能获得收益，才能保持长期发展的后劲。

三、加强协调，创造良好的营销氛围

餐饮企业是一个整体，顾客从进入餐厅到离开餐厅，接受的是来自各个环节的共同服务。在对顾客服务过程中，任何一个部门都十分重要，但往往每一个部门都在不同程度上有着本位主义的观念，这就会影响餐厅的整体协作。

四、获取满意的盈利率

在保证顾客满意的前提下，餐饮企业也要使自己的营销目标得到实现。如果只注重顾客的满意，不去考虑餐饮企业自身的生产成本等一系列问题，那么这个餐饮企业就违背了餐饮企业商业性的本质。反之，餐饮企业也不能只注重利润增长、市场占有率、销售量等方面的指标，而不去关心顾客的满意程度，不去积极发现和解决服务中遇到的问题。营销人员不仅要通过各种方法创造顾客满意，而且要关注餐饮企业的盈利，不能片面追求其一。这是当代餐饮企业营销人所必须具备的素质和能力。

课堂训练

KETANG XUNLIAN

餐饮企业竞争日益激烈，消费者也变得越来越理智、成熟，这就对餐饮企业经营者提出了更高的要求。这就要求餐饮企业进行品牌的形象塑造，策划餐饮企业品牌推广活动，例如，2 月 14 日情人节活动策划、春节年夜饭销售方案、婚宴市场开发方案等，不断吸引消费者到店消费，提高餐饮企业的品牌效益和经营效益。

请在本节案例《东方鸭王酒楼的项目设计与营销措施》基础上，设计一个活动策划。

第二节　餐饮企业营销的创新发展

导入案例

不是营销的营销：疫情下的武汉咖啡馆

2020 年 2 月 14 日，情人节，疫情下的武汉几家医院的一线医护人员收到了一份特殊的礼物——一杯咖啡、一支玫瑰、一颗巧克力，杯身上还有手写的祝福语。从武汉关闭离汉通道后的第三天起，瓦坎达（Wakanda）咖啡为一线的医护人员免费送去了 7 850杯“武汉拿铁”。在情人节这个特殊的日子里，Wakanda 团队也特意准备了 520 杯咖啡和巧克力。玫瑰花是网友寄来的，字条上写着，因为买不到口罩，所以买来了玫瑰花送给白衣天使们。

Wakanda 咖啡，一个在武汉刚刚成立一年多的咖啡品牌。在“新冠”肺炎疫情蔓延武汉期间，它成为这座城市里唯一还在运营的咖啡馆。这个团队由留守武汉的七位咖啡师临时组成，年龄跨度从“80 后”到“00 后”，他们分别来自武汉、郑州和伊朗。

随着媒体的报道，这支团队渐渐被大众知晓，众多网友在社交媒体上为他们点赞。也有网友留言“待到江城繁花似锦，一定打卡 Wakanda”。面对突如其来的如潮好评，大家既兴奋又有些不知所措，作为队伍里两个“80 后”之一的艾蔻（Echo）说：“其实也没觉得自己多了不起，多么伟大，我们只是想做一件很酷的事。”

“90 后”姑娘田亚珍是武汉 Wakanda 轻饮咖啡的老板。Wakanda 咖啡光谷店位于世界城光谷步行街，被各大高校包围，毗邻湖北省中医院、武汉市第三医院光谷院区和中南医院。学生党、上班族和医生护士构成了消费的主要人群，其中不少医护人员是咖啡的重度消费者。尤其是在夜里，店里总能接到许多来自医院的外卖订单。

1 月 24 日，关闭离汉通道的第二天下午，咖啡馆来了两位戴着口罩的医护人员，他们是店里的老顾客。工作人员从他们口中得知，医院现在的工作量比之前突然增加了很多，疫情确实比想象中还要严重。两位医生拿着做好的咖啡走出店门，看着他们离去的背影，大家心里有些不是滋味儿，“医护人员都这么辛苦了，还要亲自出来买咖啡。”田亚珍说，当天晚上，几个人在店里开了一个小会。“不能在家坐以待毙。大家都痛快地决定了，给医护人员做公益咖啡！”

说干就干，一直是这个年轻团队的行事风格。田亚珍在工作群里发了一条信息，“谁要来光谷做咖啡，中午要送200 杯咖啡给湖北省中医院的医生护士白衣天使们。”没有想到的是，留在武汉的小伙伴纷纷报名，远在成都旅游的小豪也表示要加入。小豪是武汉人，“00 后”，是这个七人团队里最年轻的咖啡师。而彼时武汉的疫情已经开始大面积爆发。

资料来源：剥洋葱 people. 疫情下的武汉咖啡馆：就算店垮了，最后一杯咖啡也要

给医护人员. [EB/OL]. (2020-02-18) [2020-06-30]. http://www.myzaker.com/article/5e4a8df8b15ec049aa285fca

案例解析

疫情下的这个武汉咖啡屋的故事，感动了很多人。这一次公益活动收获了无数爱的回报，这一次活动虽然不是市场营销的活动，却成就了这家咖啡屋的企业文化和对顾客情感的表达，客观上起到了良好的市场营销效果。

同时应该引起从业者深思的是，市场营销的精髓之一是企业文化的弘扬。只有真正地把企业文化和对顾客的情感放在首位，旅游市场营销才会进入一个新的天地。

目前，大多数餐饮企业已经认识到了市场营销的创新意义，一位专业从事餐饮咨询的人士，针对如何做一个可以让旅游者关注的本地特色餐饮企业，给出了这样一些必须注意的细节建议，主要有以下十一点：

第一，餐饮企业的名称必须走极端。要么土，土得有地方文化底蕴，例如，李记熏肉大饼，塑造出形似老字号的招牌并且直接体现菜系名称。要么就是网红腔，体现出一派新生事物气象，例如：张先生和李小姐的火锅店。

第二，为了让餐饮企业成为一个长期的品牌，推出广告菜，这些菜要量大、便宜、永不断货，但又十分有特色，不可复制，顾客吃上一次就会想吃第二次，还得来这里。

第三，迎宾不要使用千篇一律的风格，要做出文化来。例如，在上海菜餐馆的门口，在客人进入时，迎宾用地方话送上欢迎词，而在其出来时，迎宾又要用同样的地方话送上欢送词。

第四，培育和造就高素质员工。服务的生产与消费是同时发生的，客人与员工的接触也是多层面和广泛的。没有一流的员工就没有一流的服务。没有高素质的员工就没有满意的客户。

第五，餐饮企业创新要遵照客户的要求去进行，充分征求顾客的意见，及时提高服务质量。对于老顾客，餐饮企业要让其感受到新服务、新变化；对于新顾客，餐饮企业要加大力度来宣传饭店特色，突出与其他饭店不一样的地方，如服务人员服饰、服务形式、背景音乐等。

第六，重视网络营销渠道。这是最有效、最便捷的营销手段，如使用大众点评、上线外卖平台等。

第七，经常搞促销活动。流量特色菜式要以特价经营；镇店特色菜还是要靠唯一性来打开知名度；促销活动是推广自己企业的好时机。

第八，不放弃渠道营销。餐饮企业要主动联系企事业单位，采取提前预订享受折扣的促销方式，或赠送神秘礼物给生日、婚宴的主人以吸引客人提高预订率。在渠道营销中，餐饮企业一定要制作有餐饮企业标志的小纪念品，这样，顾客除了能享受高层次的气氛，还能得到令人心奇的小礼品。

第九，菜单的种类尽量做到丰富多彩。餐饮企业能够设计固定式菜单、循环式菜单、特选菜单、今日特选、厨师特选、每周特选，本月新菜、儿童菜单、中老年人菜单、情侣菜单、双休日菜单等来进行宣传和营销。

第十，餐后服务。就餐后，除了可赠送顾客纪念品、优惠券外，餐饮企业可以提供免费洗车服务（凭餐券或其他手续）。事情虽小，却能给客人减少许多麻烦，以此来增加客人对餐厅的印象，从而更好地为餐饮企业创造效益。

第十一，开展用户互动工作。例如，开展一些主题活动，或者设计消费者调查表，凡消费者剪下此表格且填写相关信息，可当作优惠券来饭店消费。

理论链接

近几年，餐饮业在我国旅游业持续发展的过程中迎来了经营的“黄金时期”，但由于竞争的不断加剧和顾客个性化需求的不断释放，餐饮企业正面临着在资源有限、各种机会纷繁复杂的市场环境下，如何通过互联网来进行有效的营销的问题。一般来说，餐饮企业可以从以下几个方面着手。

一、以整合营销传播，统一餐饮企业对外的形象和定位

“现代营销侧重于营销的整个过程，其目的在于长久地抓住市场和客户”。整合营销传播是面向市场的“立体传播”和“整合沟通”，消费者“听到的是一种声音”，因而可以更准确地辨识企业及其产品、服务。

对餐饮企业来说，整合营销传播有助于餐饮企业把有限的投入高效率地转化为产出。具体来说，整合营销传播能使餐饮企业在目标顾客群体中树立统一的形象和特有的定位，顾客一旦产生需求，会很容易回忆起有关餐饮企业的一些“关键词”，然后通过搜索引擎找到餐饮企业，并很方便地与餐饮企业取得联系。餐饮企业通过与顾客耐心细致的交流沟通就可以轻松赢得顾客，从而取得良好的营销效果。

二、网络营销与网络分销渠道

互联网为我们的生活带来了很多便利，信息化也在餐饮企业引起了一场革命，网络营销逐渐成为餐饮企业最有效、最便捷、最经济的营销手段。

在经典的市场营销理论体系中，营销的渠道划分为直接渠道和间接渠道。其中分销渠道就是间接渠道的重要种类。而通过自主的网络资源实现餐饮企业直接面向顾客的方式，属于直接营销渠道，是成本最低、利润率最高的营销渠道。例如，通过微信小程序直接获得顾客订单。

很多分销渠道，包括目前的网络分销渠道，如美团，在帮助餐饮企业扩大销售的同时也截留了部分客源和销售利润，这样使一些餐饮企业实际上是在为渠道“打工”，这种现象使得越来越多的餐饮企业希望借助网络营销，取得餐饮企业的资源配置和利润分配的主导权，实现餐饮企业预期收益最优化和最大化的目标。

三、以顾客体验为导向进行深度营销

顾客体验是顾客接受餐饮企业服务前后的总体感受，餐饮企业更多关注顾客体验的满意程度，而这是留住顾客的关键所在，而顾客满意的体验会带来其忠诚的行为趋向，这对提升餐饮企业效益、降低营销成本大有帮助。

在网络条件下，强化顾客体验有更多的方式，如三维全景展示、设立餐饮企业博客，让顾客把自己的想法和感受通过网络充分展现出来，为餐饮企业进行深度营销和改善服务提供最直接的信息。

四、以餐饮企业联盟拓展市场资源

对于餐饮企业集团或连锁餐饮企业，扩展餐饮企业连锁是拓展市场资源的一种有效方式，而对众多单体餐饮企业，加盟“餐饮企业虚拟联盟”有助于解决自身市场拓展能力的局限。“餐饮企业虚拟联盟”能较好整合处于不同区域的市场资源，以联盟平台的知名度和整合营销能力，把众多单体餐饮企业引入更广阔的市场空间。

五、餐饮企业内部营销

餐饮企业内部营销就是餐饮企业内部全员参与促销，内部营销的主体是员工，核心理念是宾客至上、员工第一。餐饮企业只有拥有一批忠诚、高效、尽责的员工，其发展之路才能走得更远、更顺。

这是餐饮企业营销的继续和延伸，是节约营销成本的最好形式。在餐饮企业服务利润链中，存在着餐饮企业员工、顾客的一种链式关系，员工是餐饮企业与顾客之间沟通的桥梁，餐饮企业服务的体现也是来自员工。

内部营销是面向已经入住的客人或老顾客进行的促销，稳住已有的顾客就是稳住已有的市场份额。内部营销不需要专职人员，与外部促销活动相比，既容易又方便。从店长到服务员，从前台到后台，人人都可参与，餐饮企业全员都是义务推销员。只要把全体员工的积极性、主动性调动起来，再帮助他们适当地掌握一些方法和技巧，餐饮企业就会形成强大的内部推销力量。

六、餐饮企业个性营销

如今，人们的消费观念及消费需求不断在改变，消费者已从原先的统一消费、标准消费转向个性化消费。因此，餐饮企业在满足顾客共性需求的基础上，还需针对顾客的个性特点和特殊需求，主动用心地为顾客提供差异化的服务，以便让顾客有一种自豪感、满足感，从而给其留下深刻的印象，赢得他们的忠诚而成为回头客。

客人的个性化需要归根结底是一种被尊重、被满足的感觉，个性化服务并不在于餐饮企业给客人多少优惠，而是明白客人的需求，并在恰当的时候为客人提供，使客人觉得享受到了专门为我提供的服务。

七、餐饮企业文化营销

不仅仅顾客注重个性化、优质化消费，餐饮企业也越来越重视个性、独特的餐饮企业文化。因此，追求时尚、个性、雅致等各种各样特征的主题餐饮企业开始涌现，为顾客带去不一样的文化感受，如成都的京川宾馆的三国文化、西藏饭店的藏族文化、岷山安逸大酒店的年画主题等。

餐饮企业文化营销主要在于环境文化营销、产品文化营销。餐饮企业内外的装修布局、设计装饰、挂件饰品、环境烘托都要有充分的文化内涵，为顾客营造一种文化氛围。例如，西藏饭店，其整体外观形似布达拉宫，内部设计装饰也处处体现出藏族元素。

餐饮企业产品的设计、制作、包装也要充分体现主题元素，凸显出餐饮企业文化的知识特点，充分体现餐饮企业的文化价值，让顾客享受独特、品质、文化的餐饮企业产品，如京川宾馆的菜品——中秋时节的三国胡饼，在制作和包装上都充分体现了餐饮企业的三国文化。

八、餐饮企业低碳营销

中国饭店协会早于 2001 年就制定了全国绿色餐饮企业标准，提出了绿色餐饮企业的基本条件及绿色餐饮企业的管理要求。该标准要求运用绿色观念，从绿色销售、节约用水、能源管理、环境保护、垃圾管理、绿色客房、绿色餐饮、绿色管理八个方面做好绿色餐饮企业。餐饮企业做低碳营销，更重要的是引导顾客进行低碳消费，并为企业带来收益。

课堂训练
KETANG XUNLIAN

餐饮企业可以举办各种低碳营销活动，为顾客带来餐饮企业的优惠的同时宣传低碳理念。例如，丹麦的哥本哈根塔皇冠假日餐饮企业，就首创了客人脚踏自行车发电换取晚餐的活动，餐饮企业将两辆健身脚踏车连接到发电机上，客人在骑车锻炼时顺带发电，产生足够电量后，客人便能够获得一顿免费晚餐。餐饮企业这样做，在关心顾客健康的同时也提醒顾客注意减少碳排放。结合这个案例，请设计一个符合中国国情的餐饮企业低碳营销的活动。

生产性实训任务

SHENGCHANXING SHIXUN RENWU

请你以北海市老街风景区上的一家餐饮企业——老渔翁（可在抖音中查找有关视频资料）做一个云淘北海直播营销策划（含直播前的时长5分钟的餐饮预热短视频设计方案）。

第 10 讲

住宿业市场营销

学习目标

XUEXI MUBIAO

通过本讲的学习，学生应能够达到以下学习目标：

1. 通过案例分析和讨论，深刻理解以经典酒店为主的住宿业市场营销的概念和特点；

2. 使用市场目标定位（STP）战略分析市场，掌握酒店的销售渠道和基本的营销组合策略；

3. 了解传统营销理念模式，熟悉“互联网+酒店”的新型营销方式。

理论概要

LILUN GAIYAO

随着中国旅游业的持续发展，中国酒店业出现了空前繁荣的景象，在全国大中城市，星级酒店如雨后春笋般不断涌现。同时，各种以客栈、民宿、多功能酒店为代表的非标准式住宿业企业数量不断增加，行业之间的竞争越来越激烈，而在竞争中，市场营销管理对酒店的发展具有重要的作用。

住宿业的市场营销始于住宿业企业提供产品和服务之前。住宿业的市场营销包括研究宾客的需要和促进住宿业客源的增长，开发酒店市场的潜力，提高酒店的收益，最终使住宿业实现其预设的经营目标。

酒店需要根据顾客需求提供综合性产品。综合性产品是有形产品和无形服务的高度结合，是多种需求的产品组合，具有综合性的特点。产品包括体验、人、地点、组织、信息和想法。酒店营销是为了满足客户的合理要求，为使酒店盈利而采取的一系列经营和销售的活动，即酒店在适当的时间、地点，以适当的价格，通过适当的销售渠道，采取适当的促销策略，向目标客人销售一定产品和服务的有计划、有组织的活动的重要概念。现代酒店常用的营销策略和方法有内部营销、关系营销、网络营销、低碳营销、个性营销、文化营销等。

住宿行业的主要经营模式和标准目前依然以标准式酒店为基础，其他新的住宿业企业的市场营销，也与之类似。

第一节　酒店产品及酒店营销的特点

导入案例

来自美国的布鲁斯医生带着他的太太和他们15岁的儿子第一次来中国天津度假，并庆祝他们结婚20周年。布鲁斯先生是丽思卡尔顿酒店的忠诚客人，于是他们这次也入住了位于天津市中心的丽思卡尔顿酒店，这里距离天津滨海国际机场只有半个小时的路程。傍晚时分，布鲁斯一家踏进酒店，顿时就被中西合璧的酒店风格吸引住了，这里的员工都冲他们微笑并称呼他们的名字，这温馨的氛围让他们感觉仿佛回到了家一样。前台的服务人员立刻识别了布鲁斯先生的大使卡会员身份，迅速为其免费升级了套房并赠送了早餐。这让布鲁斯一家十分开心。办理完入住，布鲁斯一家去中餐厅品尝了当地特色美食并支付了餐费服务费和小费。随后布鲁斯太太去水疗中心做了一个头部按摩，布鲁斯先生去酒廊喝了鸡尾酒，小布鲁斯去健身中心游泳。随后大家回到了房间，发现客房部的服务人员为其准备了蛋糕和鲜花庆祝结婚纪念日，布鲁斯一家感到十分开心，度过了愉快的一晚。

问题：

1. 天津丽思卡尔顿酒店为布鲁斯一家提供了哪些酒店产品？满足了客人的哪些需求？

2. 该酒店产品具有怎样的营销特点？

案例解析

关于第一个问题：

1. 酒店提供了优越的地理位置

酒店的地理位置指与机场、车站、商务中心、旅游景点的距离及周围的环境因素。该酒店位于市中心且距离机场只有半小时的车程。

2. 酒店提供了多部门的设施

酒店的设施指酒店的建筑规模、各类客房及内部的各类设施，各类餐厅、康乐中心、会议厅、商务中心以及各处公共场所的设备设施。这些设施决定了酒店的接待能力、档次、和氛围。

3. 酒店的服务

酒店的服务包括方式、态度、速度、效率等。例如，员工的微笑和识别客人的能力、客房部为其准备的鲜花和蛋糕。卓越的服务可以提升酒店形象和知名度。

4. 酒店的气氛

布鲁斯一家一踏入酒店后感受到家一般的温暖。酒店的气氛指客人对酒店的一种感受。

5. 酒店的形象

酒店的形象指客人对酒店产品的历史、知名度、服务质量与信誉、建筑风格，也包括对服务人员仪容仪态等诸多因素的一致看法。

6. 酒店的价格

价格是商品的组成部分之一。酒店价格表示了酒店通过其地理位置、设施与设备、服务和形象给予客人的价值。酒店的产品实际上是个整体产品，是为了满足客人不同需求而产生的特殊产物。

关于第二个问题：

酒店的营销特点：服务是看不见摸不着的；产品只能在酒店内消费；可消费的项目很多，涉及各个部门并且十分随机。

理论链接

一、酒店产品的分类及组合策略

酒店产品指的是客人在酒店下榻期间能够得到的、满足客人某种需求和欲望的任何有形物品和附着在有形物品之上的无形服务之和。

（一）酒店产品类型

整体产品观念由美国哈佛大学教授西奥多·莱维特（如图 10-1 所示）首先提出；后由菲利普·科特勒教授发展成为五个层次的整体产品观。

酒店产品作为典型的整体产品有以下五个层次：

（1）核心产品：最基本的产品，顾客真正要购买的服务和利益，如住宿、餐饮服务。

（2）形式产品：是核心利益的物质载体，是产品的基本形式，如床、餐厅等。

（3）期望产品：顾客在购买产品时希望得到的一系列属性和条件，如干净、整洁、方便、安静。

（4）延伸产品：产品的附加服务和利益，如上网、儿童托管、迎宾。

（5）潜在产品：未来可能发展的产品，如积分、会员卡等。

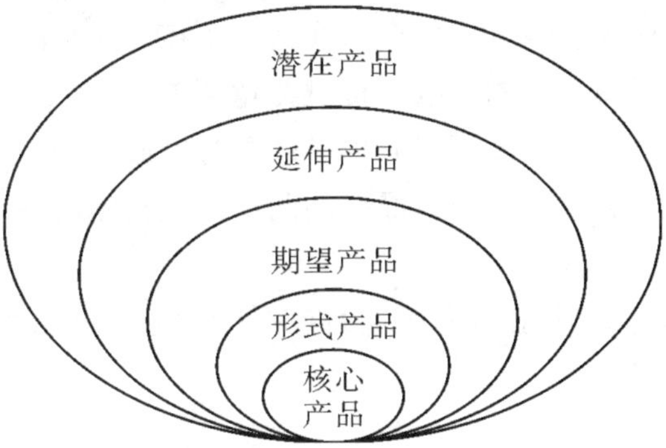

图 10-1　五个层次的整体产品观

（二）酒店产品组合策略：

1. 酒店的产品组合：广度、长度、深度

酒店的产品组合如图 10-2 所示。

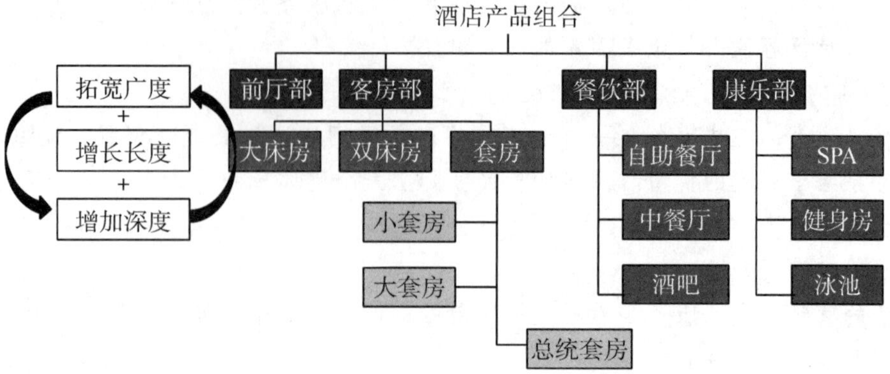

图 10-2 酒店的产品组合

2. 产品组合策略

（1）扩展策略：扩展策略是指酒店为扩展经营范围，扩大产品组合广度而采用的策略。

（2）简化策略：简化策略是指酒店要缩小产品组合广度。

（3）改进策略：改进策略是指酒店对现有产品加以改进完善。

（4）高档策略：高档策略是指增加高档产品项目，提高现有产品档次。

（5）低档策略：低档策略是指在高档产品中，增加廉价产品项目。

3. 产品组合分类

（1）酒店针对特定目标市场，结合产品的特色，以客人的消费活动为主线将多种产品进行组合。

①商务产品组合。例如，入住商务楼层三晚，可以得到免费自助早餐、房内水果一篮、免费洗衣服务、随意使用康乐中心内的设施器械、免费参与酒吧娱乐或舞厅活动，免费租用电脑及离店结账时间延长至下午 2 时等。

②会议产品组合。使用会议厅（室），会议休息时间免费供应咖啡、茶水和点心，使用会议设备如幻灯片、投影仪以及会议期间的工作午餐。有的酒店还提供会议秘书服务、会议协调服务等。

③家庭产品组合。例如，双人房供全家住宿，小孩与父母同住免费加床，提供看管小孩服务，小孩免费使用康乐设施，餐厅提供儿童菜单。

④婚宴产品组合。例如，为新婚夫妇提供的蜜月度假产品，一般需要漂亮且宁静的客房以及一些特殊的服务，如一间布置漂亮的洞房，免费床前美式早餐，免费赠送香槟酒，客房里供应鲜花、水果篮。

（2）酒店为提高淡季客房出租率而进行产品组合设计，强调以价格优势和超值服务来吸引客源。

①度假产品组合。

②周末产品组合。

③节日产品组合。

二、酒店营销策略

（一）酒店面临的营销环境

市场不相信眼泪，竞争不同情弱者，一家有危机意识、忧患意识、压力感、紧迫感的酒店，才是一个有希望的酒店。在国内市场竞争领域里，酒店如雨后春笋般遍地林立，连锁酒店的崛起更是抢占了绝大多数市场。酒店业的过剩发展、市场消费凸现出不足的严峻形势，已摆在我们面前。为了争得市场一席之地，各酒店之间的营销竞争愈演愈烈，因此，酒店企业需要具有超前的竞争意识，展开营销，做好产品组合，占有市场份额。

（二）怎样开展市场营销

市场营销不仅仅是单一的推销模式，涉及的面广而深，包含了市场调查、酒店产品的设计、开发和定价、产品推销等方面的内容。做好市场营销，首先要制定最佳的营销策略，选择较好的目标市场，积极运用和开发各种营销手段，以达到优质营销的最终目的。

目前，国内酒店营销方式貌似有许多，但总结起来无外乎都是这几条：网络营销、内部营销、个性营销、关系营销、文化营销略、低碳营销等。各类营销招数互为补充、不可或缺，共同促进酒店的发展。下文将简要介绍前四种营销方式。

1. 酒店网络营销

除了通过携程、艺龙等在线旅行社（OTA）的网站进行在线预订，目前大部分酒店都拥有自己的网站。但是，多数网站的资料还停留在对酒店设备设施的介绍上，其在线预订功能都不强，网络上的客人主要还是来自携程、艺龙等，毕竟，携程的预订价格低，订房便捷，而且可选性更强。

国外酒店集团的信息化道路远远走在中国的前面，酒店集团有成熟的在线预订网站和呼叫中心，但它们的客人也还是会选取 Expedia、Orbitz 预订酒店客房。

2. 酒店内部营销

在酒店服务的利润链中，存在着酒店员工与顾客的一种链式关系，由此可明显看出，员工是酒店与顾客之间沟通的桥梁，酒店的服务的体现也来自员工。内部营销的主体是员工，核心理念是宾客至上，员工第一，酒店只有拥有一批忠诚、高效、尽责的员工，其发展之路才能走得更远、更顺。

酒店是人才流失率最高的行业，不仅服务员的流失率高，而且管理人员的变动也十分频繁，其原因有很多，但很重要的一点是酒店内部营销做得不到位。其实酒店内部营销因素主要有四种：薪酬、晋升空间、培训活动、企业文化。如果酒店管理人性化，员工能养得了家、升得了职、学得到东西，谁还想跳槽呢？所以酒店要建立完善的薪酬福利、科学合理的晋升机制、个性化的职业发展规划，营造良好的酒店企业文化。只有员工满意了，他们才会充分发挥自我的潜能，心甘情愿地为外部顾客带去优质的服务。就如李嘉诚所说，我不是一个聪明的人，我对我的员工只有一个简单的办法：一是给他们相当满意的薪酬，二是你要想到他将来要有能养育他的儿女。所以我们的员工到退休的前一天还在为公司工作，他们会设身处地为公司着想，因为公司也真心为员工着想。

3. 酒店个性营销

酒店在满足顾客共性需求的基础上，还需针对顾客的个性特点和特殊需求，主动用心地为顾客提供差异化的服务，以便让顾客有一种自豪感、满足感，从而给顾客留下深刻的印象，赢得他们的忠诚而使他们成为回头客。

4. 酒店关系营销

根据二八定律，酒店都十分重视忠诚度顾客的培养，因此酒店对消费者的争夺重点也由原先的争取新的消费者转为维系好已有的顾客。最简单的关系营销是利用价格刺激顾客的财务利益从而维持双方的忠诚关系，如各酒店、超市发行的会员卡，客人凭卡消费能享受特殊的折扣和优惠。而深一层次的关系营销就是增加会员财务利益的同时，也增加他们的社会利益，如为客人带去个性化服务，当客人享有优先权，定期或不定期为会员举办专业论坛、文体活动。

旅馆俱乐部（Hotel Club）就是一种典型的关系营销，最早启用该计划的是香格里拉酒店管理集团和希尔顿酒店集团。Hotel Club 将顾客占有率和忠诚度放在首位，充分利用二八定律，以建立会员制为发展导向，用专业的电话营销方式，为酒店挖掘并培养出一批具备高消费潜力的忠实客户群体。

Hotel Club 通过贵宾卡的组合方式，将酒店房间、餐饮、娱乐休闲等消费项目预售给顾客，并建立顾客数据库，登记所有会员的翔实资料，及时解决会员在酒店消费时遇到的问题，并通过各种会员活动，与会员进行交流，培养会员的忠诚度。也正是因为 Hotel Club 与会员之间的密切交流，双方除了普通的交易关系，还存在着一种相互渗透、相互支持的伙伴关系、情感关系，确保了会员的稳定性与忠诚度。

（三）营销观念

酒店营销观念从产品观念、推销观念、营销观念到社会营销观念的逐步演进是基于当时的市场环境发展和变化的。如今，酒店业的迅猛发展正改变着整个营销环境，但酒店的营销观念还存在诸多与经济环境不相适应的方面，我们应该看到当前到未来很长一段时间，营销观念的发展着重体现在“四个更加重视”。一是更加重视战略，未来酒店营销将更强调可持续发展，这要求酒店营销必须重视战略的制定、战略与战术的协调以确保市场营销作用的充分发挥。二是更加重视合作。“商场如战场”，竞争的成功建立在对手失败的基础上，这是传统的竞争观念。这种观念在我国企业的市场营销上表现得尤为突出。我们看到的国内酒店竞争基本上都是低水平的价格战，其结果往往是两败俱伤。这种传统的营销竞争观念显然落伍了，现在的营销环境在客观上要求各竞争者实现资源共享、优势互补，互相合作已是大势所趋。三是更加重视“知本”，即重视营销人才的作用。美国通用公司总裁曾经说过，如果我一夜之间失去了所有的财产，而只要我们的员工还在的话，我同样可以重新开始。从这话中我们不难看出营销“知本”的重要性。人才是未来营销制胜的核心。四是更加重视顾客。从营销观念的发展进程可以看出，每一次营销观念的重大变革，无不是向重视顾客方向更进一步发展的结果。未来营销观念的演进也是如此，不过，未来的营销更加重视的是顾客的个性化需求，差别化需求抑或更加细化、深化的需求。

课堂训练
KETANG XUNLIAN

上海某酒店打造了一款名为“完美珍珠及丝绸体验”的套餐，套餐的内容包括：

（1）酒店机场代表在虹桥或浦东机场提供的热情的迎宾服务；

（2）享受机场接送服务；

（3）入住行政套房并尽享 24 小时开放的酒店行政酒廊，每天可享用 5 款不同的餐饮体验及礼宾服务；

（4）可免费使用该酒店行政酒廊会议室 1 小时；

（5）抵达酒店后，可免费熨烫西服 1 套；

（6）每天于客房内享用早餐；

（7）免费享受健身中心 45 分钟中式按摩服务；

（8）放松身心，免费享受中草药浴；

（9）全天候个人化服务；

（10）帕兰朵意大利餐厅享用四道丰盛晚餐；

（11）赠送丝绸床单、被套和四件套枕头套。入住结束之后酒店将干洗并邮寄至您的家中；

（12）赠送丝质男士“中山装”及传统丝质女士“旗袍”；

（13）赠送男士及女士丝质睡袍；

（14）赠送珍珠项链及袖钉；

思考：该套餐组合了酒店的哪些服务与产品？为何要这样做？

第二节 酒店市场传统营销模式与“互联网+酒店”营销模式

导入案例

很久以前，英国一家乡间旅馆，地处荒凉地带，没有公路，交通不便；没有电，网络通信设施缺乏。按常理说，这家旅馆不具备办旅馆的有利条件，如果你是旅馆的营销专员会怎么办？怎么把不利因素转化为有利因素？

案例解析

这种情况下，可运用逆向思维，从相反的方向上提出经营战略。例如，刊登出如下广告：“这家旅馆没有公路，交通不便；没有电，网络通信设施缺乏，这里什么都没有，你不必担心汽车的噪音和污染，你不必担心有人打电话找你，你可以不受任何干扰地在这里休息。”这对那些饱受现代污染和电话干扰，一心想寻觅幽静之处彻底放松、休息的游客们，真是个理想之所。广告登出不久，这家旅馆门庭若市，生意兴隆。

发掘自身的特色——找出需要或适合此特点的顾客——将酒店的特色通过适合的方式告诉偏爱该特色的顾客。

理论链接

一、市场目标定位战略（STP 战略）

（一）市场细分（segmentation）

市场细分是指酒店根据消费者的不同需求，将整体酒店市场分为若干不同类别的子市场的过程。

1. 酒店细分市场的基本要求

（1）所采取的标准应有利于酒店目标的实现；

（2）细分结果应能明显地表现出酒店各细分市场在消费需求或消费者购买方式等方面的差别；

（3）酒店能根据这些差别，整合酒店资源，采取相应的营销战略和策略。

2. 酒店市场细分的程序

（1）确定酒店的市场范围；

（2）了解所选市场范围内潜在顾客的各种需求；

（3）找出用于酒店细分市场的明显标准；

（4）列出酒店各细分市场；

（5）筛选主要细分市场；

（6）分析整合细分市场。

（二）市场目标选择（targeting）

目标市场是酒店决定要进入的市场，是酒店产品和服务的销售市场，是酒店营销活动所指向的具有特定需要的顾客。

1. 基本原则

（1）选择目标细分市场；

（2）评估各细分市场的吸引力；

（3）细分市场规模和发展潜力。

2. 选择目标市场策略的依据

（1）经营者实力：生产能力、技术能力和销售能力等；

（2）产品特点：根据产品的特性来选择策略；

（3）市场特点：根据市场需求的类似程度；

（4）产品的生命周期：处于投入期或成长期采用无差异性营销策略；处于成熟期或衰退期则采用差异性营销策略或密集性营销策略。

（三）市场定位（positioning）

市场定位是指酒店在对目标市场的需求和行为特征进行充分调查分析的基础上，塑造本酒店的特色形象，以求在目标顾客的心目中占据一个独特的、形象鲜明的、有价值的位置所进行的一系列的行动。

1. 酒店市场定位的步骤

明确竞争优势→选择竞争优势→展示竞争优势

2. 市场定位的具体方式

（1）避强定位。这是一种避开强有力的竞争对手的市场定位。其优点是企业能够迅速地在市场上站稳脚跟，并能在消费者或用户心目中迅速树立起一种形象。由于这种定位方式的市场风险较小，成功率较高，常常为多数企业所采用。

（2）对抗性定位。这是一种与在市场上占据支配地位的、能力最强的竞争对手“对着干”的定位方式。显然，这种定位有时会产生危险，但不少企业认为能够激励企业自身奋发上进，一旦成功就会取得巨大的市场优势。

（3）重新定位。这是对销路少、市场反应差的产品进行二次定位。这种重新定位旨在摆脱困境，重新获得增长与活力。这种困境可能是由企业决策失误引起的，也可能是对手有力反击或出现新的强有力竞争对手而造成的。不过，也有选择重新定位的企业并非是因为已经陷入困境，而是因为其产品意外地扩大了销售范围而引起的。

二、酒店的销售渠道

如今酒店的销售渠道大多结合的互联网技术，其分销系统中，在线旅行社（OTA）与全球分销系统（GDS）已成为不可或缺的部分。酒店的销售渠道如图 10-3 所示，各渠道详细内容对比如表 10-1 所示。

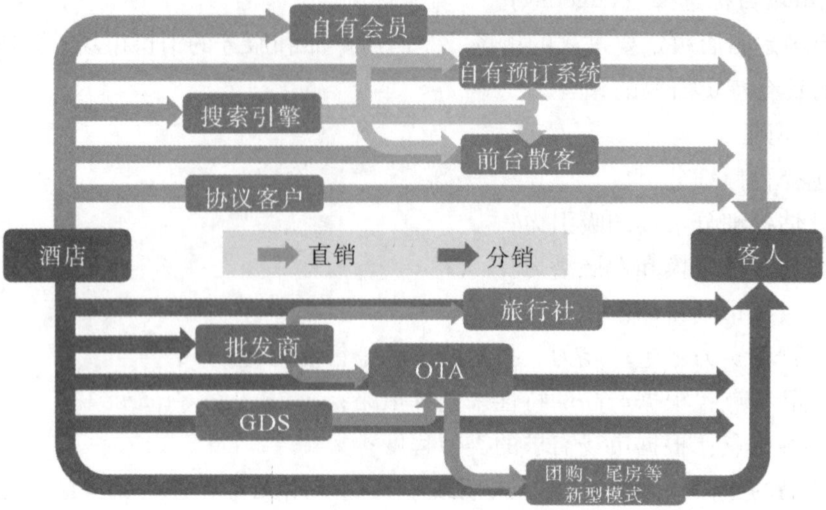

图 10-3　酒店销售渠道示意图

表 10-1　各渠道详细内容对比

渠道划分	渠道细分	对酒店的价值	对客人的价值
直销	自有预订系统	酒店对渠道的控制更强、成本降低，可直接了解用户的消费行为	方便查找和获得目标酒店的信息，实现提前预订
	前台散客	带来额外的用户群体，但用户随机性较强，酒店对用户的可控性差	—
	协议客户	带来大量、稳定的客源，但客单价比较低，维护成本高	—
	自有会员	有利于酒店沉淀下稳定、忠诚的用户群体，客单价相对较高，酒店可直接了解用户消费行为	获得相对较低的会员价，并且能享受到酒店提供的会员专享服务
分销	OTA	利用网络优势为酒店分销，帮助酒店（特别是新开业和二三线城市酒店）实现快速的跨地域销售，为酒店输送稳定、客单价高的用户群体；但该渠道成本较高，酒店的议价能力低	便于随时查询不同酒店的信息、对比价格、参考酒店点评内容，提供专业的服务，对自行预订用户具有较高价值
	GDS	帮助酒店与全球40万家旅行社和订房机构连接，将自身的产品和服务进行全球范围的分销；对一线城市的高星级酒店价值更大	—
	旅行社	形成稳定的客源数量，但季节性影响大，客单价低	—
	团购、尾房等新模式	帮助酒店消化剩余客房，提高出租率；不过酒店获得的利润较低，客源不稳定，是一种补充性渠道	获得折扣房价，不过在入住时间和服务上受限制

三、营销组合策略在酒店行业的应用

（一）产品（product）与消费者（consumer）的组合策略

第一，企业应该以良好的产品和服务质量为核心，通过提高住宿的品质和增强服务人员的素质和水平，在硬实力和软实力上双管齐下，这是最为基础的。第二，企业通过市场调研或一切可行的方法尽可能多地收集顾客的资料与信息，将顾客分为旅游型、商务型和其他类型，深入分析不同类型顾客的个性化需求，加强顾客关系管理，建立顾客户数据库，创新营销模式，通过产品和服务的差异化提高竞争优势。第三，为了更长远的发展，企业需要重视产品形象、服务形象和企业形象的作用，提升顾客对这三个方面的认同程度，进而提升企业的品牌价值与影响力。

（二）价格（price）与成本（cost）的组合策略

格兰仕集团的微波炉生产通过规模效应极大地降低了成本，在不降低产品质量的前提下以低价格迅速占领了大量的市场份额，获取了竞争优势。虽然制造业与酒店业属于不同的行业，但道理也颇为相同。价格与成本得到很好的优化配置将会使企业明显地提高竞争力。因此，酒店要在有效进行成本分析的前提下，以住宿天数为划分标准，按照时间长短来确定价格，并对住宿时间较长与消费频率较高的顾客提供更具吸引力的价格或其他优惠措施，通过成本与价格不同的组合来获取更大的市场份额。

（三）渠道（place）与便利（convenience）的组合策略

无论是旅游住宿者、商务住宿者还是其他类型的住宿者，高效、快捷的订票服务、接送服务将极大地提高住宿者出行的便利性，进而提高他们的满意度。因此，从最大限度地方便顾客的角度出发，以成本和收益为基本考量点，设计出合适的渠道结构将变得至关重要。这就需要酒店整合各方面的资源，与相关渠道成员如物流运输企业、网络运营商、旅行社和汽车、铁路、航空公司等达成紧密的合作关系与战略联盟，开发出不同渠道长度和宽度的渠道组合。由于渠道模式一般难以模仿，因此，合适的渠道模式将有利于提升酒店长久的竞争力。

（四）促销（promotion）与沟通（communication）的组合策略

酒店可通过定期地开展相关的促销优惠活动，让利于顾客，刺激顾客的需求与欲望，同时在促销活动中通过会员制或其他形式设置相应的顾客转换成本，将潜在顾客或初次顾客的利益与酒店的利益捆绑起来，提升他们未来继续消费的可能性。但是，通过促销方式设置相关的转换成本可能得到的是顾客的虚假忠诚，这其中存在着不稳定性，所以单一的促销形式存在着局限性。相关统计表明，忠诚顾客是企业提升核心竞争力的关键之一，同时，开发一个新顾客的成本是维护老顾客的 3~5 倍，忠诚顾客对企业来说至关重要。所以，酒店需要重视与消费者的双向沟通，不能只依靠单一的广告、人员销售等单向沟通方式，而需要通过运用适当的公共关系策略来获得顾客的好感与认可，从而提高他们对酒店所提供的产品与服务的信赖程度，将他们培养为忠诚顾客。

四、“互联网+酒店”的新型营销方式

现今的酒店行业已经进入品牌竞争时代，尤其是非标准化酒店住宿企业的发展，如小众的客栈、民宿等，这使得住宿业更加注重品牌建设。大多数潜在的顾客是因为首先了解某酒店的品牌、认可该品牌后才会选择性的入住该酒店，之后才会体验到酒店所提供的各种服务，因此让顾客在体验到酒店产品服务之前就对酒店品牌有一定的认知就显得尤为重要。新媒体传播广、速度快，使得各酒店之间的竞争更加激烈。如果酒店的品牌营销战略依旧停留在只与传统媒体打交道的惯性思维上，恐怕很难在日趋激烈的市场竞争中崭露头角。“互联网+酒店”的新型营销方式主要有以下四种。

（一）媒体式营销

目前大家获取信息的渠道多且迅速，信息渠道越来越扁平化。顾客可以通过网络平台获取酒店的资讯，并且越多的酒店将购物商城也转移到了自媒体平台，以适应手机付款的主流支付方式。信息传播范围更广，受地域限制更小。

（二）短视频营销

短视频营销并不适合所有酒店去做，要想利用短视频去做酒店营销，得把握三个要

素：爆点、场景、剧本。首先，需要找到一个爆点，即为你的客人设计一个剧本：在什么样的场景下，顾客怎样对我们的爆点进行拍摄和录制。举一个例子，“酒店哥”服务的拉萨平措康桑观景酒店，拉开客房的窗帘就能看到布达拉宫。于是“酒店哥”就利用这个爆点，从客人的角度为客人设计了一个拍摄场景：客人推开房门，窗帘自动打开，客人慢慢地把镜头推向窗外，布达拉宫逐渐呈现。最终，这个设计取得的效果非常好，这个案例也是一个非常成功的酒店短视频营销案例。入住这家酒店的客人几乎都会按着预期的设想去拍视频发抖音。

（三）借助用户原创内容（UGC）平台进行营销

用户原创平台（UGC），包括自媒体、短视频平台等。在OTA行业，我们常见的UGC是大众点评、马蜂窝、携程的氢气球发文频道、猫途鹰等。那么，酒店行业如何借助UGC平台进行酒店营销呢?

（1）酒店试睡评价：邀请“关键意见领袖（KOL）”、平台大V，或者专业试睡员等来酒店试睡，并通过他们自有的平台为酒店进行推广。

（2）有偿邀请已消费用户写攻略：如在携程的氢气球发文频道、马蜂窝、猫途鹰等平台，邀请一些已消费的用户写旅游攻略，借助用户的渠道来对进行酒店营销。

（四）品牌和口碑的社会化营销

营销一定离不开树立品牌和口碑，上述的营销模式能在短期内为酒店带来流量和收益，但是要想把生意做得长久一些，获得长期的收益和回报，那么就得靠品牌和口碑了。高境界的营销并不是要获取多少流量，而是让用户心甘情愿地帮我们宣传和推广，即让用户口口相传，借助社会化媒体软件，实现企业与用户、用户与用户的互动沟通。这是实现这一目标的最佳选择。想要把酒店经营到这样的境界，产品+服务是基础，营销是手段，品牌是门面，口碑是目标。每一个环节都需要企业认真去打磨，去优化。只要记住一个核心：客人不是客人，客人是营销者，不仅要认真对待，还要努力服务，得到客人的认可。因为客人背后强大的朋友圈，是酒店口碑营销的最大舞台。

课堂训练
KETANG XUNLIAN

若干年后，本节导入案例中的乡间旅馆成为当地最受欢迎的旅馆，于是旅馆老板决定将在中国北京市中心开一间分店，但是由于文化差异和定位失误，因而导致该分店的收益一直很差，老板十分头痛，于是其宣布招聘一位公关人员打开中国市场，如果你去应聘这个职位，会向老板建议采用哪种营销方式并说出理由。

生产性实训任务

SHENGCHANXING SHIXUN RENWU

北海君豪逸园酒店由北海越亚房地产开发有限公司投资兴建，由香港君豪国际酒店集团管理。酒店位于北海广东南路 189 号越亚财富大厦，比邻万达广场、北海银滩和国际客运港，距北海市“园博园”仅 5 分钟车程，距高铁车站 3 千米，距机场仅需 25 分钟车程，交通便利，地理位置优越。

北海君豪豪逸园酒店为迎接“十一黄金周”需要策划一场营销活动，以下是你的经理为你提供的几款酒店产品，请根据这些产品设计出 3 种针对不同类型客人的套餐，套餐价格分别为 288 元（最多包含 2 位成人）、388 元（最多包含 4 位成人+1 位儿童）、588 元（最多包含 4 位成人+2 位儿童）。

酒店产品如下：

（1）园景大床/双床房；

（2）双人自助早餐；

（3）双人浪漫帆船游；

（4）双人游泳及健身；

（5）双人万达观影券；

（6）双人海洋之窗行；

（7）双人浪漫海岛游；

（8）双人冠头岭游。

任务一：请分别列出客人类型和套餐内容。

任务二：请根据本章内容为你设计的其中一个套餐制定一个营销方案（可选用 PPT 展示）。

第 11 讲

会展旅游营销

学习目标

XUEXI MUBIAO

通过本讲的学习，学生应能够达到以下学习目标：

1. 了解会展与会展旅游的内涵和关系；
2. 明确会展旅游营销体系构建；
3. 熟悉会展旅游营销策略分析。

理论概要

LILUN GAIYAO

会展从字面上理解是指会议和展览活动。会展活动已经发展到一定规模并已形成产业，其含义已远远超过字面意思。会展业在企业全球化和经济一体化的进程中，以其对经济和社会的杰出贡献获得了众多美称，受到各国政府的重视。会展业已成为国民经济发展的新亮点，越来越多的城市和地区正在努力发展会展业，越来越多的企业和个人正以极大的热情投入到会展业。

自从会展业在德国兴起后，其便积极地带动了全世界会展行业的蓬勃发展。21 世纪以来，中国的会展业开始崭露头角，全国各大省、自治区、直辖市的会展产业都有着不同程度的发展，尤其是东南沿海地区的会展业已经发展得比较成熟。2010 年举办的上海世界博览会就是规模巨大、参与国家多、影响效力大的国际性展会。

一般来说，会展实际上是会议、展览和节事活动的统称，也指在一定地域空间，由许多人聚集在一起形成的，定期或不定期、制度或非制度的，传递和交流信息的群众性社会活动。会展主要包括三个部分：一是会展展销活动，如各种展会、博览会、交易会等；二是各种类型的国内外会议；三是体育竞技活动、文化活动、大型节事活动、民俗风情活动等。

会展旅游是近年来国际上兴起的一种新型的旅游行业，我们可以将其理解为以会展为场景和载体的旅游活动。会展旅游还具有时段不受气候和季节影响的特征，从而避开了观光旅游时段性明显的缺点。会展活动大多安排在城市的旅游淡季，会展旅游的发展有利于提高城市旅游设施和服务的使用率。会展为城市提供了一次旅游资源、旅游产品展示的良机，有利于带动城市功能的提升、增加城市的知名度，这些都为城市旅游业的进一步发展提供了有利的环境。

会展旅游作为一种专项旅游产品，具有自己的营销主体。从营销职能方面分析，能够为会展旅游提供完善的基础设施的是会展城市；直接为会展的举办提供营销服务的是会展企业；举办会展旅游活动的是旅游企业；在会展的举办过程中，为营销其产品而进行会展营销的是参展商。因此，会展旅游的营销主体包括会展城市、会展企业、旅游企业和参展商。而对于不同的营销主体，其营销对象也不完全相同。会展旅游营销主体的广泛性决定其营销体系的复杂性和动态性。

一、会展城市

会展城市是指代表政府、会展行政管理机构、旅游行政管理机构在内的相关行政管理部门。会展行业协会、旅游行业协会等也可以纳入广义的会展城市范畴。其营销的客体主要包括国际组织机构、跨国公司、会展的组织者、主要竞争城市、周边城市、参展商、专业观众和城市居民等。

二、会展企业

会展企业主要包括会展策划（服务）公司、展览场馆（会议中心）和展览公司三类，其营销对象主要包括会展主办者、会议公司、专业会议组织（PCO）、会展主办者、政府、协会、城市居民、参展商及专业观众。

三、旅游企业

这里所指的旅游企业指的是与会展活动有直接利益关系的旅游企业，即直接性旅游企业，主要包括旅行社、饭店和旅游景区等，营销对象主要为参展商和专业观众。

四、参展商

参展商兼有营销主体和营销客体的两重身份。作为营销主体，其主要的营销对象也是作为参展商的供需关系对象，即专业观众（包括买家和贸易商）。

会展与旅游之间是一种互动关系，即会展拉动旅游，旅游促进会展。一方面，会展业能够带动一条集交通、住宿、餐饮、娱乐、观光、购物为一体的“消费链”，通过会展的凝聚效应和辐射效应来拉动旅游业的发展；另一方面，旅游业的兴旺发达是办好会展的必备条件，旅游是会展产品的重要内容。旅游业涉及的六大要素都与会展的举办形影相随。会展的构成要素及圆满完成所需的服务正是旅游业在发展过程中积累的优势。

会展业作为当今世界范围内集商务活动、会议展示、观光旅游、对外宣传“四位一体”的新兴产业，有力地推动着各国旅游业和经济的发展。经济发达、风光宜人、交通便利的城市都非常重视拓展其会展功能，从而带动区域内相关行业的大力发展。

由于会展活动人数多、规模大、组织工作细节复杂、要求高、文化内涵深，所以整个运作队伍必须具有极强的专业性，从活动申办、策划、市场推广、募集赞助以及现场管理，都需要一批富有经验的、接受过专门培训的专业人员来运作。

会展旅游作为一种把会展活动和旅游相结合的新兴旅游方式，既要求会展城市具有良好的举办会展活动的基础条件，又要求会展城市具有有吸引力的旅游资源。因此发展会展旅游必须具有方便快捷的交通条件，尤其是建立较发达的连接国内外的旅游航空交通网络；具有完善的现代化会展设施，包括配备同声翻译系统、图文传输系统和网络会展系统等；具有较高的知名度和开放度以及良好的人文环境；具有舒适的旅游度假休闲地、优美的城市环境和完善的旅游接待条件；具有一批高素质的会展专业人才和高质量的服务人才，能够提供高质量、高水平的会展旅游服务和管理等。

会展旅游终极标准是旅游业能够全程参与会展活动，会展业和旅游业之间的关系优化也应向这个目标努力。在市场营销上，会展部门应和旅游部门协作，开展联合促销，即使是会展企业单独开展促销活动，也应将会展与城市及其周边的旅游资源和旅游接待设施结合起来；在配套服务上，旅游企业应积极为参展商、与会者和观众提供“食、住、行、游、购、娱”等一系列服务，并尽量将丰富多彩的旅游节庆活动与大型会议或展览结合起来，最终形成“会展—旅游—会展—旅游”的良性循环。

第一节　会展旅游

导入案例

平遥国际摄影大展

1986 年，平遥古城被国务院确定为第二批国家历史文化名城。1997 年，联合国教科文组织将平遥古城列为世界文化遗产名录。随着平遥古城知名度的提升，2001 年，在国家文化部（现已改为“国家文化和旅游部”）、国务院新闻办的支持下，山西省委宣传部与中国艺术摄影学会和晋中市委、平遥县政府共同创办了“平遥国际摄影节”，并于 2002 年将其改名为“平遥国际摄影大展”。

一、发展的历程

2001—2009 年，平遥国际摄影大赛一共举办了 10 届，每一届都有一个鲜明的主题，以此反映当年的世界抑或中国的经济、政治、文化的焦点。表 11-1 为 2001—2009 年平遥国际摄影大赛主题。

表 11-1　2001—2009 年平遥国际摄影大赛主题

时间/年	主题
2001	—
2002	世纪中国

表11-1(续)

时间/年	主题
2003	生活·文化
2004	文明·发展
2005	和平进步
2006	多元和谐
2007	合作共赢
2008	奥运·大爱
2009	生命·梦想

1. 参展人员

世界上一百多个国家的摄影家、国内摄影界知名人士、陕西省对外文化交流协会、中国艺术摄影学会等都参加过平遥国际摄影大展。

2. 获得称号

2005年，平遥国际摄影大展荣膺国际节庆协会授予的“中国最具影响力十大节庆活动”的称号；在杭州举办的第二届中国节庆产业年会上被评为“2006年度中国十大赛事波兰节庆”和“2006年度中国最具潜力节庆”。

3. 经济收益

从旅游指数看，仅2001年在大展举办后的第一个黄金周，到平遥参观的旅游者的人数就从2000年的3.5万人增加到了10万人，以后年份的旅游人数都呈现出逐年攀升的趋势。据有关资料统计，在2001—2006年，平遥接待旅游者的人数达到了500多万，门票收入达到了2.3亿元，综合收入达到了22亿元。不仅如此，在大展期间，平遥还成功举办了山西省名优特产节、民间工艺美术节、平遥古城招商洽谈会等活动，这些多元化的会展的发展，使得平遥国际摄影大展人气更旺，生命力更强！

二、平遥国际摄影大展的组织过程

（一）展前服务

（1）考察展会地点，委派专门的人员到展览项目的举办地考察吃、住、游、场馆布置等有关方面的内容。

（2）提供展会所需要的机票、火车票、住宿信息、交通信息等并制定完备的参展预案书给与会者。

（3）协助展览商解决会展布置阶段的问题和困难。

（二）展中服务

（1）接待与会者：派专人负责机场、车站的礼仪接待服务；提前在酒店、展览项目室摆放好欢迎的条幅、欢迎牌、指示牌等；为VIP客人提供特殊照顾和服务。

（2）资料准备：准备好展览项目所需要的资料，如展览用品、展览项目演讲稿等一切与展览项目有关的物品及设施设备。

（3）场馆检验：派专人到场馆检查设施设备的情况。

（4）与会者服务。

（5）项目服务：为与会者提供专门的翻译、礼仪公关、文秘等必要的工作人员。

（三）展后服务

（1）安排与会者撤展及负责撤展期间的安全问题。

（2）对参会代表会后的考察工作做好安排。

（3）提供参会过程中详细的费用表及其说明，派专人与展览客户核对账户。

（4）撰写、寄发感谢信。

（5）协助参会人员处理会后事宜，如收集资料、撰写展览文集等。

认真地做好展会的整个服务流程（展前服务、展中服务、展后服务），对于会展的高效举办是至关重要的。实践证明，谨慎、精细、热情的服务也是让参会者满意的重要因素，因此，会展服务是不容忽视的。

案例解析

一、平遥国际摄影大展的优势

1. 主题鲜明

一年一换的主题，一年一变的形式，使得参与人员无论是从情感上还是心理上上都不会产生厌倦、乏味的感觉，反而会期待下一届的主题是什么，产生参会动机。

2. 会展的参与门槛较低

参与者并没有要求一定是高级管理机构的人员或是著名摄影师，只要有意愿，就可以参加。平遥国际摄影大展群众性较强，满足了公众的需求，因此减少了展会成本，也为众多居民提供了来平遥参展、观展、游展的机会，为平遥树立良好口碑奠定了基础。

3. 视觉效果好

摄影展以拍摄到的世界各地的照片为主，极易被人们理解，这些作品大多是从生活中选取的题材，容易引起人们的遐想及共鸣，不需要用太多的言语解释，也节约了提供特别讲解员等的成本。

二、平遥国际摄影大展的劣势

1. 内容单一

在一个展览中，人们只能看到照片，这会减少游客在此地逗留的时间，从而降低周边酒店的入住率，造成餐饮业低迷的情况。游客大多喜欢多元化的东西，其到一个地方旅游，肯定要实现出游效益的最大化，如果满足不了这个需求，不管你做的产品再好，还是得不到好评，久而久之，潜在的旅游市场就逐渐缩小。

2. 举办年限短

平遥国际摄影大展不具备广交会、世博会等国际展会悠久的历史，因此在日后的发展过程中不太稳定，也经不起太大的经济波动和政策调整。由于举办时间短，平遥国际摄影大展暂时还不具备世界影响力，只能在区域内小规模举办。

3. 区域交通不太发达

平遥位于黄土高原上，气候条件较差而且缺少水路交通，其他三大类交通方式也不具有领先优势，所以会让游客望而止步。

三、平遥国际摄影大展的机会

平遥国际摄影大展的机会主要包括以下三个方面。

(1) 会展的形式多样，平遥国际摄影大展并没有重复地走其他摄影展走过的路，在一定形式上进行了创新；题材很新颖，抢先占有了这一市场。借着2010年上海世界博览会举办的东风，平遥国际摄影大展也广为人知，不仅被我国人民接受而且被广大国外旅游者接受，促进了山西省旅游业的发展。

(2) 上海世界博览会掀起的旅游浪潮也会促使平遥国际摄影大展引进更先进的摄影器材以及摄影作品中的精品。

(3) 在国家政策的支持下，平遥国际摄影大展积极扩展自己的业务，丰富自己的内容，而且市场竞争者很少，不必担心竞争问题，可以暂时把精力放在如何完善自己的业务上。

四、平遥国际摄影大展的威胁

平遥国际摄影大展不是垄断性活动，市场竞争者会越来越多，无差异产品也会随之而来，其产品竞争力不强。平遥国际摄影大展的产品结构不稳定，产业链尚未完全形成，也不具备稳定的参展商和客源，因此其最大的威胁就是产品尚未形成独特的、不可模仿的业态，其他企业进入该市场的障碍太小。

理论链接

国际上把会展旅游定义为MICE（Meetings，Incentives，Conventions，Exhibitions的简称，由它们的首字母缩写而成）。它是指包括各类专业会议、展览会与博览会、奖励旅游、大型文化体育盛事等活动在内的综合性旅游活动，概括起来就是四个方面，即会议旅游、展览旅游、节事活动、奖励旅游。

一、会议旅游

会议旅游指特定机构或企业以盈利为目的而组织特定群体到特定地方去参加各类会议活动，并附带有相关的参观、旅游及考察内容的一种旅游活动形式。会议旅游具有以下四个特点：

(1) 团队规模大，人员花费多，经济效益高。参加会议的人员比一般的旅游者消费水平高，购物能力强，从而给会议接待者带来可观的经济收入。

(2) 旅游停留时间长。对于会议旅游者而言，会议旅游包括旅行的经历、新环境的体验、会议期间与他人的交流、享受各种会议服务和旅游接待服务等。参加会议的人员既要参加会议，又要参观旅游，因此他们逗留的时间比一般旅游者长。

(3) 计划性强，季节影响小。会议旅游的安排取决于会议举行时间，一般不受气候和旅游季节的影响。

(4) 带动作用强。会议旅游可以扩大举办国（地）的影响，可以提高会议所在城市的知名度，对举办会议城市的精神文明建设、市政建设、交通设施及环境保护等都有积极的促进作用。

二、展览旅游

展览旅游是指为参与产品展示、信息交流和经贸洽谈等商务活动的专业人士和参观者而组织的一项专门的旅游和游览活动，包括面向特定群体、规模严格限制的专业展览和面向社会公众、力求获得最大社会影响的公众展览。

相对于会议来说，展览要求的是聚人气、讲规模、重品牌，举办地要有强大的经济实力、良好的基础设施、优越的商业环境、浓郁的文化氛围、便利的通信和交通条件。

对于展览旅游的需求者来说，展览旅游包括参与与展览相关的活动以及除参展、观展以外进行的其他旅游活动，如城市观光、风景游览、购物娱乐等；对于展览旅游的供应者来说，展览旅游就是为观展人员提供与展览相关的服务以及除展览外的吃、住、行、游、购、娱等旅游服务。

三、节事活动

“节事”是“节日和特殊事件”的简称。节事活动是指具有特定主题、规模不一、在特定时间和特定区域内定期或不定期举办的、能吸引区域内大量游客参与的集会活动。节事活动作为旅游吸引物往往具有很强的参与性、娱乐性和综合性，力求为旅游者营造一种不同于日常生活的环境和氛围，从而带给节事旅游者多类别、多层次、多方式的旅游体验。

与传统旅游相比，节事活动为某一目的（如观看体育盛会）在短时间内吸引旅游者从世界或区域范围聚集到旅游目的地，具有旅游团体规模大、停留时间长、消费水平高等特点。节事活动使举办活动的城市或旅游地区的旅游资源的综合利用率提高，具有强大的产业联动效应。节事活动能汇聚更大的客源流、信息流、技术流、商品流和人才流，对一个城市或地区的经济和社会进步产生难以估量的影响。因此，节事活动作为旅游的一种特殊形态，近年来受到了高度重视。如今，各类大型节事旅游活动日益成为区域旅游发展中的重要吸引因素。

四、奖励旅游

奖励旅游是指基于工作业绩而对优秀职员及利益相关者进行奖励，让其免费体验的外出旅游。奖励旅游实际上是一种现代管理手段。

通过对国际上会展旅游所包含的内容进行分类阐述和概念界定，我们可以看出会展旅游并不是会展和旅游的简单加总，会展旅游与旅游也不是独立的两类旅游形式，会展旅游包含在旅游之中，它是以会展业和旅游业的有效互动为基础，以会议和展览为主要吸引物，以城市为支撑，以旅游资源为依托，吸引参展商、专业观众及与会人员前往会展举办地通过“吃、住、行、游、购、娱”六大要素带动相关产业发展，并获取一定收益，同时满足旅游者需求的一种综合性旅游产业。因此，会展旅游是指由会展而产生的一类旅游。

课堂训练

KETANG XUNLIAN

一个广西旅行社现在有一个参加平遥国际摄影大展的产品，请设计其在南宁的产品营销方案。

第二节　会展旅游的营销

导入案例

中国 2010 年上海世博会是世博会历史上创造最多“之最”的一届———发展中国家第一次主办的世博会，吸引了 240 个国家和国际组织参展。根据研究预计，上海世博会的“产出影响”将达到 794.77 亿元人民币，其中“增量消费”为 468.64 亿元人民币。旅游产出的经济效益将成为世博会举办过程中最直观的收益。根据上海的实际情况，包括酒店、交通、通信、餐饮等在内的 13 个产业都能从世博会中直接获益，直接收入就可以达到 468.64 亿元人民币。世博会游客的购物规模达到了 175 亿元人民币，这些收入一方面可以通过税收增加政府的财政收入，另一方面也增加了市民的个人收入。另外，世博会还可带动 62.7 万人的就业。

案例解析

上海世博会的举办，带动了上海和中国的整体实力与形象的提升。世博园里设有专门的企业馆，一方面，中国企业可以通过参与企业馆的建设，向全球展示企业的研发能力、先进理念、企业文化等，提升品牌和产品的知名度和美誉度；另一方面，企业也可以通过其他方式展示其风采。上海世博会不会局限于5.28平方千米的世博园，上海世博会也不会仅限于上海一地，这已经是不争的共识。世博会在为上海经济提供动力的同时，也将推动周边地区经济、社会与文化的发展。通过资源集聚，上海世博会的影响将拓展至长三角地区，长三角地区的范围将再次得到拓展。

会展本身具有行业性、产业性以及组办规模大等特点，这势必将吸引政府、民间组织的会展团、参观团、旅行社组织的观光团队。会展由于会议规格高，参会人员均是有较强消费能力的商务客人、具有较高文化素质的客人，其消费档次、规模均比普通旅游者要高得多。一个大型或知名展会的举行，对本地旅游业中的酒店、旅行社、景区、旅游交通均会产生较大的促进作用。同时，对于一般旅游团队或旅游者来说，若在旅游过程中恰逢举办会展，会展所带来的深厚的气氛，会使旅游者的旅行情趣大增。

理论链接

会展业每年为全球带来的近3 000亿美元的收入，是中国最有发展潜力的产业之一。从营销的角度看，会展活动不仅应体现在当时的轰动效应，更应考虑到长远效应，考虑到参会者对会展活动的整体印象。政府在产业规划、整合行业优势、城市整体宣传方面应该担负起重要的协调与促进作用，使会展部门主动和旅游部门协作，开展联合促销，将展会、节庆、体育赛事与城市及周边的旅游资源和旅游接待设施结合起来，通过会展旅游的强大吸引力为会展提供更多的专业观展者和潜在顾客。同样，会展也可通过举办强势品牌的展会为举办城市带来更多的旅游者。选择与城市旅游资源及特色相关联的主题会展将使会展和旅游凭借各自的优势互补发展。

会展旅游的营销与其四个主体形成对应关系，应该从以下四个方面开展。

一、会展城市营销

（一）城市形象营销

会展旅游发达的城市往往具有独特的城市形象，如巴黎的浪漫、香港的动感等。Andrew Bradley 等（2002）指出，正面的城市形象对吸引会展旅游者的作用很大，而负面的城市形象则会在一定程度上阻碍会展旅游者的到来。因此，塑造独特的城市形象、将目的地形象与目的地营销综合用于促进城市对会展组织者及会展旅游者的吸引力具有一定的现实意义。

（二）重大事件营销

事件营销的实质就是地区或组织通过制造有特色、有创意的事件来吸引公众的注意、塑造目的地形象并获取巨大经济效益的活动。对于会展城市而言，其可以从三个方面开展事件营销。一是举办节庆活动。二是利用重要事件，即抓住每一次大型活动尤其是国际性活动的机会，促进城市基础设施建设，提高市民素质，并大力宣传城市的整体形象。如2010年的上海世博会就是极佳的事件营销题材。三是制造公关事件。城市应该精心策划各类公关活动，努力制造有利于城市形象提升的新闻，以引起媒体和公众的关注。

（三）整合营销策略

会展旅游城市营销是一种公共产品，其整合营销要求城市各个部门和相关企业的共同努力。第一，政府要准确进行城市定位，并制定长远发展规划，创造良好的会展旅游发展环境。第二，作为市场主体的企业，要明确参展目的，以市场需求为导向，对会展活动进行设计与控制，使会展参与者满意。第三，会展组织者要树立新观念，摒弃落后的政府主导市场的观念，统一协调资源，加强对会展企业的服务、管理与指导，实现利益最大化。第四，作为会展的相关部门如策划、装饰等会展中介机构以及城市交通、通信、娱乐等服务企业，应为会展旅游做好充分的准备，提供完整的配套服务体系。这样才能形成在城市政府主导下的，以会展协会和旅游协会为监督执行者，会展企业和旅游企业互利合作的会展旅游营销局面。

二、会展企业营销

会展企业营销可以从以下几个方面进行。一是积极参与城市整体营销。城市整体形象的提升能给会展企业带来更多的市场机会，有利于提高企业的经济效益。二是加入专业协会和会展旅游的相关组织。这不仅能提高会展企业的知名度和美誉度，为其带来更多、更广的客源，更有利于借助专业协会的庞大关系网络，拓宽企业的营销渠道。三是增强企业实力，提高举办展会的能力。对于会展企业而言，及时引进先进技术和设备、提高举办展会的能力和服务水平是吸引消费者的基本条件之一。四是开展网络营销。

三、旅游企业营销

实现会展业与旅游业的有效联合对于开展会展旅游营销非常重要。旅游企业可以针对会展的主题、营销计划、服务接待计划进行可行性分析，选择企业所能参与的部分。例如，会展企业负责展会的招募、宣传、布展和会场内的组织管理工作；旅游企业负责为会展参与者提供一站式的旅游服务，包括“食、住、行、游、购、娱”等，充分满足会展参与者在展前、展后的旅游需求，使会展的带动作用得以充分发挥，从而吸引更多的会展参与者，树立展会品牌，最终形成以会展带旅游、以旅游促会展的良性互动发展模式。

四、参展商营销

调查发现，29. 3%的参展商都认为他们的客户会出现在展会上。有的参展商期望参展能促进公司产品的销售，小部分的企业想要利用展会去开拓公司新的客户市场。随着展览会的专业化分工越来越细致，参展商将展会作为一种吸引客户、促进销售的有效商务平台，因此，展会具有其他营销媒介（包括广告、人员推销、公关）所没有的独特优势。因此，吸引更多的专业观众了解参展商品、宣传和促进商品销售，无疑成为参展商最主要的任务。

课堂训练

KETANG XUNLIAN

搜集“中国-东盟博览会”对广西或者南宁经济的影响资料，按年代顺序做一个综述。

生产性实训资源

SHENGCHANXING SHIXUN ZIYUAN

中国-东盟博览会

中国-东盟博览会（China-ASEAN Expo，简称 CAEXPO），一般在国内简称东盟博览会、东博会，由中国国务院前总理温家宝倡议，由中国和东盟 10 国经贸主管部门及东盟秘书处共同主办，广西壮族自治区人民政府承办的国家级、国际性经贸交流盛会，每年在广西壮族自治区南宁举办。中国-东盟博览会是中国境内由多国政府共办且长期在一地举办的展会之一。中国-东盟博览会以展览为中心，同时开展多领域、多层次的交流活动，搭建了中国与东盟交流合作的平台，推动并见证了中国-东盟战略伙伴关系内涵的不断丰富、经贸合作水平的迅速提升、民间交往的日益密切，为服务“一带一路”建设发挥了重要作用。

一、东博会是汇聚共识、对接发展战略的高端平台

中国和东盟国家领导人、部长级贵宾出席每届东博会。展会紧扣双方战略伙伴关系发展进程，聚焦合作热点，安排领导人开幕大会演讲、领导人会见、部长级磋商、主题国活动、政商对话等高层友好交流活动，还通过“魅力之城”、经贸合作、人文交流等丰富多彩的活动，促进了政策沟通，增强了战略互信，服务了中国-东盟命运共同体建设。

二、东博会是服务中国-东盟自由贸易区建设、落实贸易投资便利化的有效平台

东博会围绕中国-东盟自贸区建设进程以及中国和东盟国家的经济发展水平、资源禀赋、产业结构、行业特点设置展览内容，高度集中各国的企业、商品、项目、资金等方面的信息，将中国-东盟自由贸易区的投资贸易便利化从政府层面推进到企业层面，让企业直接享受降税、通关便利化等各种便利化措施，并在国际产能合作、跨境园区建设、跨境金融创新、跨境电子商务等方面不断获得商机，达成了中马“两国双园”等一大批重大项目，推动了中国-东盟自由贸易区建设。

三、东博会是推动多领域合作、深化全方位深度交流的重要牵引

东博会根据“一带一路”建设的需要举办了一系列会议论坛，涵盖海关、检验检疫、金融、港口、物流、文化、科技、教育等40多个领域，实现了部长级磋商以及政府官员、企业家、专家学者、社会各界知名人士之间的对话沟通，建立起多领域合作机制，带动了中国-东盟信息港、中国-东盟港口城市合作网络、中国-东盟技术转移中心、中国-东盟企业家联合会、中国-东盟青年联谊会、中国-东盟教育培训中心等重大项目落地，成为中国-东盟多领域合作的权威性较强、认可度较高的“南宁渠道”。

四、东博会是中国和东盟与区域外经济体加强合作、融入全球价值链的重要纽带

东博会立足于中国-东盟合作、面向全球开放。从2014年起，东博会设立了特邀合作伙伴机制，每年邀请区域外国家担任特邀合作伙伴，分别举办专项经贸交流活动，东博会从服务“10+1”向服务“一带一路”沿线拓展。东博会加强与世界贸易组织的合作，世界贸易组织、联合国国际贸易中心已成为东博会的支持单位。世界贸易组织、世界银行、联合国贸易和发展会议、联合国工发组织等国际组织负责人出席了历届东博会。东博会吸引了越来越多的区域外企业参展参会，推动中国和东盟作为一个整体参与国际经济合作，提高了其在世界的影响力。

生产性实训任务

SHENGCHANXING SHIXUN RENWU

参考本章中国-东盟博览会资料，为一家名为“广西南宁市驾到网络旅行社有限公司”的旅游企业设计一个产品名称以及基本产品特点、营销思路，以便服务下一届东博会。

第 12 讲

旅游目的地营销

学习目标

XUEXI MUBIAO

通过本讲的学习，学生应能够达到以下学习目标：

1. 能理解并掌握旅游目的地和旅游目的地营销的概念；
2. 能归纳总结出旅游目的地营销的特点与作用；
3. 可以根据当下环境变化制定出简单的旅游目的地营销战略。

理论概要

LILUN GAIYAO

一、旅游目的地的概念

旅游目的地是能够对一定规模旅游者形成旅游吸引力，并能满足其特定旅游目的的各种旅游设施和服务体系的空间集合。

二、旅游目的地营销的概念

旅游目的地营销是在特定空间区域层次上进行的一种崭新的旅游营销方式，在这种方式下，区域代表地区内所有的旅游企业，以一个整体的形象作为营销主体参与旅游竞争，其营销参与者是区域内的所有相关政府组织，是以整个区域内的旅游产品和服务作为营销对象。

简单地说，旅游目的地营销是由某地政府旅游组织将本地区作为旅游目的地而进行的营销活动。随着旅游业竞争的加剧，相似旅游资源类型目的地的增多使旅游目的地的可替代性增强。因此，政府旅游组织已逐渐将目光集中到营销支持上。

三、旅游目的地营销的特点与作用

与单个企业或组织对自有产品的营销相比，政府旅游组织的旅游目的地营销具有整体性、政策性、长期性、营利性、可持续发展性及营销费用受政府预算限制等特点。

旅游目的地营销的作用有如下几点：为制定国家或地区旅游发展的总体规划提供建议，预测未来市场需求；协调旅游业和其他部门的关系，充分发挥旅游产品各要素的作用；规定和控制旅游服务的质量标准和基本价格，以及实施监督期检查；运用多种方式，扶持和帮助中小旅游企业的发展。

四、旅游目的地营销战略的制定

旅游目的地营销战略是旅游目的地政府根据旅游业战略发展规划，在综合考虑外部市场机会及内部资源状况等因素的基础上，确定旅游目的地目标市场，对本地区旅游市场进行定位，选择相应的旅游市场营销策略组合，并给予有效实施和控制的过程。旅游目的地营销战略的制定一般包括准备工作、明确使命、确定组织任务、规划组织营销目标、制定营销战略五个步骤。

第一节　旅游目的地营销的特点与作用

导入案例

广西柳州市第二届文化旅游产业发展大会举行

2019 年 11 月 6 日，柳州市第二届文化旅游产业发展大会在广西三江侗族自治县举行。本次大会由中共柳州市委员会、柳州市人民政府主办，中共三江侗族自治县委员会、三江侗族自治县人民政府、柳州市文化广电和旅游局承办。大会以“新融合、新亮点、新形象，推进文化旅游产业跨越发展”为主题，注重深挖文化旅游资源潜能，突破文化旅游产业发展屏障，将文化旅游产业发展同县域经济建设、基础设施建设、生态环境建设推进融合。

大会主要包括柳州市第二届文化旅游产业发展大会暨第十六届中国·柳州三江侗族多耶节开幕式、柳州市重点文化旅游项目竣工仪式、柳州市第二届文化旅游产业发展大会及文化旅游项目观摩等主题活动。为配合大会的召开，有着“中国侗文化之窗”美誉的中国·柳州三江侗族多耶节也同期举办，其间极具少数民族风情魅力的文化旅游主题活动陆续登场，同期举办的还有湘、桂、黔三省侗族村寨联合申报世界文化遗产论坛，侗寨申遗学术研讨会、“天籁之音”侗族大歌比赛、“多彩非遗”系列展示活动以及“文旅融合，助推脱贫”三江旅游扶贫农产品博览会、“食享侗乡”特色美食比赛、牛王争霸赛等活动。这些活动使得本届大会呈现出形式多样、主题鲜明、内涵丰富的重要特点。

自 2018 年以来，柳州市委、市政府每年确定一个县、区承办一届柳州市旅游产业发展大会（2019 年起更名为柳州市文化旅游产业发展大会），整合全市资源，全力支持承办县区、开发区加快基础设施建设、生态环境建设、接待能力建设，促进承办县区、开发区文化旅游产业跨越式发展，实现“承办一次大会，打造一批精品，推动一方经济发展”的目标。柳州市第三届文化旅游产业发展大会将于 2020 年在鹿寨县举办。

（资料来源：陈自林. 广西柳州市举行第二届文化旅游产业发展大会［N］. 中国县域经济报，2019-11-08（03））

案例解析

在案例中，市委、市政府牵头，具体职能部门组织落实，以文化旅游融合为契机，统筹推进文化事业和旅游产业融合发展，打造文化旅游优质产品，推动了柳州市旅游工作的高质量发展。在振兴柳州旅游业这一过程中，政府主打的并不是单一的某个景区、某家酒店，而是整个柳州市的所有旅游资源形成的综合体。可以看出，文化旅游企业在其中起到了重要作用，但中坚力量仍然是政府旅游组织：柳州文化广电和旅游局。柳州文化广电和旅游局可行使政策制定、向市委、市政府等提出规划建议等职能，推动旅游产业的快速发展。

柳州市每年确定一个县（区）承办柳州市文化旅游产业发展大会，并非心血来潮，也不是昙花一现，而是注入了一针推动剂，长期坚持方能见效。旅游的发展需要经过日积月累才能从树苗长成参天大树。旅游业的发展离不开吃、住、行、游、购、娱的改善和进步，其中更重要的是基础设施建设。例如修建直达旅游目的地的铁路、高速路，这不是一般企业可以承受的，必须要有当地政府的大力支持。基础设施建设好了，不仅能促进旅游业的发展，更能促进经济的发展，提高人民生活水平。政策和资金的下沉，必将有利于整合县级旅游资源，激发县域经济活力，使其成为一股旅游新势力。

理论链接

一、旅游目的地营销的特点

旅游目的地营销主要有整体性、政策性、长期性、营利性、可持续发展性、营销费用受政府预算限制六个特点。

（一）整体性

政府旅游组织进行对外旅游营销时，在制定整体旅游发展战略过程中应将本地区旅游业作为一个整体进行规划，并权衡不同区域、不同部门之间的利益及发展条件、发展潜力，从而做出决策。旅游目的地营销实际上是一个系统工程，是吃、住、行、游、购、娱等营销子项目的综合体。

（二）政策性

政府旅游组织与一般企业不同，可以通过制定政策来实现营销目的。这些政策包括产品早期开发时所需的政策支持、公共基础设施建设、旅游者权益的维护措施、环境质量提升等。

（三）长期性

旅游企业的营销行为是一种微观、短期的行为，而旅游目的地营销则是布局未来的长期行为。旅游营销往往要几年、十几年甚至几十年来分层次规划并分阶段实现，品牌形象的塑造能对客源地市场造成持久、广泛的影响。

（四）营利性

政府旅游组织实施营销行为的主要目的是帮助所在地区的旅游企业增加旅游接待人数、提高企业营利能力，因此其必须考虑投入产出比。

（五）可持续发展性

旅游目的地营销必须寻求旅游收入最大化、自然景观维护和本地居民生活质量保障等之间的平衡。

（六）营销费用受政府预算限制

政府旅游组织本身不以营利为目的，组织日常运行主要依赖政府拨款，所得拨款与实际需要的费用相比往往是有差距的。

二、旅游目的地营销的作用

旅游目的地营销主要有以下作用：

第一，为制定国家或地区旅游发展的总体规划提供建议，预测未来市场需求，这是政府旅游组织最重要的营销职能之一；

第二，协调旅游业和其他部门的关系，充分发挥旅游产品各要素的作用。旅游业是一个综合性产业，它的发展涉及多个部门有效的信息沟通和交流；

第三，制定和控制旅游服务的质量标准和基本价格，以及实施监督期检查，更好地塑造旅游目的地形象；

第四，运用多种方式，扶持和帮助中小旅游企业发展，旅游业的繁荣发展离不开众多的中小企业，政府旅游组织就是它们的营销代言人。

课堂训练

KETANG XUNLIAN

“诗在壮乡　何必远方——广西人游广西”文旅复苏行动暨自驾游活动在柳州启动

4 月 8 日上午，为进一步促进广西文化旅游市场的复苏繁荣，由广西壮族自治区文化和旅游厅、柳州市政府、广西旅游发展集团主办，柳州市文化广电和旅游局、广西旅游协会自驾游分会承办的 2020 年“诗在壮乡 何必远方——广西人游广西”文旅复苏行动暨自驾游活动启动仪式在柳州市工业博物馆盛大启幕。

启动仪式上播放了“诗在壮乡 何必远方——广西人游广西”宣传视频以及宣传推广歌曲《等你来》。为促进广西文旅市场的恢复和繁荣，2020 年“广西人游广西”活动将以自驾游活动为契机，通过开设“广西人游广西”旅游专列、升级电子优惠卡、开展跨界合作等举措，积极推动“本地人游本地、周边人游周边”，科学引导区内游客畅游广西。

春来疫走，文旅复苏。柳州市按照自治区关于“打赢疫情防控阻击战 全面振兴文旅经济若干措施”的重要部署，一手抓防控、一手抓复工，借此契机开展两项“诗在壮乡 何必远方”文旅复苏行动活动，即壮族三月三“春来疫走 文旅复苏”柳州人游柳州精品旅游线路月月游活动和柳州人游柳州自驾游活动。暖暖春意，徐徐春风，2020年的首次自驾游在嘹亮山歌的旋律下启程！

（资料来源：中国日报广西记者站. 2020年“诗在壮乡 何必远方——广西人游广西”文旅复苏行动暨自驾游活动在柳州启动［N/OL］. 2020-04-08［2020-04-09］. https://mbd.baidu.com/newspage/data/landingsuper?context=%7B%22nid%22%3A%22news_9549545317911335015%22%7D&n_type=-1&p_from=-1）

请关注柳州市旅游宣传平台，了解平台上的相关旅游信息，结合材料中的文旅复苏行动，从旅游目的地营销的特点与作用的角度撰写一份分析报告。

第二节 旅游目的地营销战略的制定

导入案例

《柳州市旅游产业发展规划（2018—2035）》通过评审

2018年10月，一位外地知名博主为品尝正宗螺蛳粉，专程“打卡”柳州，写下描述“柳州48小时魔幻嗦粉之旅”的文章并爆红网络。品尝一碗地道的螺蛳粉而来，将成为越来越多旅游者前往柳州的目的。2018年11月16日，《柳州市旅游产业发展规划（2018—2035）》（以下简称《规划》）通过专家组评审，其中就专门提出了“螺蛳粉文化保护开发”的旅游核心产品设计。

《规划》提出“依托柳州螺蛳粉产业，挖掘螺蛳粉及其相关文化，将工业旅游、文化旅游、美食旅游融合起来，打造成为以螺蛳粉为主题的特色旅游目的地”。项目选址在洛维工业集中区螺蛳粉产业园、柳南区太阳村镇内螺蛳粉小镇，定位以螺蛳粉为主题的全国工业旅游基地，成为柳州工业旅游和文化旅游的新板块。

当然，螺蛳粉特色旅游只是柳州旅游产业发展新蓝图中的一个亮点。通过评审的《规划》还提出通过区域联动、资源整合、品牌重塑三大发展战略，围绕“风情柳州·千韵龙城”这一旅游形象，着力构建柳州市生态山水、民俗风情、城市休闲、乡村观光、历史文化、工业体验六大旅游产品体系。

《规划》提出，将柳州打造成旅游与工业、城市联动发展的典范城市；湘桂黔边际区域性旅游中心城市；广西南北旅游带上重要的“旅游明珠”，宜居、宜业、宜游生态乐活之城的多层次目标定位，给柳州旅游产业发展带来无限畅想。

《规划》重点构建了“4+10+*N*”旅游产品谱系，即四大旅游品牌产品、十大旅游核心产品、*N*个主要旅游产品，其中重点打造的四大旅游核心品牌产品分别是：以汽车为特色主题和城市风貌核心的“风情柳州之一车畅游”“百里柳江”山水城市风貌品牌、三江程阳八寨景区侗族民俗文化旅游品牌、融水元宝山苗族民俗文化旅游品牌。

《规划》由柳州市人民政府委托中山大学旅游发展与规划研究中心为编制单位，中山大学旅游学院保继刚教授带队，包括10多位教授、专家、学者组成的规划团队历经9个月时间完成。该《规划》在评审会上获得专家组高度认可。

（资料来源：刘山，方凤琪.《柳州市旅游产业发展规划（2018-2035）》通过评审.［N/OL］. 2018-11-17［2020-04-10］. https：//v. gxnews. com. cn/a/17815362）

案例解析

在案例中，柳州市旅游产业发展规划时间为2018—2035年，规划内容有四大旅游品牌产品、十大旅游核心产品等，在充分发挥柳州旅游资源优势的基础下，涵盖的范围广、涉及面宽，并与社会经济文化的发展紧密结合在一起，充分体现了旅游目的地营销的全局性、长远性、系统性特点。螺蛳粉已然成为柳州的一张城市名片，知名度高、获益性强。柳州挖掘螺蛳粉及其相关文化，将工业旅游、文化旅游、美食旅游融合起来，打造成以螺蛳粉为主题的特色旅游目的地，体现了旅游目的地营销的竞争性和可行性。《规划》由权威专家团队耗时9个月编制完成，在评审会上获得专家组高度认可，在长达十几年的实施期间可保证相对稳定性。可以说，《规划》的产生为柳州旅游的跨越式发展搭建了广阔的舞台，成为柳州旅游目的地营销战略系统的坚实支撑力量。

理论链接

一、旅游目的地营销战略的特点

旅游目的地营销战略具有全局性、长远性、系统性、竞争性、可行性、相对稳定性等特点。

（一）全局性

旅游目的地营销战略是关于该目的地未来发展方向和经验目标的纲领性和设计，应体现该区域旅游业的整体利益，并与该区域社会经济的整体利益保持一致。

（二）长远性

旅游目的地营销战略必须着眼于未来，用于指导旅游目的地未来相当长一个时期的旅游发展，而不是只顾眼前利益或短期利益。只有在短期利益符合长远利益的前提下，各种短期措施才有实施的必要。

（三）系统性

对于统一的旅游目的地而言，其应形成内部一致的旅游发展方向，并通过内部合理分工，指导和执行协调一致的旅游发展战略模式。

（四）竞争性

旅游目的地战略应充分涵盖竞争意识和原则，充分研究旅游市场的竞争态势，能从长远角度把握目标市场的内外部环境条件和演变趋势，从而提出具有竞争优势的经营方针、政策和策略。

（五）可行性

旅游目的地制定营销战略是旅游目的地为了发挥战略对具体经营活动的指导意义，该战略必须能在现实环境中具有实际操作意义，否则就是纸上谈兵。

（六）相对稳定性

营销战略的形成是一个长期酝酿的决策过程，要经过大量的分析和预测，一旦实施必须保证其权威性，不能朝令夕改。同时，由于外部环境的变化，营销战略的执行也要保留适度的弹性，以保证执行者在执行过程中有一定的随机应变能力。

二、旅游目的地营销战略制定

旅游目的地营销战略包括目标市场营销战略、定位战略、营销组合战略、品牌战略和合作营销战略等。

旅游目的地营销战略系统（destination maketing system，DMS）是指在旅游目的地相关旅游机构领导下，有组织、有计划地通过互联网等先进手段，全面整合宣传、营销销售目的地旅游信息和资源的系统工程。DMS 架设了一个旅游目的地和客源地之间沟通的桥梁，为整合目的地各类资源和满足旅游者个性化需求提供了一个平台，在提升目的地知名度、增加游客访问量、方便旅游交易、增加目的地旅游收入等方面起到积极作用。

三、案例分析：山东旅游目的地营销战略中品牌战略

2008 年，“好客山东”这一口号正式成为山东的旅游形象品牌，经过几年发展，已然成为知名品牌。总结这一品牌塑造的成功经验，我们可看出，“好客山东”这一品牌具有以下几个特点：第一，口号简单好记，凝练传神。第二，口号蕴含了丰富的文化内涵。山东人热情好客是人们对其的普遍印象，也成为其地域特色。“好客山东”很好地突出了这一地域特色，给旅游者一种离家在外备感温暖的感觉，拉近了旅游者与当地居民之间的心理距离。同时，这一质朴简单的表述正好符合生活节奏快的现代人渴望通过旅游来减压的这一状态。第三，成功的营销方式。“好客山东”第一次正式亮相是在山东卫视，一句点睛之笔就将山东人热情好客的豪爽大气展露无遗。之后，山东通过制作宣传片、电子杂志等方式，在电视以及网络宣传这一品牌。在提倡文旅结合的大背景下，“好客山东”很好地阐释了文化与旅游的结合和融合。近几年，山东也一直选择品牌营销战略，积极地推广、宣传“好客山东”这一品牌，将山东的整体形象展示在大

众面前。第四，不断扩展品牌内涵，实现品牌转型升级。在各地旅游业还在争抢区域品牌的时候，山东已经将目光转移到产品品牌了，用精品来扩充和提升“好客山东”这一品牌价值。例如，2011年北京推介会上山东推出的、“孔子在这里诞生”、打造“游三孔，知天下”品牌、“泰山在这里崛起”、继续叫响“登泰山，保平安”、“黄河在这里入海”、引导游客到东营黄河入海口“赏奇观，抒豪情”、“长城在这里始建”、邀请游客“读齐鲁，做好汉”“运河在这里重建”、引导游客“品水城，览古今”以及“奥运在这里扬帆”，欢迎海内外宾朋前来“亲蓝海，享休闲”。这些举措很好地实现了山东从区域品牌到产品品牌的转型，同时也实现了品牌价值的延伸。

课堂训练

KETANG XUNLIAN

广西柳州大力推介旅游资源并推出奖励政策

2019年7月19日，“风情柳州 桂人游柳”旅游推介会走进广西壮族自治区首府南宁，向150多名南宁市旅游企业和媒体代表推介柳州旅游资源和精品线路，宣传旅游促进政策，同时，探索区域旅游新模式，促进两市文化旅游产业深度融合。

推介会上，柳州市融水苗族自治县、三江侗族自治县对其旅游资源和民族风情进行介绍，三江县还对将于2019年11月在该县召开的柳州市第二届旅游产业发展大会进行重点推介。柳州市发布1~3天的柳州精品旅游线路、“桂人游柳 柳人游柳”系列主题活动，并向南宁市各大旅行社宣介了《柳州市建设旅游名城奖励办法》《柳州市稳消费促增长工作方案》柳州旅游奖励政策，同时介绍了柳州市文化旅游投资发展集团有限公司、广西机场管理集团有限责任公司柳州机场单台的航空优惠政策。本次推介会由柳州市文化广电和旅游局举办，并得到南宁市文化广电和旅游局的支持。

（资料来源：谢洋，钟坤燕. 广西柳州大力推介旅游资源并推出奖励政策［N/OL］. 2018-11-17［2020-04-10］. https：//s. cyol. com/articles/2019-07/20/content_rYjyd2tQ. html）

请结合材料分析“风情柳州 桂人游柳”旅游推介会的举办对柳州旅游发展实施“走出去”战略带来了哪些促进作用。

生产性实训任务

SHENGCHANXING SHIXUN RENWU

【实训背景】

以柳州为例，思考如何制定该市的旅游目的地营销策略。

【任务分工】

1. 将学生分成若干小组，以小组为单位进行。

2. 可通过图书馆和相关的网站、微信公众平台、抖音、微博等网络途径获取资料。

3. 老师或学生代表可以联系柳州市文化广电和旅游局工作人员，获取相关信息。

【实训要求】

1. 请对比柳州与桂林在旅游目的地营销策略的制定上有哪些异同。

2. 参照柳州市旅游目的地营销策略，调研柳州市第三届文化旅游产业发展大会的举办地鹿寨县，分析其目的地营销策略，并撰写一份分析报告。

第 13 讲

旅游社会化营销

学习目标

XUEXI MUBIAO

通过本讲的学习，学生应能够达到以下学习目标：

1. 能理解旅游社会化营销的基本思想；
2. 能将旅游社会化营销的理论知识用于实践；
3. 具备在旅游企业根据实际情况开展社会化营销的基础能力。

理论概要

LILUN GAIYAO

一、旅游业网络营销

互联网时代的旅游业是高度依赖信息技术的产业。无论在品牌建设、产品营销还是服务过程中，旅游产品信息传递的过程非常重要。因旅游业大部分产品不涉及物流问题，产品本身又以文化和体验为消费核心，特别适合通过互联网实现销售，即适合开展网络营销。

互联网的信息量大、传播速度快，信息的交流和交换极少受到时间或者空间的制约，这样产品提供方就可以提供全天候的服务。旅游业实现网络营销有很多途径和技术，从经典的网络广告到流行的视频宣传，旅游网络营销已经是旅游企业，尤其是中小旅游企业赢得顾客的关键。常见的旅游企业网络营销方法有：建设自己的企业网站、在线旅游（OTA）网站上架产品、发布网络广告、电子邮件营销、制作事件营销机会、媒体软新闻发布等，但使用社会化媒体、建设企业官方自媒体体系，是当前最常见且有效的方法。

二、旅游社会化营销

中国的旅游社会化营销与旅游电子商务市场密切相关。2010 年，中国的旅游电子商务产业规模已经达到 390 亿元，并以每年 40%的速度增长，且旅游社会化营销已经悄然进入产业运营之中。2012 年，中国国家旅游局（现已改为“中华人民共和国文化和旅游部”）在《十二五旅游发展规划纲要》中明确指出，鼓励以各类网络媒体，门户、论坛、博客、微博等渠道资源作为目的地旅游营销载体，针对其服务的客户群特征组织相应的旅游营销，提高内容的覆盖及影响力，降低营销成本。

在旅游行业开展社会化媒体营销的发展潜力巨大的背景下，更好地利用社会化媒体进行营销推广，成为广大中国旅游企业营销的重点方向。旅游企业要想在竞争中脱颖而出，使旅游者信赖和关注企业，那么，社会化媒体营销是一种很好的途径。通过社会化媒体营销，旅游企业可以在微信公众平台、官方微博、博客以及其他社交网络的社交媒体，发布相关的产品和服务信息，利用社交媒体的粉丝关注效应和社群效应，使得旅游企业能够通过社交媒体，提升旅游企业品牌知名度、实现与潜在用户之间广泛的沟通，并参与旅游企业的旅游产品运营，通过客户的体验与分享得到不错的口碑，从而达到营销目的。

三、旅游体验与分享的文化内涵

旅游的过程就是旅游者对旅游资源的文化内涵进行体验和创造的过程，具有审美情趣激发、教育启示和民族宗教情感寄托等功能。以“体验”为主题的体验经济是继农业经济、工业经济和服务经济之后的新经济形式。随着旅游者旅游经历的日益丰富，旅游消费观念的日益成熟，旅游者对体验的需求日益增加，他们已不再满足于大众化的旅游产品，更渴望追求个性化、体验化、情感化、休闲化的旅游经历。这种内涵正是旅游社会化营销最合理的内容，因此，旅游企业的社会化营销，很多是通过高品质的旅游体验和分享来实现的。

借助旅游体验师传达企业的文化和产品，是旅游企业开展社会化营销的重要方式。同时企业自身的自媒体从官方角度完成客户服务、售后服务以及再次营销，也成为当前众多企业的必要选择。

第一节　旅游社会化营销的功能

导入案例

我若念念不忘，谁可香甜以待

北方的 12 月很冷，我躲在屋里随手翻了翻一本小书。书里这样写道：不管你拿到这本书的时候是哪个季节，请你为自己做一个调整和计划。不一定只有新年才可以是新的开始，每一天你都可以告别过往，开始崭新的生活。有时觉得，在这个时代，我们发现自我的过程会不会有些漫长。你可曾问过自己做什么事最快乐，又最想和怎样的人在一起。

就在此时，我想起了在三联周刊上看到的被称为中国最美海岛的涠洲岛，那里的风景绝美。就这样我的旅行开始了。

我在携程网上预订了一个叫自然居的客栈，客栈位于西角码头附近，很文艺。这个季节的游客很少。我遇到了一个来自河南的女孩，很奇怪的是我们都被称为北方人。其实，我一直以为河南人是南方人。

每到一个新的地方，我都喜欢看当地各式老旧的房子，去当地人去的餐馆吃饭、听大家聊天。一个城市的故事，我想就寄托于生活在老城区里的人的心里吧。岛上有一些小村子，村里的许多客栈都各有特色。我最喜欢滴水村。

我背着竹筐去了当地最大的南湾海鲜菜市场，那里有各种我叫不出名字的海鲜。逛累了，我就在面朝大海的街边小店吃点小菜，看着窗外停泊的渔船，仿佛时间静止了一样。

小时候看电影里的女主角都是头戴面纱来教堂和神诉说心事，画面很美。于是我来到了涠洲岛上的天主教堂。

幕崖，是岛上看日落水的绝佳地点。我特别想像一只小美人鱼一样坐在海边的悬崖上唱歌，看着星辰和大海。五彩滩与石螺口，要退潮了以后才漂亮。

涠洲岛风光的精华部分，是鳄鱼山与滴水丹屏。在滴水丹萍，冬日里的海都能很美。

即将离开时，客栈老板推荐我去当地最大的特产店买特产。看着琳琅满目的商品，正当我不知道该选哪种好时，老板告诉我不用自己带，可以在淘宝上下单。

不知道从什么时候开始，我的生活变得忙碌起来。永远有做不完的工作，参加不完的聚会。我们在城市的霓虹灯下，可以相拥取暖。可是繁华之下依旧孤单。在这样一个讲求效率的时代，我们好像已经创造了相当多的财富，可是为什么我们感受不到美了。

那么可不可以给自己一个活得悠闲的机会，跳出日常生活的惯性，看看日出日落，看着潮涨潮退，感觉生命与大自然的对话。我们可以坐在河边发呆，或者在屋檐下聆听下雨时雨水滴在地面的声音。我们甚至可以不离开家，手捧一杯清茶，与知音对话。

办公桌上摆放着从网店买来的涠小洲蛋黄酥，回味着让人念念不忘的涠洲岛的味道。(节选自公众号：涠小洲)

案例解析

旅行体验、分享美好是旅游活动的一项重要内容。每一段旅程，旅行者都能发现很多美好，而分享的内容往往就是对于旅游之美的感受与感悟，这也正是旅游网络营销的基础。这篇体验文章实际上是一篇关于旅游土特产的软文，写出了旅行的感受，也带出了涠洲岛上的特产品牌。

旅游的主要对象是由自然景观与人文景观在一定时空背景中综合而成的旅游景观，由于涉及丰富多样的观赏活动或审美对象，因此其可以满足人们悦耳悦目、悦心悦意和悦志悦神等不同层次的感性及精神需求。

自古旅游就是集“吃、住、行、游、购、娱”等内容为一体的综合性审美活动，也是一种包含哲理的人生态度的活动，它以直接体验为特征，追求的是物质与精神的双重享受。

无论是在旅游途中还是在旅游目的地，都充满着与人交往的机会。人们皆走出原有的生活与工作环境，或携侣同游，或结伴同行，彼此相安，相互交流。

理论链接

旅游网络营销正在更多地通过社会化营销得以深入展开，促进了旅游业融合发展，呈现出与其他产业营销融合的特点。特别是短视频和直播的兴起，让基于社会化媒体的旅游网络营销有了更加广阔的发展空间。

旅游社会化营销主要有以下四个功能。

一、企业宣传

有些旅游企业规模较小、经济实力有限，很难在传统广告媒体上大做宣传。通过不同的社交平台如微信公众平台、抖音等，旅游企业可以用较低的成本进行宣传，扩大知名度，提高美誉度，把旅游产品和服务项目直接推荐给潜在消费者，从而降低广告成本，有利于旅游企业的宣传。

二、促进销售

利用旅游企业的各种社会化软件的企业公众号，一方面，可以获得更多的关注，获得黏性粉丝；另一方面，也可以通过技术手段实现精准营销，网络宣传可以为线下实体商店进行引流，促进销售。企业和顾客可以直接沟通对接，减少中间环节，节省了大量销售成本。

三、品牌推广

2020 年，中国互联网络信息中心（CNNIC）发布第 45 次《中国互联网络发展状况统计报告》。报告显示，截至 2020 年 3 月，我国网络购物用户规模达 7.10 亿，较 2018 年年底增长 1.00 亿，占网民整体的 78.6%；手机网络购物用户规模达 7.07 亿，较 2018 年年底增长 1.16 亿，占手机网民的 78.9%。我国已经成为名副其实的互联网大国，在这样的背景下，旅游企业的品牌推广离不开网络营销。

四、服务顾客

我国互联网用户基数庞大，很多人已习惯通过网络获得服务。互联网具有不受时间空间限制、方便快捷、节约成本等传统媒体不具备的优势。因此，旅游企业可充分利用多种网络工具为顾客提供售前、售中、售后服务，利用大数据进行用户调研、分析，为企业决策提供数据支撑；建立并维系客户关系，提升服务水平，增加企业的核心竞争力。

课堂训练
KETANG XUNLIAN

《云游美丽中国》之《云游广西》精彩纷呈

2020年3月21日—4月1日，广西文化和旅游厅与央视网、中国人与生物圈国家委员会、人民旅游、全景客联袂开展的《云游美丽中国》之《云游广西》公益直播活动取得良好的宣传成效，助力广西文旅复工复产。

面对疫情，广西文旅相关部门主动多方联络平台，探寻全区文旅行业发展空间，缓解疫情带来的影响。广西通过“旅游+直播”的方式，借助大型线上“云旅游”模式实现大平台引流，提升宣传效果。

据统计，央视影音、央视网（PC端）、斗鱼直播、人民旅游4个平台的网友累计直播观看总量达1 560万，其中央视影音、央视网（PC端）两个平台直播观看量达1 185.6万。此外，央视影音点播累计观看量达367万。

（资料来源：广西壮族自治区文化和旅游厅网站）

请关注涠洲岛旅游宣传平台，了解其相关旅游信息，结合材料中的“云旅游”活动，从旅游网络营销功能的角度，为涠洲岛制作一个社会化营销作品。

第二节 旅游社会化营销的实现途径

导入案例

阳光、沙滩、海水，《三个院子》北海涠洲岛野里宅院

这里是中国的马尔代夫，一个比较冷门但十分美丽的地方。这里被中国国家地理评为“最美丽的小岛”，这里有着震撼的火山岩景观，这里是媲美巴厘岛的海岛胜地。在这里，人们可以尽情垂钓、拾贝、潜水。这里就是北部湾的明珠——涠洲岛。江苏卫视《三个院子》的节目中，许愿池院子就取景于此。世界上有很多事情值得你等待，日出、日落、对的人。相信广西北海涠洲岛，能够带给你这样的感受。

打卡综艺节目《三个院子》中陈小春和应采儿住的民宿——野里宅院，隐于涠洲岛的田间，其貌不扬，内里却藏着秘密。

网传，两年前的“野里”只是一座被遗忘、破烂不堪的老院，厚重的珊瑚石墙体结构独特罕有，修缮困难重重。但它却毗邻岛上最干净、最私人的北岸贝壳沙滩；前有牧场后有环岛路，尚未开发的古村落里光污染几乎为零，夏夜抬头就能看到一片繁星。“野里”有诸多天然优势，难以将其舍弃。

两年后，它被改造成拥有精致的复式客房、北欧庭院、温暖泳池、私家菜园、咖啡厅、屋顶花园和管家式服务的设计师酒店，在涠洲岛小有名气。野里宅院只有7间复式客房，但每一间都各具特色，让你一住进去就不想离开。最特别的就是浴室天花板是用玻璃盖的，在绿色植物掩映之下，就像在热带雨林中沐浴一样。到了晚上，人们还能仰望漫天繁星，浪漫至极。

涠洲岛的面积大约25平方千米，是鼓浪屿的12倍，但涠洲岛控制流量，每天允许上岛的游客却只有鼓浪屿游客的1/10。这里没有太多商业气息，只有深蓝色的海水和对旅行的期待。这里没有热闹的夜生活，甚至街边都没有路灯，但也许正因为这样，涠洲岛的星空特别亮。人们能迎着微风赏星、听海浪的声音，那一刻，什么烦恼都消失殆尽了。

（资料来源：江苏卫视. 阳光、沙滩、海水，《三个院子》北海涠洲岛野里宅院［EB/OL］.（2018-01-14）.［2020-01-30］. https://www.sohu.com/a/216646860_118040）

案例解析

就目前的情况看，旅游企业（景区）已经从最初默默提供外景拍摄地逐步走向更为积极主动的“影视营销”。同程网景区营销专家将景区“影视营销”概括为以下四种模式：①提供拍摄地，长期捆绑热播影视剧的品牌效应，典型案例有无锡三国影视城、横店影视城；②深度植入式，与影视剧中的人物产生直接联系，典型案例有西溪湿地，其因《非诚勿扰》而走红；③专题电影，堪称“影视营销”的最高境界，典型案例有少林寺；④借助知名影视剧的公关事件炒作，典型案例有贵州织金洞，因自曝被《新西游记》剧组“潜规则”而达到营销目的。

本案例中有诸多元素，如江苏卫视、搜狐、OPPO、综艺节目《三个院子》、陈小春和应采儿夫妇等。本次营销集结了热门的媒体、企业以及明星，通过节目的播出达到宣传效果，以节目为基础，利用门户网站、微信公众号、微博等社会化营销工具形成一波铺天盖地的宣传攻势，让远在广西北海的涠洲岛在一夜之间家喻户晓。不得不说这是一次非常成功的影视营销。社会化营销媒体工具的使用并不是单一的，在大多数情况下它们需要被合理地组合。宣传方在明确目标之后有主攻方向和辅助手段，才能达到最好的宣传营销效果。

理论链接

社交媒体的普及对企业营销的作用日渐明显。特别是成本低、可用碎片时间与客户直接沟通等优点，让中小企业可以避开大企业在资金、影响力等方面的优势，有机会与大企业同台竞争。众多的中小企业迅速抓住了这个机遇，并伴随社会化营销的不断演化，中小企业社会化营销已经逐渐形成体系，从流量聚集到粉丝群体形成，最后形成企业产品忠实用户的精准营销人群。社会化营销相对传统营销有着巨大的进步。其中最大的进步就在于，社会化营销借助互联网思维第一次将“人”作为了营销的对象，而不是针对“产品”和“品牌”进行营销。

而社会化营销的目的，是通过用户教育和客户培养，针对人的情感和体验进行营销，从而使用户产生购买动机。不同中小企业进行的实践证明，中小企业建立一个比较完整的社会化营销体系，可以遵循这些基本原则。

（1）建立一个核心，即企业文化的核心表达内容，包括文字表达、图形表达、视频表达；没有核心文化的营销就失去了重心，不能进行精准定位，吸引用户群。

（2）开展两个建设，即搞好社会化营销团队建设、做好社会化媒体工具建设；团队是建设的基础，工具是完成工作的武器，要完成有效的社会化营销，首先要做好这两个准备和建设，并精细打磨。

（3）实施过程中至少做好三种设计，即社会化媒体内容原创的设计与制作、O2O（线上线下互动）活动方式的设计与实现、不同的内容传播途径与方式的设计与实施。

在众多的旅游业社会化营销实践中，我们可以看出包含企业文化的原创作品是非常重要的；没有包含企业文化的原创作品，靠复制和模仿是无法有效开展社会化营销工作的。而O2O（线上线下互动）活动是最大程度传播企业核心文化的方式，对旅游营销来说是完成用户线上线下交融的过程，更是实现传播的关键，传播则是我们更重要的追求，只有实现最大限度的传播，才能真正实现旅游的社会化营销目的。

课堂训练
KETANG XUNLIAN

《北海市加快推进品牌建设行动计划（2020—2025 年）》（节选）

为贯彻落实《北海市加快推进品牌建设行动计划（2020—2025 年）》文件精神，打响北海市文旅品牌，特制订本实施方案。

1. 主要目标

打响“国际化滨海旅游名城”和“海丝文化名城”品牌，打造具有国内外影响力的滨海旅游目的地；建设文旅服务标准，壮大市场主体，开发多品类、多层次的品牌项目；丰富工艺美术与文化创意产品，提升旅游公共服务水平；打响“天下第一滩”“中国最美海岛”“海丝文化”“南珠文化”“水上运动之都”“中国最美红树林”“海洋科普”“蜜月胜地”“南国影视之都”9 大文旅品牌；形成 7 条经典旅游线路、20 个品牌项目和 4 大类品牌产品，打造北海文旅品牌名片。到 2025 年，新增 2 个国家 5A 级旅游景区、5~8 个 4A 级旅游景区；打造 1~3 个历史文化街区、历史文化名镇；打造 3~5 个标志性的文化演艺精品节目；培育 1~2 个国家或自治区级的文化创意产业基地；推进角雕贝雕等非物质文化遗产创意产品的产业化，申报海丝文化非物质文化遗产。到 2025 年，接待旅游者突破 7 000 万人次，入境旅游近 50 万人次；实现旅游总收入 1 000 亿元；成功创建国家全域旅游示范区。

2. 建设北海智慧旅游服务平台

建设智慧旅游信息服务平台、智慧旅游营销服务平台、智慧旅游监管服务平台，构建“智慧云平台、一键游北海”的服务模式。

请结合材料中“建设北海智慧旅游服务平台”的目标，联系社会化营销的实现途径等知识点，针对涠洲岛社会化营销的现状撰写一份分析报告。

生产性实训任务

SHENGCHANXING SHIXUN RENWU

【实训背景】

涠洲岛，位于广西壮族自治区北海市北部湾海域中部，北临广西北海市，东望雷州半岛，东南与斜阳岛毗邻，南与海南岛隔海相望，西面面向越南。

涠洲岛总面积为 24.74 平方千米，岛内最高海拔为 79 米。岛内景区包括鳄鱼山景区、滴水丹屏景区、石螺口景区、天主教堂景区和五彩滩景区等。

涠洲岛是火山喷发堆凝而成的岛屿，有海蚀、海积及熔岩等景观，有“蓬莱岛”之称，是中国地质年龄最小的火山岛，也是广西最大的海岛。

北海涠洲岛旅游发展有限公司成立于 2003 年，坐落于中国最美、最年轻的火山岛——涠洲岛，是北海涠洲岛旅游度假区管理委员会下属的国有企业。公司现有员工 190 多人，总部设在涠洲岛，旗下有涠洲岛南湾海景酒店分公司、涠洲岛游艇娱乐有限公司子公司及涠洲岛涠丰工艺品有限公司子公司，公司总资产约 1.44 亿元。该公司主要负责涠洲岛景区的经营管理和旅游产品的开发建设，拥有营运观光车 62 辆，环岛游营运汽车 25 辆，环岛游游艇 3 艘，海上运动摩托艇、飞鱼船、香蕉船一批；现管辖景区包括南湾鳄鱼山景区、圣堂景区、石螺口景区和滴水丹屏景区等。其中，鳄鱼山景区于 2009 年被国家旅游局评定为国家 4A 级旅游景区，现正在申请创建国家 5A 级旅游景区。

以涠洲岛为例，思考旅游社会化营销的功能与实现途径。

【任务分工】

1. 学生分成若干小组，以小组为单位进行。
2. 可通过图书馆和相关的微信公众平台、抖音、微博等网络途径获取资料。
3. 老师或学生代表可以联系涠洲岛景区工作人员，获取相关信息。

【实训要求】

1. 请对比涠洲岛和鼓浪屿在社会化营销方式上有哪些异同。
2. 请写出一份涠洲岛景区下一个年度的社会化营销方案。

第 14 讲

旅游产品营销

学习目标

XUEXI MUBIAO

通过本讲的学习，学生应能够达到以下学习目标：

1. 了解旅游产品营销的整体概念，培养“大旅游观”下的旅游营销思想，适应旅游业的不断发展；

2. 能够区分旅行社产品与旅游产品的异同，并能将其灵活地应用于旅游市场销售渠道拓展工作。

理论概要

LILUN GAIYAO

一、旅游产品

旅游产品是指旅游经营者凭借着旅游吸引物、交通和旅游设施，向旅游者提供的用以满足其旅游活动需求的全部服务。从旅游者角度出发，旅游产品就是指旅客花费了一定的时间、费用和精力所换取的一次旅游经历。旅游产品包括旅行商的集合景点、交通、食宿、娱乐等设施设备、项目及相应服务出售给旅游者的旅游线路类产品，旅游景区、旅游饭店等单个企业提供给旅游者的活动项目类产品。旅游产品具有综合性、无形性、生产与消费同时性、不可贮存性、所有权不可转移性等特点。旅游产品类型的分类有多种，常见的有以下两种。

第一，按旅游产品组成状况分类，其可分为整体旅游产品和单项旅游产品。

第二，按旅游产品形态分类，其可分为团体包价旅游、散客包价旅游、半包价旅游、小包价旅游、零包价旅游、组合旅游、单项服务。

此外，旅游还可以按距离、计价形式、费用来源和旅游方式来分类。随着“互联网

+”旅游时代的进步，旅游产品的生产者越来越多元化。例如，原来的住宿业是住宿类旅游产品的生产者，但现在越来越多的客栈还提供了旅游咨询和线路定制及导游、短途交通的服务，它们成为新的旅游产品生产者。

二、旅游产品的销售渠道

旅游产品的销售渠道是指旅游产品的生产者将产品提供给最终消费者的途径。产品销售渠道的起点是旅游产品的生产者，终点是旅游消费者，中间环节包括各种批发商、零售商、其他中介组织和个人等。由于产品的性质不同，其销售渠道也不尽相同。旅游产品的销售渠道可以分为直接销售渠道和间接销售渠道两大类。

直接销售渠道是指旅游企业在市场营销活动中，不通过任何旅游中间商而直接把旅游产品销售给最终消费者的营销方式；而间接销售渠道是指旅游企业通过旅游中间商把旅游产品销售给最终消费者的营销方式。

（一）直接销售渠道

直接销售渠道是旅行社直接将产品销售给最终消费者，中间没有介入其他环节（图14-1）的销售渠道。

图 14-1　直接销售渠道

直接销售渠道有两种基本形式。第一种是采用直接销售渠道进行销售，在其所在地直接向当地的消费者销售旅游产品。例如，酒店自己的微信公众号或者微店、景区的售票网站、旅行社门市部销售及网站等都能面对广大消费者进行直销。

直接销售渠道的优点是方式灵活、手续简便、信息传递快捷及时，且所有利润一概归己，不需要与其他旅行社分享利润；但是直接销售的弊端是销售数量有限、销售成本高。

（二）间接销售渠道

随着旅游市场不断发展并逐渐成熟，大多数旅游产品并不是直接由旅游生产企业提供给旅游消费者，而是要经过中介组织，即旅游中间商才能提供给旅游消费者。间接销售渠道就是指在旅游产品生产企业和旅游产品的最终消费者中间介入中间环节的销售分配系统（图 14-2）。

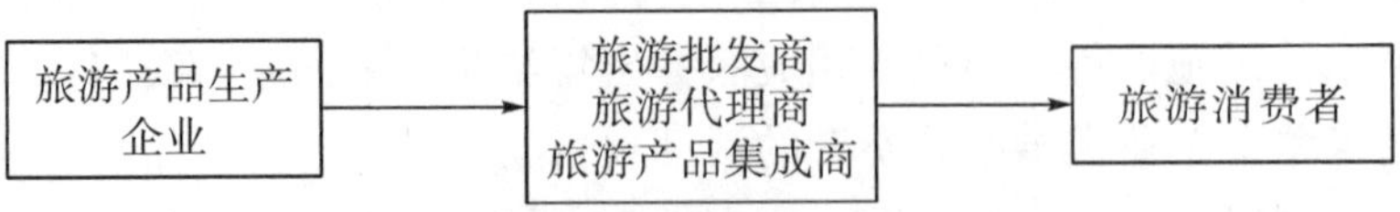

图 14-2　间接销售渠道

要注意的是，旅行社既是旅行社旅游产品的生产者，也是其他旅游资源性企业产品（如：住宿产品、景区产品、旅游土特产等旅游商品）的集成商，是间接渠道服务商。旅行社集成生产的旅行社产品一般采用直接渠道销售；旅行社销售的这些集成的资源性企业产品，同时完成了通过旅行社的这一间接渠道的销售。

三、旅行社产品与旅游产品的异同

很多时候，人们容易把旅游产品和旅行社产品混淆。实际上，旅游产品不仅仅包括旅行社产品，其他旅游要素的独立产品或者组合产品都是旅游产品。并且在互联网经济的推动下，旅游产品正在成为新旅游业下的新生力量。

（一）相同点

1. 特点

旅行社产品与旅游产品的相同特点主要包括以下四点。

（1）都具有综合性，都是由旅游活动的综合性决定的。

（2）都具有不可贮存性。

（3）都具有不可分割性，生产与消费同时进行，有形与无形相互体现。

（4）都具有生命周期性。

2. 分类（按旅游目的分）

旅行社产品与旅游产品的分类都可以采用以下五种方式。

（1）观光益智旅游（自然观光、人文观光）。

（2）休闲娱乐度假旅游（娱乐旅游、海滨度假、山地度假、温泉度假、乡村度假、休闲体育、度假旅游等）。

（3）商务会展节事旅游（商务旅游、节事会展旅游）。

（4）专项（主题）旅游（生态旅游、工农业旅游、美食旅游、修学旅游、医疗旅游等）。

（5）特殊兴趣旅游（博彩、探险等）。

（二）不同点

1. 概念

（1）旅行社产品。

从旅游经营者角度看，旅行社产品是指旅行社为满足旅游者的需要而向旅游者提供的各种有偿服务，既包括直接提供的旅游接待服务，又包括旅行社为旅游者安排的旅游过程中交通、住宿、饮食、游览、购物、娱乐等活动而向其他旅游企业、相关企业和部门所采购的各种旅游服务。

从旅游消费者角度看，旅游产品是指旅游者为了满足自身的旅游需求而花费一定的时间、金钱和精力而获得的一种旅游经历。这种经历一般从旅游者离开出发地起，到旅游结束返回出发地的全过程中对所得的旅游服务的综合感受。

（2）旅游产品。

旅游产品是指旅游企业或涉旅企业生产出供给旅游市场、满足旅游者消费需求的全部产品。

2. 形式

（1）旅行社产品。

①单项服务产品多属于旅行社的代理业务，基本不需要智力加工和组合，只需要业务联系，不需要产品的开发和设计。

②包价旅游服务产品（旅游线路）需要旅行社各个单项要素有机组合起来，充分考虑“吃、住、行、游、购、娱”的协调并提供导游、导游咨询、保险等服务，需要进行智力加工，形成品牌。

（2）旅游产品。

①单向旅游产品是指旅游者在旅游活动中所购买和消费的有关住宿、餐饮、交通、娱乐、游览等某一方面或几个方面的物质产品或服务。例如，订购一间客房、享用一顿美餐、游览一次景点等都属于购买和消费单项旅游产品。区分并统计旅游者对单项旅游产品的消费，可以分析旅游目的地内不同景区景点、不同接待服务设施单位的经营销售情况和水平。

②整体旅游产品包括线路旅游产品。“吃、住、行”是基本要素，“游”是核心要素，“娱、购”是期望要素。

3. 特点

（1）旅行社产品具有预约性，而旅游产品不一定有预约性。

（2）旅行社产品具有质量后效性，旅行社产品质量的评价是在旅游者经历旅游活动的全部过程之后才能做出判断，而旅游产品质量评价是可以在旅游者经历旅游活动的过程中就可以做出判断的。

（3）旅行社产品具有不可感知性，在销售时不会导致某些实物所有权的转移。旅游者在购买旅行社产品时无法准确感知产品的形态与质量，而旅游产品则与之相反。

第一节　旅游产品的直接销售渠道

导入案例

侠客行——穿越古龙山：主题营销

“侠客行——穿越古龙山”主题活动，是广西古龙山大峡谷景区以武侠穿越为主题定向活动，通过角色扮演的创新方式，在峡谷的天水之间，让游客参与其中并能够放松心情、游玩自得。珍珑棋局、流星蝴蝶剑、龙门镖局、古龙山论剑、徒步谷猜谜、神兵打造，武侠游戏闯关体验等结合古龙山大峡谷的特有风光景色，增强游客沉浸式游玩体验，让游客获得更多游玩体验的同时，通过创造内容营销，实现话题营销，实现更大的品牌推广传播效果。活动期间共售出门票 10 000 张，现场参与互动游客超过 10 000 人次。游客可以通过互联网传播话题内容，超过 100 万游客已阅读该文章。“侠客行——穿越古龙山”主题已成功地成为游客心中的“江湖”。

案例解析

这是一个旅游产品的直接渠道销售案例，景区直接面向用户开展营销活动，直接销售了旅游产品。类似的案例还有很多，例如，一名游客在出行时找到一位自驾的司机兼导游。司机自带了无人机和单反相机，对川西沿途线路和旅游资源也非常熟悉。该司机根据路况、天气及时做恰当的行程调整，带领客人发现了很多相对小众又贴近当地风俗的景点。

在很多地方，不少的司机、领队、导游都成了各自领域里的“小网红”，通过互联网找到足够的存在感。他们活跃在今日头条、抖音、微信公众号里，凭借对旅游目的地的了解获得不错的平台流量。这些人大多做了多年与旅游相关的工作，积累了一定的客户和资源，凭借自己的能力和优势获得了信赖和认可。因为成本低、接团少、个人背书反而能够获得更多的推荐。甚至有不少的“网红领队”开始接团反交给旅行社。从旅行社、公司里等着被派团到主动分配自己接不过来的团给旅行社，在这巨大转变的背后，是互联网提供给每个人的机会。

互联网思维有个七字诀：专注、极致、口碑、快。旅游产品的线上营销，就是要做好旅游产品和服务，把细节完善到极致，形成话题性的传播，以最快时效传递给现有用户和潜在用户。“有话题性的口碑”加速传播可以从如下四个方面入手。

一、产品贴合工具

做旅游产品的线上宣传，到底是选择抖音还是微信公众号呢？到底是选择美团还是云客赞呢？我认为，任何平台都有其优势和劣势，不能一概而论。对于经营者而言，其要利用各平台的优势，规避短板，设计合适的产品，这样才能让线上营销更有效。例如，微信公众号是封闭链，在信息传播上开放度不够，但是正因为此，它就适合做精准营销。再比如云客赞，作为社群分销平台，它更大的优势在于通过利润分配从而调动社会资源进行传播转化，所以它就特别适合爆款产品的销售。如果我们把常规产品上架到这样的平台，那也仅仅做到了展示效果而已，因为它不会带来更大流量的转化。

二、宣传紧蹭热点

不管什么时候，蹭热点都是宣传的最有效手段，因为热点都是自带流量的。例如，在援鄂的广东医疗队离开洪湖的时候，李大军在悦兮半岛拍摄了4个视频。他的第一个视频的播放量只有2.1万个，点赞514个；另外一条视频的播放量为1万多个，点赞数130个。李大军是抖音新人，总共只有37个粉丝。为什么他的播放量和点赞量这么高？就是因为蹭了热点。

三、借机制造爆点

线上传播除了蹭热点之外，也需要制造爆点。互联网营销并不是有了工具就可以做的，它需要我们不断地制造爆点才能满足条件。挖掘一些典型事件、组织具有影响力的活动、设计一些具有话题性的主题等，都是制造爆点的方式。有了抖音不代表就拥有了互联网思维，只有匹配了对应的素材，才有机会将产品在这些互联网工具上传播开来。

四、流量积极转化

一旦有了流量，我们就要深度挖掘互联网工具的各项功能，积极实现流量转化。例如，抖音的商店、带货等形式，都是流量转化的手段。流量的转化要求我们首先要把流量分析透彻，筛选有效流量、潜在流量和无效流量，然后定制有针对性的转化方案。我们现在也有抖音号、微信公众号、服务号等自媒体工具，但是有这些工具不代表拥有流量，只有将其切实运营起来才能发挥其价值。

我相信如果我们抓好互联网工具、运用好互联网思维，那就可以实现旅游产品、经营的变革和升级。

理论链接

一、旅游销售渠

旅游销售渠道又称为旅游分销渠道或通道，简单地说就是旅游企业把旅游产品销售给最终消费者的途径。除了比较常用的直接和间接渠道划分，旅游销售渠道还可依据长短、宽窄、单多渠道进行划分。

旅游产品从生产者到旅游者，整个过程的中间环节或中间层次的多少，称为销售渠道的长度。中间环节越多，销售渠道越长，反之销售渠道就越短。销售渠道的宽度是指一个时期内销售网点的多少、网点分配的合理程度以及销售数量的多少。宽渠道，就是使用的同类旅游中间商较多，旅游产品在市场上的销售面较广，适合于一般化、大众化的旅游产品销售；窄渠道，适合于专业性较强、费用较高的旅游产品销售。这可以从以下四个方面进行理解。

（1）旅游销售渠道的起点是旅游产品的生产者和供应者，终点是旅游者。旅游销售渠道是指从起点到终点的各个流通环节组成的系统。

（2）旅游销售渠道是相关经营组织和个人的组合，除了起点和终点外，还包括各种类型的旅游中间商，如旅游批发商、旅游代理商、旅游零售商等。旅行社就是典型的旅游中间商。

（3）在旅游销售渠道中，旅游产品和服务被转移的是其中一段时间的使用权，而非永久使用权，更不是所有权。

（4）旅游销售渠道包括旅游企业在生产现场直接向旅游者销售其产品和服务，也包括旅游企业依靠自身的力量在生产地点以外的其他地方销售其旅游产品的直接销售方式，还包括旅游企业借助中间商向旅游者出售其产品和服务的间接销售方式等多种层次。

二、直接销售渠道

从旅游产品的销售实践看，直接销售渠道一般有三种模式。

（一）旅游产品生产者或供给者→旅游者（在旅游目的地）

在这一模式中，旅游产品的生产者或供给者向前来购买产品的旅游者直接销售其产品，它在产品的生产地扮演了旅游零售商的角色。这种销售渠道至今仍被很多旅游企业采用。例如，旅游景点、旅游饭店、博物馆等组织采用这种模式向散客销售其产品。

（二）旅游产品生产者或供给者→旅游者（在旅游客源地）

由于旅游产品的特殊性，旅游产品的消费必须在旅游产品生产现场进行，而旅游产品的销售只是一种买卖合同，旅游者可以在任何接受预购的地方，通过网络、电话等现代通信方式向旅游产品的生产者或供给者购买或预订旅游产品，旅游产品的生产者仍然扮演的是旅游零售商的角色。企业通过网络直接向目标旅游者出售其产品，为传统的直接销售渠道注入了新的活力。

（三）旅游产品的生产者或供给者→自营的销售网点→旅游者（在产品销售地点）

在这一模式中，旅游产品生产者或供应者通过自己设立在产品生产地以外的销售网点，直接向旅游者销售其产品。

课堂训练
KETANG XUNLIAN

例如你是北海的蛋黄酥生产商，应该如何做好直接渠道销售呢？

第二节 旅游产品的间接渠道

导入案例

海洋之窗青睐北海环球国际旅行社——北海纯玩一日游

北海环球国际旅行社，是广西北海市著名旅行社。该公司立足北海、面向全国，立足东盟、面向世界，坚持走“品牌化、网络化、国际化”道路；以高品质服务为根本，品牌化运营为目标，统一标识、规范服务，与国内外多家旅游商建立了紧密合作，拥有良好资信。海洋之窗作为北海知名的景点，与之紧密合作，共同打造“北海纯玩一日游”项目。该项目的行程安排为北海银滩→海洋之窗→冠头岭国家森林公园→环岛游→百年老街。

案例解析

每个旅游城市一定会有一条当地的经典一日游线路。海洋之窗重视这一市场，认识到这一旅行社销售渠道的重要性。目前，市面上的北海一日游产品良莠不齐，传统的强制购物、隐形加点、“赶鸭子”游以及低价旅游已经不能满足大众对旅游品质和体验的需求。游客更加注重旅游价值最大化。

选择良好信誉的旅行社作为自己的销售渠道，是这一策略的成败基础，选择产品则是落实的关键。这一项目具有如下产品亮点。

（1）生命力强。这一项目精选北海极具代表性的高质量景点，其中包含3个国家4A级景区（银滩、环岛游、海洋之窗），符合资源与市场条件；坚持“纯玩”理念，拒绝任何形式的套路，让游客体验到真正的高性价比优质旅游服务。

（2）玩法新颖。这一项目融入具有本土特色的海上观光项目。游客在欣赏美景同时，还能观看特色歌舞表演、享用美食、唱响大海之歌。

（3）灵活性强。游客可以选择多个游玩景点，可真正做到“随心所欲”。

（4）餐食创新。该项目将传统团餐创新为自助大餐，食物品种丰富。

（5）性价比高。多个高价位景点组合，纯玩无自费。该项目以风光旖旎的滨海风情为主题，以丰富的海洋文化为铺垫，以历史悠久的老城资源为依托，以独具特色的游玩体验为创新，打造多样化旅游线路产品，实现旅游价值最大化。

理论链接

由于企业规模的扩大和市场竞争的加剧，绝大多数旅游企业都在想方设法增强自身的销售能力以扩大市场份额。而旅游销售渠道的选择不但受到旅游企业自身资源和经营实力的制约，而且受到投入产出的经济可行性制约，所以旅游企业会更多地选择间接销售渠道。旅游产品的间接销售渠道是指旅游产品生产者或供应者通过旅游中间商将其产品转移给旅游者的销售途径，旅游中间商是指从事转移旅游产品的具有法人资格的经济组织和个人。旅游批发商和旅游零售商等是典型的旅游中间商。采用间接销售渠道，旅游企业可以充分借助中间商的专业性和其他优势，在一定程度上有助于消除单纯采用直接销售渠道的局限。

旅游产品的间接销售渠道，根据所经中间环节的多少，可以划分为以下三种销售模式。

一、旅游产品生产者或供给者→旅游零售商→旅游者

这种模式也可称为单层次销售渠道，即旅游产品的销售只经过了一个中间商，由三点组成两个销售环节：旅游产品生产者或供应者和旅游零售商组成第一个环节，旅游零售商和旅游者组成第二个环节。在这一模式中，中间商主要有从事旅游零售业务的旅游代理商或其他代理机构，旅游产品的生产者需要向旅游零售商支付佣金或手续费。

二、旅游产品生产者或供给者→旅游批发商→旅游零售商→旅游者

这种模式也可称为双层次销售渠道，是指旅游产品生产者或供应者通过旅游批发商，再经由旅游零售商将其产品转移到旅游者手中的销售途径。这种模式由四个点组成三个销售环节。旅游批发商通常是指从事团体包价旅游批发业务的旅游公司或旅行社。

在这种模式中，旅游产品的生产者只与旅游批发商发生直接业务关系，将其产品批量销售给旅游批发商，然后再由旅游批发商委托旅游零售商或通过自行设立的销售网点将产品销售给旅游者。旅游批发商通过大批量地购买航空公司、饭店、景点等单项旅游产品，并将其组合、编排成适应市场需求的包价旅游产品，但他们并不直接面向旅游者出售其产品，而是通过旅游零售商进行销售，有时也通过自行设立的销售点进行销售。

三、旅游产品生产者或供给者→本国旅游批发商→外国旅游批发商→外国旅游零售商→外国旅游者

这种模式也可称为多层次销售渠道，是指旅游产品生产者或供应者需要通过三层旅游中间商才能将其产品转移到旅游者手中的销售途径。这种模式基本上由五个点组成四个销售环节。当前我国旅游企业拓展国外市场主要采用这一渠道模式，但随着网络技术和通信技术的高速发展以及旅游市场开放力度的加大，这一多层次销售渠道模式将会逐渐被打破。

课堂训练
KETANG XUNLIAN

分小组扮演旅行社门市柜台的销售员和旅游者，任意选择一款旅游产品，尝试向旅游者销售旅游产品，从中体会直接销售渠道的优缺点。

生产性实训任务

SHENGCHANXING SHIXUN RENWU

广西北海招商国际旅行社于 2010 年经广西文化和旅游厅批准成立，为适应旅游行业的快速发展，几年来探索跨界经营，拥抱旅游新业态，增加了许多新业务，例如，浪漫婚纱蜜月旅拍+微电影，自驾车休闲游，海洋科普研学，亲子拓展游学夏令营，红色教育旅行，候鸟康养休闲度假，摄影定制游，海钓、观鸟、拍鸟休闲游，欢乐周末游等业务。

广西北海招商国际旅行社的特色旅游产品主要包括以下六个。

1. 自驾车休闲游——北海招商国旅邀请您一起自驾游休闲游

宣传语：在每一片天空下自由行走，最美的自己在旅游，最美的风景在路上。爱他（她），就带他（她）去自驾旅行，一队车，一群人，一路风景！

特点：将捐资助学的爱心活动融入旅游行程中，让旅行更加富有意义。

2. 浪漫蜜月之旅——浪漫蜜月，风月无边

宣传语：亲爱的，蜜月去吧！各种蜜月线路温馨上市，让爱陪我们玩遍地球！走向世界！

3. 浪漫婚纱蜜月旅拍微电影——北海涠洲岛，新品上市

宣传语：在海滩上拍最美的婚纱照，留下最美好的回忆；在最美的海岛拍下俩人爱情的点点滴滴，记录成微电影永久保存。

4. 欢乐周末游——周末出游，温馨休闲

宣传语：文艺浪漫，每周六出发，为您私人订制，打造不一样周末！

5. 海洋科普研学拓展亲子夏令营——与孩子来一次心灵的洗礼

特点：让小孩了解海洋文化科普知识、海洋生物科普、红树林科普知识拓展活动、涠洲岛火山口地质公园科普知识、银滩沙雕比赛、放风筝、海滩环境保护意识的培养。北海百年老街历史文化。

6. 养老养生休闲度假游——和天然氧吧来个亲密接触

宣传语：北海冬无严寒，夏无酷暑，风景秀丽，气候宜人，空气中负氧离子，每立方米含有负离子高达 2 500~5 000 个，比内陆城市高出 50~100 倍，是天然大氧吧；是全国十大最适宜居住的城市之一，吸引全国各地候鸟成群结队来异地栖息。

选择一个广西北海招商国际旅行社的特色旅游产品，分别设计进行直接销售和间接销售的营销方案。

第 15 讲

旅游商品营销

学习目标

XUEXI MUBIAO

通过本讲的学习，学生应能够达到以下学习目标：

1. 深入理解旅游商品不同的营销策略；
2. 并对旅游文创商品及其营销有较深刻的认识。

理论概要

LILUN GAIYAO

旅游业在21世纪是朝阳产业，各种旅游新业态层出不穷。但随着旅游电子商务的发展，旅游信息越来越透明，旅游服务业的利润率迅速下降，如何提高旅游企业收入是个重要问题。旅游购物是旅游业的六大要素之一，世界上旅游业发达的地区和国家的旅游购物收入可以占旅游总收入的50%以上。

我国地大物博，民族众多，历史悠久，各地的旅游特色商品千姿百态，丰富多彩，几乎每一个地方都能拿出自己的招牌货。面对琳琅满目的旅游商品，游客不免眼花缭乱。对于游客来说，了解各地尤其是旅游胜地有什么旅游商品也是重要的旅游内容。

简单地说，旅游商品就是游客在旅游过程中购买的商品。广义的旅游商品的范围非常广泛，甚至包括日常用品和生活必需品，比如旅游需要的箱包。在旅游业中，我们一般把具有典型地方特色的旅游目的地地方产品，即特色旅游商品称为狭义的旅游商品，所以本书所说的旅游商品均指特色旅游商品。特色旅游商品是指具有显著区别于其他商品的风格或形式、明显地域特色的旅游商品，所以我们通常不把通用性的非特色的商品叫作旅游商品。

商品的范围非常广泛，旅游商品因购买者的身份而得名，旅游者在旅游过程中购买的商品即旅游商品。但只有那些能体现地域特点的旅游商品，即特色旅游商品，才被专指为旅游商品。

旅游商品是指游客在旅游过程中购买的有形商品，而旅游产品是指设计好的整套的旅游路线和无形的旅游服务的总和。

在旅游行为发生的同时必然伴随着额外消费行为的发生。旅游商品的种类繁多，也有很多分类方法。最常见的有三个分类：旅游土特产、旅游纪念品、旅游工艺品。

购买土特产是中国人旅游的一个必备旅游动作，这些在旅游过程中销售的土特产称为旅游土特产，是旅游商品的重要组成，也是销售量最大、最基础的旅游商品。

旅游纪念品是游客在旅游过程中购买的精巧便携、富有地域特色和民族特色的礼品，并让人铭记于心的纪念品。有人将旅游纪念品比喻为一个城市的名片，这张名片典雅华丽，有极高的收藏与鉴赏价值。旅游纪念品属于旅游商品中重要的一类。

旅游工艺品是工艺品中的细分产品，是旅游商品的重要组成部分。旅游工艺品是指旅游者在旅游活动中购买的富有当地民族、地域特色，具有工艺性或艺术性、礼仪性、实用性和纪念意义的以物质形态存在的商品，兼具物质功能和精神功能。

旅游工艺品中的文创产品是一支新生的旅游商品力量。各种艺术品、文化旅游工艺品、办公用品、家居日用品、科技日用造型设计等都可能成为文创产品。一个新鲜的创意让一件产品附加上超出用户期待的文化艺术价值、智慧创意价值，让大众心甘情愿地接受并产生购买行为，这便是文创产品通行天下的理由。书法、国画和油画等本身就是一种艺术表现形式，有着其自身的艺术价值，当然也属于文创产品的一种。文创产品还包括手工类产品如编织、刺绣、软陶、雕塑、黏土、布艺、陶艺、创意 DIY 等。这些也是文创产品的主要表现形式，其创意让产品变得不一样，变得独特，这才是文创的魅力。

狭义地讲，“文化”即指受到某群体广泛认知，并形成群体思想与行为系统的精神与物质内容。“创意”是创造意识或创新意识的简称，以创新的方式（主要以美术、文学、音乐等艺术方式）对原有内容进行再解读与创造。因此，文创是指为基于具备广泛受众的文化主题，通过创新的方式进行再解读与创造（创意转化）的行为过程与相关产物。文创产品可以界定为源于文化主题，经由创意转化而具备市场价值的产品。

第一节 旅游商品营销

导入案例

南珠之乡

著名的海滨旅游城市广西北海，在城市旅游宣传中一直很重视使用一个别致的名字：南珠之乡。因此广西北海也吸引了大量的游客追根溯源，因历史上北海所属的合浦等地盛产珍珠并被称为南珠而得名。北海合浦的珍珠采集历史可以追溯到秦代，当时合浦就有采珠活动，南珠采集珍珠的历史悠久，素有“西珠不如东珠，东珠不如南珠”之说。南珠晶莹剔透，圆润光泽，历代都被誉为“国宝”，秦汉时期即被定为皇家贡品，名扬天下。

中国的南珠自古连接了中国与世界各国之间的贸易交流，成为中国珍珠文化中不可或缺的部分。1984年，撒切尔夫人来中国访问时就曾亲口说道，英国女王王冠上那颗拇指大的璀璨珍珠就是中国所产的正宗南珠。

因此，南珠及南珠制品成为北海旅游纪念品中的名牌，包括珍珠饰品以及珍珠的其他制品，例如南珠面膜等。所以去北海的游客都要买些珍珠饰品和用珍珠制成的小物件回去。

案例解析

人们因为南珠之乡的历史和特点而购买的南珠制品就是旅游纪念品，是旅游商品中重要的组成部分。从广义上理解，旅游者在旅途中购买并带回去的、具有纪念价值的商品都是旅游纪念品。它们都会或多或少地勾起你对旅途的回味，人们还会将部分商品馈赠亲友。

在旅游业中，一般是从狭义上理解，旅游纪念品是旅游城市、旅游区（点）的形象代言物，如特色物产、景观、建筑、纪念事件、纪念日、地方文化载体等具有纪念意义或实用性，或有收藏和赠送价值的商品。

旅游纪念品的本质是信息。它制造、集成、传递着某种信息，即该旅游区（点）的信息。随着旅游市场的日渐成熟，单纯的游山玩水以及团体活动的旅游方式已处于衰退趋势，取而代之的是体验型方式（接触大自然、观赏历史遗迹、了解风土人情、同当地人交流、体验别样生活形态、跨文化交流），自然体验型的旅游方式是未来旅游业的发展方向。好的旅游纪念品可以满足旅游者的不同需求。

同旅游纪念品一样，同属于旅游商品的旅游土特产品，是指某地特有的或特别著名的产品。一般而言，具有出产地代表性的传统产业和信誉标志的土特产品是指土产、特产两者的总称。其中，土产是指各地的农副产品，包括有农、林、水、副等产品，如北海本地的海鸭蛋。特产则是指在各地的土产中具有独特品质、风味的产品，如北海沙虫。

理论链接

一般来说，旅游商品是指特色旅游商品，我们可以从以下三个层面进行理解。首先，特色旅游商品是商品，具备商品所有的特性，是“用来交换的劳动产品”。其次，特色旅游商品是旅游商品。目前，学界关于旅游商品没有统一界定，但普遍认为旅游商品是指供给者为满足旅游者需求以交换为目的而提供的具有使用价值和价值的有实物形态的商品总和。

特色旅游商品应当具有独特的吸引力，对游客而言是必须购买的、能够带来旅游回忆的商品。例如到法国，人们会想到买迪奥香水；到云南，人们立刻就会想到买各种鲜花制品；说到瑞丽，人们想到的是琳琅满目的翡翠制品。

具备所属地域文化特色是特色旅游商品的首要特点。总之，特色旅游商品有如下几个基本特征。

一、地方文化特色浓厚

这些商品都具有明显的所属地域标签。特色旅游商品应当成为所在地的文化符号，在保留当地传统文化精髓和神韵的前提下，赋予其新的文化内涵，使其具有收藏性和纪念性等文化特质。

二、能创造较好的旅游经济效益

特色旅游商品是商品的一个特殊类别，是所属地域销售较好的商品，可以促进就业，并带来明显的经济效益，延长旅游产业的产业链条，带动当地旅游业的发展。如果一种旅游商品无法产生经济效益，销售量小，那么其就不太可能发展成为特色旅游商品。

三、价格适中

特色旅游商品的价格不能太贵。如果商品价格过高，游客购买有难度，那么其销量就会小，很难占有市场，也不会产生应有的广告效应，不能形成影响力，所以就不能成为特色旅游商品。

四、携带方便

中国有句俗语“千里不捎针”。出门旅游的主要目的是休闲娱乐。如果游客购买的商品携带不方便，搬运这些商品若需耗费游客大量的体力和精力，那么游客的旅游体验将大大降低。如果旅游商品方便携带（包括邮寄过程中具有抗压、保鲜、防震等特点）、价格适中，那么自然会受到游客欢迎。

五、实用性强

旅游商品不只是旅游纪念品，不仅仅是为了唤醒人们对某地的记忆，而且还要有实用性。而且实用性也符合今天人们所提倡的低碳环保的理念。所以，作为商品的一个特殊门类，特色旅游商品应当具有实用性。

很多人在旅游中并不区分旅游工艺品和旅游纪念品，甚至很多文章也把旅游纪念品统称为旅游工艺品。

区别于旅游纪念品，旅游工艺品具有更高的艺术价值和文化内涵，价格相对较高，具有较强的工艺与艺术收藏品属性。因为旅游工艺品本身所承载的因素不是单一的，它是一个复合体，具有多重属性。突出其自有属性和本质特征，便于深入挖掘旅游文化和旅游产品的双重内涵。作为旅游商品的工艺产品，其主要特征应体现在工艺品质特征、艺术审美价值、传统技艺特点和地域文化特色等方面，突出馈赠、收藏、纪念、礼仪等物质形态化的旅游产品属性。

根据国内游客人均消费统计，在购物中人均消费：国内农村游客为 2.18 元、城镇游客为 14.79 元、国外游客为 17.09 美元。购买旅游工艺品消费比例目前只占到购物消费的10%左右，这一比例是相当低的，原因主要是中国旅游工艺品普遍未能很好地激发旅客的购买欲望。以这一数字为基准，普通旅游纪念品价格就只能控制在每件10~20元，对外旅游工艺品的价格应为10~25美元，中档旅游工艺品的价格应在100~200元，高档旅游工艺品的定价可以在200元以上。

课堂训练
KETANG XUNLIAN

如何区分旅游工艺品与旅游纪念品？

第二节 旅游文创产品营销

导入案例

火爆的故宫文创

腰牌是古代官吏系在腰间的“身份证”，也是其他人员出入禁门或过关入门的“通行证”。北京故宫博物院借用“腰牌”的概念和造型，设计出一系列时尚的行李牌。其中“如朕亲临”“奉旨旅行”的腰牌最为霸气，而且既能当行李牌又能当公交卡卡套。

这样的行李牌挂在箱子上实在是拉风到了极致——“妈妈再也不担心我的行李会丢了”“奉旨旅行，闲人回避”“如朕亲临，见牌如见朕”。估计网友都是抱着这种心态购买该系列的产品，本系列腰牌卡套以上千的销售量跻身故宫淘宝店的热销排行榜。

商业与文化，其实并不矛盾，产品的功能属性固然重要，可顾客更加看重产品的外观以及产品本身所传递的信息。前段时间，一份来自故宫的礼物红遍网络。形如冷宫牌匾的冰箱贴，既是笔盒又是求签筒。金榜题名的笔套装、霸气外露的奉旨旅行行李牌，还有文案俏皮的雍正御批折扇，一系列融入传统元素的周边产品让故宫博物院一改严肃而神秘的形象。细看用户评价，其中不乏“笔盒不是特别精致，但是相信故宫的礼物能给小丫头带来好运气”这样轻质量、重寓意的反馈。人们消费的是装饰元素所带来的情感附加值，只要产品富有情怀，自带有深意的故事，市场从来不缺消费者。

案例解析

近十年来，旅游工艺品市场悄然发生了变化，以旅游工艺品为基础的文化创意产品成为小众文艺市场的新宠。它们以随处可见的生活用品为载体，搭载个性鲜明的外衣与文案，展示主人的兴趣偏好和关注点。愿意为文创产品买单的群体，与其说是在新时代成长起来的消费者，不如说是一群追求品位与格调的“生活家”。

文化创意产品又简称文创产品，是指依靠创意人的智慧、技能、天赋和文化积淀，对文化资源、文化用品进行创造与提升，通过知识产权的开发和运用，借助于现代科技手段，而产出的高附加值产品。简单地说，文创产品就是创意价值产品化的商品。

一、文创产品与创意产品的区别

顾名思义，文创产品的全称为“文化创意产品”，比创意产品多出“文化”二字，参考“文创产品”定义的第一条“源于文化主题”的定义便可将两者进行区分。例如，同样是创意形象，获得“昭苏县旅游商品创意设计大赛金奖”的“乌孙和亲”吉祥物形象，与全球风靡的动漫形象“机器猫”、哆啦 A 梦一样，经过时尚的设计方法进行创意转换。“乌孙和亲”来源于中国外交历史文化——“受到某群体广泛认知，并形成思想与行为系统的”文化，所以我们称“乌孙和亲”为文创形象，而后者为创意形象。

二、文创产品与旅游纪念品的区别

在很大程度上，文创产品以旅游纪念品的形式进入市场。由于本土文化往往通过旅游业进行传播，所以多数源于“本土文化”的文创产品具备旅游纪念品属性，可以认为是旅游纪念品，也是近几年旅游纪念品行业的生力军。而旅游纪念品还包含着传统的各类具有本土化特色的产品，如手工艺品、土特产礼品等。

三、文创产品与艺术衍生品的区别

文创产品的分类将在下文中提及，其中“IP 衍生型”文创产品，同时可以理解为以“文创内容”为核心的衍生品，与艺术衍生品有部分交集。我们可以将艺术衍生品简单分为“直接衍生”与“创意衍生”两类。当艺术作品本身负载“文化”的情况下，进行“创意衍生”所产生的产品，等同于文创产品。而“直接衍生”型的艺术衍生品，或艺术本身不具备本文中的“文化”概念时，艺术衍生品不可定义为文创产品。

理论链接

文创产品，存在“文”和“创”层面的附加值，是文创产品和其他产品最本质的区别。旅游文创商品的灵魂是文化。旅游文创商品依托当地的历史人文资源，挖掘出具有独特性的突出元素，提炼出具有市场价值的文化符号，创作出具有灵性的产品，其精髓在于通过创意使“静态的文化活起来”。一件商品就是一种文化、一个故事，一件商品犹如一部“纪传体小说”，将具有当地特点的历史人文等以实物的形式呈现给广大游客。我们通过对当地特色文化内涵进行主题转化和融合，同时赋予游客对当地文化具有关联性的想象空间，使游客带走的不仅是一件商品，更是一种文化。

旅游是生活方式，科技是后台支撑。高新科技、高新材料在旅游商品和旅游产品开发中的作用是显而易见的。旅游文创商品的研发，无论是材质运用，还是工艺水平，都需要与高新技术相结合。我们不但要在视觉、触感和文化交互上体现出高端的品质体验，还要在工艺、材质和商品包装上融入现代科技，使传统的旅游商品散发出新理念，使游客的体验和参与成为旅游文创商品研发的重要环节，旅游文创产品的发展有以下几种趋势。

一、中国旅游商品正在向全品类扩张

中国的旅游商品在很长一段时期内发展缓慢，其主要原因是人们对旅游商品的狭隘理解。由于种种原因，人们误把纪念品、工艺品、农副产品理解为全部旅游商品，而人们生活所需的生活类工业品并没有被纳入旅游商品中，以至于我国的旅游商品店主要是旅游纪念品店、工艺品店和农副产品店。

由于年轻游客群已经成为当今旅游时代的核心消费主体，受其消费特征的影响，旅游纪念品在旅游商品中的比重逐年下降，游客对“华而不实”的工艺品的兴趣是逐渐降低的，购买量也逐年下降。所以为了满足游客的需求，向全品类的大旅游商品发展成为旅游商品发展的必然趋势。

二、中国旅游商品正在向生活化发展

旅游商品在开发上主要强调文化、科技特征，从文化、科技角度去设计、研发、销售旅游商品，但片面强调文化，忽视商品实用功能，会造成印有景区图案、标志或者著名景观造型的商品比比皆是，呈现出游客购买量不大却“叫好不叫座”的现象。缺乏具有鲜明个性、旅游价值、实用功能的创新型产品，已不能满足现代人的生活方式，无法激发年轻游客的购买兴趣。近年来，故宫博物院更加注重研究人们的生存方式和生存状况。例如，分析人们在日常生活中喜爱哪些文化元素，分析人们在以什么方式和手段接受文化信息，分析人们如何利用“碎片化”的时间，分析不同年龄段观众的差异化文化需求。其根本目的是通过更生活化的商品载体，引起文化传播的共鸣。

三、中国旅游商品正在进行互联网（IP）化升级

IP 化产品内容是有层次的、丰富的，可以进行个性化生成和演艺。相对于传统的旅游纪念品，IP 化的旅游商品内涵发生了很大的变化，传统的旅游纪念品多以特色文化下的造型、工艺为设计重点，而 IP 化的旅游商品将差异化、人性化的内容附着在产品上，以价值观、故事、功能、形象为支撑要素。IP 化的旅游商品兼具使用功能和审美功能，拥有人性化和情感化的因素，可潜移默化地影响游客的生活态度和价值取向。故事引发共鸣，IP 化的旅游商品必须有故事可讲，以故事内容来丰富品牌的文化内涵，让游客领悟生活中的某些事理时与商品品牌产生共鸣，感受对旅游商品的情感依托，让

旅游纪念品变成“有故事”的物品。功能仍是旅游商品重要保障，IP 化的旅游商品开发集功能性与趣味性为一体，让功能主导设计，强调创新实用功能，不仅让游客感觉有情趣，并获得高品质的实用体验。引爆性的可视化形象是 IP 化旅游商品开发的切入点，旅游商品作为旅游目的地展现的实物，需要有特别清晰的形象特征，便于吸引游客的注意力。

课堂训练
KETANG XUNLIAN

请分析旅游纪念品和旅游文创商品的不同。

生产性实训任务

SHENGCHANXING SHIXUN RENWU

《陶器煮意》创业项目

《陶器煮意》是“互联网+大赛参赛”的休闲体验项目，它以特色“古陶煮茶”品茶方式为依托，通过使用特制坭兴陶进行特色煮茶饮茶，传播一种以“古陶、布衣、煮茶”为休闲情景的、与时俱进的古韵生活态度和情趣。该项目利用互联网开展线上到线下（O2O）互动运营，在此情景下进行坭兴陶、六堡茶、棉麻服饰及广西特产等商品的营销活动。

该项目从建立和运营“陶器煮意”形象店起步，同步建设微信公众平台、进行文化包装；在各大搜索平台（如百度、360、搜狐等）上传播《陶器煮意》旗下的坭兴陶文化，让更多人了解并喜欢《陶器煮意》。

《陶器煮意》煮茶店的线下形象店的具体选址为：四星级以上餐饮企业大堂的住店旅行社营业部、机场候机厅等高端游客等候区、高铁站 VIP 候车室以及旅游休闲度假区等处。《陶器煮意》充分利用人们在旅行中等待的时间，借用免费品茶的机会向顾客推广《陶器煮意》的古韵生活方式，在销售陶器、茶叶、服饰的同时获得关注和一定的粉丝，配合网络营销，实现最后的商流转化。

该项目以形象店为基础，树立《陶器煮意》的品牌形象，随后在全国各地进行品牌连锁推广。

任务：完成你心目中的新《陶器煮意》项目设计，并制作 PPT。

第 16 讲

旅游新业态及其创新营销

学习目标

XUEXI MUBIAO

通过本讲的学习，学生应能够达到以下学习目标：

1. 了解和认识新旅游业态与新旅游业态下的企业营销创新思维；
2. 学会适应新旅游业态的发展及其营销策略，进行创新性市场营销训练；
3. 培养良好的服务意识、创新意识以备进行旅游企业新旅游业态下的营销服务。

理论概要

LILUN GAIYAO

2015 年 1 月 15 日，全国旅游工作会议在江西南昌开幕。该工作会议指出：2014 年旅游业实现平稳增长，国内旅游 36 亿人次，增长 10%；入境旅游 1.28 亿人次，下降 1%；出境旅游首次突破 1 亿人次大关，达到 1.09 亿人次；全年旅游总收入约 3.25 万亿元，增长 11%；未来十年要大力开发新产品、新业态，促进旅游消费的转型升级。会议提出主要从以下五个方面促进旅游消费转型升级。

第一，全力推进乡村旅游。要重点支持一批有条件的乡村发展特色旅游，带动广大农民增收致富；要干出样子、走出路子。

第二，积极开发休闲度假产品。①实施旅游精品工程，完善 5A 级、4A 级景区创建，提升观光旅游品质；②在省级旅游度假区中，选择一批符合条件的，正式认定为国家级旅游度假区；③落实《国民旅游休闲纲要（2013—2020 年）》的内容，制定国家级旅游休闲区标准，开展创建国家级旅游休闲区试点工作；④鼓励各地积极开发市场需求旺盛的温泉旅游、滑雪旅游、邮轮旅游、滨海旅游、山地旅游、森林旅游、生态旅游等休闲度假产品；⑤支持各地推出一批高品质的主题公园和旅游演艺节目。

第三，培育大众化旅游消费新热点。①围绕全国重点旅游城市，建设一批自驾车、房车营地，推动完善自驾车服务体系；②推动建设一批中医药健康旅游示范区；③鼓励有关部门开展“读万卷书，行万里路研学旅游”活动等，建设一批研学旅游基地，推进研学旅游全面开展；④完善老年旅游服务规范，建设一批适合老年人的养生度假产品；⑤鼓励各地通过财政补贴等方式，为青少年研学旅游、老年人旅游购买旅游意外保险，让青少年、老年人放心出游。

第四，深入挖掘旅游购物潜力。①实施中国旅游商品品牌提升工程，建设一批中国旅游特色商品名单，引导旅游购物；②做好农副产品通过乡村旅游渠道或互联网店商销售；③与财政、税务、海关等部门共同落实好入境游客购物退税政策，提高入境游客购物消费水平；④办好中国旅游产业博览会、中国国际旅游商品博览会和农村妇女手工艺编织品展。

第五，积极发展红色旅游。制定红色旅游经典景区旅游行业标准。开展“铭记历史，圆梦中华”的红色旅游主题宣传活动，举办红色旅游讲解大赛，组织红色旅游进校园，举办全国大学生红色旅游线路设计大赛，举办首届革命老区红色旅游展销会，推进红色旅游的国际交流与合作。

由此，中国旅游新业态首次出现在官方文件中，旅游新业态的外在形式是指经营形态，但经营形态是依据需求形成的。需求是内在动因、是效能，而经营形态是外在结果、是形式。

旅游新业态是旅游企业顺应游客消费心理和消费行为特征的变化，转换经营方式继而改进组织形式、盈利模式和经济效率后，旅游企业在旅游市场上的新的存在方式。这种存在方式涉及资源（自然、经济、人力、环境）的合理利用，是形态与效能的有机统一。

旅游新业态的“新”是相对“旧”或“老”而言的，即有新的需求，产生了新的经营形态，企业可通过调整提供产品服务的方式来适应新需求变化。旅游企业不仅要满足游客的需求，关注自身的经济利益，而且要满足相关者的利益，不能损害当地社会、生态、文化等方面的利益。由此，改变经营方式的旅游集散中心产生了。“新”主要体现在以下三个方面：

一是旅游服务的新业态。不同的旅游形式会有不同需求的消费群体。一些新的旅游形式的出现，促使提供旅游服务的新业态的产生。旅游企业利用自身资源、信息和专业优势，为企业提供量身定制的旅行服务包。旅游企业正在从产业链的消费环节向生产环节移动，并进入社会生产的各个环节，提供全面的、多样化的旅游服务，或为游客提供个性化的服务以实现旅游要素的整合：节省了游客的时间，从而改善旅游体验，提高服务效率。旅游企业由提供单一的旅游要素服务向提供综合要素服务转变，并实现了整个旅游产业的互利共赢。

二是实现产业融合。例如，旅游电子商务就是旅游业与信息产业的融合，从而实现跨越式发展以获得竞争优势。旅游过程的任何环节都可能会产生新需求，需要其他产业提供相应的产品和服务，具备旅游产业与其他行业融合的机会，是旅游业将其他产品集成到旅游产业链上来的结果。旅游电子商务是围绕旅游活动进行的，提升了旅游产业链的价值。例如，为更好地解决分时段度假，旅游业将房地产业及酒店业的产品及经营方式相结合。为进一步开辟旅游业的新市场及增加其他产业链的价值，我们也可以把旅游业融入其他产业链中，例如，医疗旅游就是一种具体的融合方式。供给需求因素的相互作用，会激发旅游产业边界的扩展，以吸引其他产业的人才、资金、技术等资源融入旅游产业。我们要不断创造条件形成产业融合的新业态，以提高企业效率，增强企业跨界协作的竞争力。

三是产品的创新。旅游新业态以旅游者为导向，依靠科技手段进行产品融合和创新。其为旅游业的发展注入新的活力，使旅游业进一步渗透到其他产业，有利于国际竞争，以满足多样化国际旅游需求。

第一节　旅游新业态概述

导入案例

公主邮轮营销案例

公主号邮轮是嘉年华邮轮集团公司旗下的顶级邮轮品牌。为推广其日韩航线，自2015年5月起，盟博（UM）广告联手新数网络（WiseMedia），为公主号邮轮发起一轮线上营销，旨在加深消费者对公主号邮轮的品牌认知。

线上营销的目标是树立公主号邮轮在国内市场的品牌形象，促进旅游航线的销售。

线上营销的目标受众是有邮轮旅游需要且注重生活品质的中产阶级人群。

一、投放初期

1. 各种数据应用

公主邮轮营销案例主要使用了两种数据，首先针对符合本次投放要求的群体发起采购，如航空公司、海外旅游局、酒店、中高级汽车关注者等；其次，通过电信数据，找出近期搜索过邮轮旅游、日韩游、机票信息、邮轮线路等关键词的用户，并对他们发起竞价。

2. 白名单媒体应用

我们精选艾瑞网（iWebChoice）中排名靠前的旅游类、生活方式、时尚、新闻资讯等类型的网站，再加上门户网站的旅游频道形成白名单。

在实际竞价操作中，数据应用与白名单媒体应用两种策略实现了交互使用；当符合行为要求的用户在白名单内的媒体中出现时，竞价系统会给出较高的价格，以保证较高的胜出率，牢牢把握对这部分用户的广告展现机会；而当一个普通用户出现在白名单中时，竞价系统则只会给出底价或轻微溢价，以保证预算的最优化配置。

二、优化阶段

本次公主邮轮的营销案例，采用了多种推广渠道，包括搜索、优质媒体直采、信号处理（DSP）、社会化媒体等。如果能将这些渠道贡献的流量进行整合、管理和应用，将会发挥更大的价值。为此，新数网络与公主邮轮进行了深入的代码合作，获取了大量极有价值的一手数据，并应用在实际优化中。

新数网络采集了来自搜索、推荐、硬广告、自然到访等全部来源的访客数据，在投放系统后根据用户的访问深度，给出不同的素材及竞价策略，让广告投放更加智能。

三、素材优化

在本次投放中，新数网络根据长期的运营经验，为广告主提供了以下三类素材。

1. 普通素材

普通素材的内容为热销的“邮轮航线+激励措施”。新数网络针对没看过广告的访客，设置每天 3 次的展示限制。

2. 重定向素材 A

针对通过各种渠道浏览过网站但未注册的访客，素材的内容更加突出“注册奖励”，且设置每天 5 次的展示限制。

3. 重定向素材 B

针对不同类型的注册用户，素材内容突出热门航线，频次则控制在 2 次以内。

在素材策略的基础上，WiseMedia 结合灵活的溢价策略，从海量的请求中高效地定位目标人群。

四、执行过程

第一，在旅游、时尚、生活方式、新闻资讯等精选媒体范围内精准定位目标人群，再用多套创意素材进行兴趣试探。

第二，进行实时效果优化，逐渐将投放渠道变窄，选出表现优秀的数据颗粒、媒体、受众细分、时间、地域、频次，做出合理的溢价策略。在后期将投放扩大至表现最优的策略组合，确保投放效果稳定。

五、效果总结

截至 2015 年 8 月，该项目各项投放指标表现优异：①项目曝光次数超过 2 亿；②到站成本低于 2 元，仅为计划值的 65%；③访客质量优良，访客平均停留时长达 97 秒。

案例解析

在我国旅游市场体系日趋成熟、旅游产业规模逐步扩大、旅游产业结构更加优化、旅游产业能级不断提升、旅游产业运营机制更为完善的同时，中国旅游业的多样化发展趋势也进一步加强，新兴旅游类型或旅游新业态也开始相应地大量涌现。它们在原来传统旅游业的基础上经过产业间不断发展、演变、融合、创新，进而逐渐成为构建整个“大旅游业”的新业态。邮轮旅游是一个典型的新兴旅游新业态的表现。

早在 19 世纪 30 年代，邮轮旅游就开始从邮轮这个交通工具的作用中解脱出来，被赋予了更多旅游度假的意义，邮轮更是曾被称为漂泊在海上的度假村。随着经济水平的不断提升，人们对旅游度假的期望也在不断提升，邮轮旅游也被赋予了更多含义和功能。现代邮轮旅游成为一种复合型的旅游产品，被称作新的旅游目的地。现代邮轮旅游可以带着游客在不同港口停留，让消费者享受集餐饮、住宿、旅游、观光、购物于一体的全方位旅游体验。

近年来，我国的邮轮旅游项目增长趋势明显，我国消费者开始逐步接受并热衷于选择邮轮出游。旅游业态创新是与我国的旅游业转型升级战略密不可分的。促进旅游业的转型发展和升级换代，实现旅游业又好又快发展，从而把我国从“旅游大国”建设成为“旅游强国”，是现阶段我国旅游业面临的一项迫切任务。

我们以武汉中部对外经济技术合作集团有限公司（以下简称“武汉中部集团”）的教育开发为例，这是一家以国内外招聘流程外包（RPO）服务及高端人才资源服务为核心，集职业教育、教育投资、职业技能培训、校企合作运营管理、教育产品研发、教育信息化产品生产销售等业务于一体的综合性企业。公司前身是2004年武汉市劳动局创立的一家国有企业，2007年其由国营单位改制为全资民营企业，2018年公司扩大经营成立集团公司，简称“武汉中部集团”。该公司近年来不断加大国际邮轮乘务管理专业的合作办学力度，目前与全国9个省（自治区、直辖市）40余所高等院校开展校企合作，加快师资招聘和培养速度，以适应越来越旺盛的邮轮旅游用人需求。

邮轮旅游起源于欧美国家，对国内游客来说是“舶来品”。其特有的产品属性和服务特色，对国内游客而言是一种全新的旅游体验，也能够更好地满足国内游客不断提升的对旅游品质的需求。相关数据显示，2017年中国内地全年共接待国际邮轮5 807艘次，全年接待出入境游客1 813.54万人次。

母港是提供邮轮始发泊位，使邮轮得到修整和给养补充、人员轮换的基地型邮轮码头。2008年中国接待母港邮轮的城市仅有上海和天津，接待母港邮轮出入境游客分别为48 296人次和9 000人次。2017年中国接待母港邮轮的城市则包括上海、天津、大连、海口、烟台、厦门、青岛、舟山、深圳等，接待母港邮轮出入境游客共计741.41万人次。中国有更多的港口城市致力于发展邮轮经济中的母港经济，中国邮轮产业已具备了一定的规模；中国邮轮港口与世界其他港口的联系越来越密切，中国邮轮经济在世界邮轮经济中的地位在逐步上升，对世界邮轮产业发展的贡献与日俱增。

一、我国邮轮行业的不足

以天海邮轮为代表本土邮轮公司相继组建，参与市场竞争。目前，天海邮轮“新世纪”号、钻石邮轮“辉煌号”、渤海邮轮“中华泰山号”等本土邮轮在中国市场运营，发展前景广阔。但由于我国邮轮行业起步晚，经营管理的水平和经验都有待提升，而中国邮轮市场特有的包船模式也给其带来负面影响，所以本土邮轮公司与国际邮轮公司的差距仍然较大；另外，国际邮轮公司加快了其在中国市场的本土化进程。在其提供的产品和服务中，国际邮轮公司融入了更多的中国元素，甚至专门为中国游客量身定制产品。例如，诺唯真邮轮公司的“喜悦号”、公主邮轮公司“盛世公主号”等，从船舶设计、服务语言到特色餐饮、娱乐活动等，都提升了针对中国游客的定制化水平。

制约中国邮轮业进一步发展的另一大问题，是航行线路和目的地过于单调。常规的邮轮旅行通常由母港出发，最后再回到母港，途中有几天是在海上航行，另外几天则在目的地港口停靠，游客可以下船游览当地风光。在中国，从邮轮母港上海或天津出发，较近的外国目的地较少，这种地理条件对邮轮线路的多样性构成了限制。

二、我国邮轮消费的特点

相比于19世纪30年代的邮轮旅游，现代的邮轮旅游的含义更为丰富、内容更为具体，邮轮消费的特征也非常明显，具有以下两个方面特点：

（一）多元化消费

现代的邮轮旅游是集餐饮、住宿、旅游、观光、购物于一体的全方位旅游体验，将会往返于多个国家和地区，邮轮旅游过程中将会受到各个国家的入境政策、风土人情、货币汇率、保险要求等因素的影响。同时，邮轮旅游还需要在到港后提供观光服务，与当地旅游地接服务的衔接关系也非常密切。以上这些多元化因素决定了邮轮旅游具备多元化消费的特点。

（二）高风险运营

现代的邮轮旅游被赋予了更多旅游度假的意义，也带来了传统旅游项目不具备的运营风险因素。整个邮轮旅游消费的运营时间比较长，从预订到出行会经过很长一段时间，让邮轮旅游消费面临时间风险；其客源数量不可控制，让邮轮旅行社面临舱位无法预订空仓的经济风险；海上航行不可确定因素很多，旅游者可能会遇到安全风险等。

理论链接

一、旅游新业态产生的动因

（一）旅游消费需求的转变

随着社会经济发展水平不断提高，人们的物质文化生活日益丰富，结构单一、纯粹以观光为主的旅游形式已不能满足游客多样化的旅游消费需求，如何应对旅游者多样化的旅游需求成为旅游业在新一轮发展中急需解决的难题。首先，快速的生活节奏、巨大的工作压力，使得休闲旅游项目迅速走红，成为旅游业发展的新方向；其次，旅游消费者对于个性化旅游产品的需求也越来越旺盛，促使旅游产品市场不断细分，像乡村旅游、红色旅游、自驾游、温泉旅游等主题旅游应运而生；最后，旅游网上销售、互动和沟通平台等电子技术的引入，在促进旅游业发展的同时，也使得旅游企业之间的竞争更加激烈，残酷的竞争环境更催生了旅游业态的多样性。

（二）旅游体验性的要求

将更多的体验项目纳入旅游产品当中是当今旅游发展的主要方向。尤其国民休闲时代悄然到来，旅游者对于旅游产品的品质及旅游活动的体验性提出了新的要求，旅游企业一方面要在旅游产品、销售渠道等方面推陈出新，跨行业重组和融合，才能丰富游客的旅游体验；另一方面，旅游业只有与第一、第二产业融合，才能催生更多新颖、令人难忘的旅游项目，以增强旅游的体验性。旅游体验性的要求加速了旅游业态的多样性。

3. 经营者对利润的追求

旅游业涉及的范围比较广，旅游业在与其他产业融合的过程中，发展潜力巨大，不仅可以与其他行业产生协同效应、分散风险，还能增强资源利用的可持续性。在这个过程中，企业可以获得更多的利润，在一定程度上促使旅游业态多样性的产生。如无锡中视影视基地作为与旅游结合成功的案例，在全国掀起了影视旅游的热潮；金融、保险业也尝试着与旅游结合，推出各种与旅游相关的金融产品。

二、旅游新业态类型

上海师范大学的教授张文健从业态的功能和效用的角度，将旅游新业态划分为集聚型、专业型、在线型、复合型、衍生型和准公共型六种基本类型，如表 16-1 所示。

表 16-1　旅游新业态的六种基本类型

业态类型	业态效能	业态举例
集聚型	综合带动效能	主题公园、旅游度假区、旅游创意产业区
专业型	分工细化效能	租车服务公司、旅游咨询公司、会展公司
在线型	网络技术效能	携程、艺龙、去哪儿、芒果网、淘宝网
复合型	融合促进效能	旅游房地产、旅游影视基地、旅游演艺
衍生型	细分延展效能	品牌经济型酒店、精品酒店、酒店式公寓
准公共型	整合推广效能	旅游集散中心、工业旅游促进中心

（一）集聚型旅游业态

集聚型旅游业态是旅游企业依托旅游资源在一定空间内集聚而形成的一系列组织形式、运营形式、产品形式等的综合概念。旅游产业集聚与旅游产业集群现象是集聚型旅游业态的主要表现形式。旅游者在集聚型旅游业态所在的旅游目的地可以进行一次完整的深度旅游体验，具有较多的旅游产品选择。

目前，我国集聚型旅游业态已经得到一定程度的发展。旅游企业（如酒店、旅游商店等）最初在旅游景区、景点周围逐渐形成集聚区。随着经济的发展，旅游业对自然旅游资源的依附性逐渐降低，诸如主题公园、旅游度假区、旅游创意产业区、商务旅游区、现代旅游服务业集聚区等逐渐兴起，这些旅游资源成为新兴的旅游产业集聚核心。

（二）专业型旅游业态

专业型旅游业态就是旅游组织为了适应市场需求变化，通过市场细分与定位，向目标市场提供专门的产品或服务而形成的新的旅游要素组合和经营的形式。

专业型旅游业态在我国已经得到一定程度的发展，目前国内存在的专业型旅游业态包括租车公司、自驾车俱乐部、旅游商务会展公司、专业旅游咨询机构等。旅游市场格局的变化为专业型旅游业态的发展提供了良好的机遇，专业型旅游服务企业迅速发展。截至 2008 年年底，全国汽车租赁市场营业额约为 22 亿~30 亿元，仅北京、上海、广州、西安四地的汽车租赁公司已达 2 000 多家，可供租赁的车辆有 20 多万辆。

（三）在线型旅游业态

在线型旅游业态的出现是网络信息技术和现代市场需求相互作用的结果，它致力于为游客提供便捷、顺畅、有价值的在线预订服务，并通过互联网信息的自由传播模式和网络平台预订机制，为旅游者提供更加多元和便捷的出游选择，从而打破了旅行者的传统出游方式，颠覆了旅游企业的传统经营模式。

在当前市场形势下，一大批在线型旅游企业蓬勃发展。携程旅行网作为中国领先的在线旅行服务公司，成功整合了现代信息技术与传统旅游行业，向超过 3 700 万会员提供集酒店预订、机票预订、度假预订、商旅管理、特约商户及旅游资讯于一体的旅行服务，被誉为互联网和传统旅游无缝结合的典范。另外，近年来受到大家广泛关注的还有旅游垂直搜索类网站，如去哪儿网、酷讯网等致力于为消费者提供专业旅游信息的深度搜索服务，提供高质量的旅游信息和最全面的价格比较信息，凭借其信息整合平台的超强价值，正在成为旅游需求用户获取信息和预订产品越来越重要的渠道。

（四）复合型旅游业态

复合型旅游业态，是指旅游企业基于其发展战略及自身实力与市场的匹配程度，同时经营两种或两种以上的业种，从而通过资源合理配置和资源共享获得合力效应的经营模式。

中国旅游业早已跳出了传统旅游业的单一发展模式，现已通过产业之间的相互融合、渗透，形成了涵盖各种新业态的现代旅游业，涌现了一批新的旅游产业模式和形态，而最能代表和反映这一状况的就是旅游房地产和影视旅游基地的兴起。随着经济持续增长，人们对生活质量的要求逐步提高，以旅游和房地产相结合的旅游房地产业持续升温，同时加上分时段度假项目的推动，进一步加快了旅游房地产的发展。到目前为止，国内涉足旅游房地产领域的公司已超过 100 家。

（五）衍生型旅游业态

衍生型旅游业态是由传统旅游业态针对市场需求的变化和细分，及时调整、改变、分化、派生而来，其具有传统母体业态的某些核心特征，但又以自身特有的新理念、新技术、新方式与传统母体业态有所区别的业态类型。

衍生型旅游业态既继承了传统旅游业态优势又具有新型业态的特征，较好地适应了市场需求，因此发展迅速。“食、住、行、游、购、娱”六大旅游要素产业均有不同程度的衍生，其中旅游饭店业的演化具有比较典型的“衍生”特征，例如，较早出现的度假酒店、会展酒店以及新兴的经济型酒店、精品酒店、酒店式公寓等。而经济型酒店的发展更能很好地代表衍生型旅游业态的发展现状。经济型酒店的前身是传统星级酒店，是在市场竞争激烈、市场细分加速进行的大背景下，为满足大众的中低端商务市场需求而形成的酒店业态。经济型酒店在资本市场的推动下和企业家创新精神的引导下，通过规模化发展、网络化布局和品牌化成长，已经成为一支独立的商业力量活跃在中国的旅游住宿产业的广阔空间里。在激烈的市场竞争中，经济型酒店的专业品牌的市场效益日益呈现并不断强化。经济型酒店在满足日益增长的大众需求方面发挥了积极作用，其市场前景广阔，成为行业新的增长点，并实现了酒店行业形象的整体提升。

（六）准公共型旅游业态

准公共型旅游业态是指由政府或其他组织（企业、非营利组织等）运作，提供具有明显公共性质的、能够满足旅游者共同需要的产品和服务，但不排除向具体服务对象收取一定费用，或通过商业化手段经营的运营形式。准公共型旅游企业主要包括旅游集散中心、工业旅游促进中心、旅游人才交流中心、旅游会展推广中心、旅游咨询服务中心、旅游纪念品产业发展中心及创意产业中心等。

课堂训练

KETANG XUNLIAN

请根据你对旅游新业态中“服务的新”“产业的新融合”“产品的创新性”的理解，针对这三个“新”，策划一个主题为“你的家乡开展乡村旅游”的市场营销方案。

第二节　旅游新业态市场营销策略

导入案例

美丽南方田园综合体

2017年，位于南宁市西乡塘区的“美丽南方田园综合体”通过自治区国家农业综合开发田园综合体建设试点项目答辩，成为国家田园综合体建设试点项目。美丽南方田园综合体规划面积70平方千米，其中耕地面积为6.2万亩（1亩≈0.000 67平方千米，下同）。目前，规划区内建成自治区级现代特色农业示范区3个，入驻企业60多家，各级财政资金累计投入近8亿元，吸引社会资本投入18亿元，建成了优质蔬菜基地、龟鳖养殖加工生产、葡萄种植及葡萄酒生产、青瓦房民俗风情古村落体验等生态农业、休闲农业、创意农业项目等48个。有的村民把土地和闲置老房屋流转给企业，有的自己开起了农家乐，有的做起了自行车租赁、民宿等生意，人均年收入实现翻番。带头在景区开设农家乐的村民梁安芝，家庭年收入达20多万元。广西胤龙生态园农业开发有限公司在百果园内种上四季水果，供游客亲手采摘；在蔬菜园内种植30多种蔬菜，让市民体验收获乐趣；开辟马场，引进蒙古高头大马，让游客策马扬鞭。

美丽南方田园综合体充分利用田园景观、自然生态及人文资源，进行农事体验、创意农业、农耕文化、休闲旅游等多种实践。最终，美丽南方田园综合体凭借深厚的文化底蕴、突出的区位优势、明显的产业特色和扎实的科技基础，成为国家首批田园综合体试点项目。

案例解析

2017年4月，习近平总书记在广西考察时指出，广西生态优势“金不换”，要做好现代特色农业这篇文章。西乡塘区用好2.25亿元田园综合体农发专项资金，统筹整合各级财政资金及社会资金共计14亿元，以完善农业生产、农业产业、农业经营、乡村生态、公共服务和运行管理“六大体系”为重点，全力推进美丽南方田园综合体建设。

一、夯实基础，完善农业生产体系

西乡塘区将利用田园综合体农发专项资金2.25亿元，分三期建设5.8万亩高标准农田；积极整合各级涉农资金和社会资本，完善水利、道路、供排水等基础设施，实现综合体内农业生产体系的功能提升。

二、突出特色，完善农业产业体系

西乡塘区大力推进“农业+文创+旅游+养生”等新模式新业态，形成一、二、三产业深度融合发展，重点抓好圣名岭生态康养、老商埠古村落保护传承、广西药用植物园等项目建设。

三、培育扶持，完善农业经营体系

西乡塘区继续通过农业贴息贷款、先建后补、以奖代补等形式，扶持壮大农业经营主体；通过土地流转、务工、农业基础设施入股等方式，推进农民收入结构多元化；继续加大与阿里巴巴“农村淘宝”的合作力度，加快与美团、携程旅游等线上运营平台洽谈合作，实现产业增效、农民增收。

四、绿色发展，完善乡村生态体系

西乡塘区重点实施灌溉、水体连通、水环境治理、生态廊道建设等工程；大力发展“渔业—畜牧—沼气—水果”“养鱼—蔬菜共生”等生态循环农业。

五、提升功能，完善公共服务体系

西乡塘区大力实施通信网络提级改造、智慧农业、全域旅游、科教文卫设施配套、商旅设施配套、乡村基础医疗卫生保障、科技实用人才创业就业、生态环境提升八大工程，努力提升美丽南方田园综合体的公共服务质量。

六、携手共管，完善运行管理体系

西乡塘区综合运用先建后补、贴息、以奖代补、风险补偿金等形式，与广西投融资集团等金融企业合作成立农业产业担保基金，预计可为超过30家农业企业和550户农户筹集资金3亿元以上。

七、擦亮“金字招牌”焕发产业活力

“美丽南方”是西乡塘区的“金字招牌”。通过三年建设，美丽南方田园综合体将形成“一轴两翼三带八区”总体发展格局。“一轴”即沿县道的园区交通和发展主轴；“两翼”即以县道为界划分为南北两翼，南翼侧重发展创意农业、农事体验、精品农业，北冀重点发展特色高效农业、生态康养农业；“三带”即以高端、高质、高效为特色的精品农业体验带、以南方秀美田园风光和乡村风貌为特征的生态乡村体验带、以自然山水为特征的自然风光体验带；“八区”即创意农事体验区、智慧农业展示区、高效农业集中区、特色养殖集聚区、加工物流集散区、循环农业示范区、传统村落保护区、生态农业康养区。

理论链接

一、旅游新业态的特征

（一）高度创新性

旅游新业态产生于成熟的传统业态之上，是对传统业态的改进和创新，那么旅游新业态的关键就在于“新”。这种新体现在方方面面，包括旅游者新的出行和住宿方式、新的旅游理念、旅游活动及旅游形式；旅游企业推出新产品、开辟新的市场、形成新的组织等。总之，处于转型和高速发展时期的中国旅游业，在发扬中国民族特色的同时，合理地借鉴和学习国外先进的管理经验，对旅游业经营活动的对象、内容、方法手段等持续地推陈出新，衍生出了丰富多样的新型业态。

（二）高度复合性

旅游新业态的复合性首先表现为旅游产业与其他产业的融合。例如，旅游业与制造业的融合形成的旅游装备制造业；旅游业与农业的融合形成的农业观光旅游。其次是旅游业各类业务的融合。例如，旅游住宿与交通业务融合而成的邮轮旅游，旅游休闲观光与娱乐业务融合而成的主题公园。最后是旅游业与其他组织功能的融合。例如，旅游与医疗相结合形成的康体、疗养型旅游。

在新业态下，旅游业不断地与不同行业、不同旅游业务相融合。旅游要素的聚集，使旅游新业态具有高度复合性，使旅游产业的价值链不断延伸到其他产业，与其他产业的关联性越来越强。旅游新业态的复合性使旅游业的功能不断丰富和强大。

（三）高度信息化

科学技术的发展是旅游新业态出现的重要因素之一。20 世纪 80 年代初期我国一些外资和合资旅游企业开始运用信息技术。到了 20 世纪 90 年代，国际互联网的发展带动了旅游网站的全面兴起，随后又出现了一系列在线旅游运营商。信息技术的迅猛发展和互联网的迅速传播改变了人们的生活方式，也深刻地影响着人们的旅游活动。旅游新业态具有高度信息化的特征。旅游新业态的高度信息化，体现在旅游产业链的各个环节，不仅仅是旅游企业运营行为和旅游者旅游行为的高度信息化。旅游企业内部的沟通、旅游管理部门与旅游企业相互之间的联系和合作以及旅游企业与旅游者之间的交流也都进入了信息化时代。

（四）高度差异化

高度差异化首先表现为消费者旅游需求和消费习惯的差异化。这是旅游新业态产生的重要原因，同时也是其具体表现之一。生活水平的提升以及旅游经历的丰富使得旅游需求的个性化特征越来越明显。其次，高度差异化表现为地域的差异化。每个地区的社会文化背景、经济发展水平不同，旅游新业态在各地区出现的时间就不同。通常，经济越发达地区的人们更易于接受新事物，旅游新业态产生的时间也越早，内容也更丰富。不同地域的旅游资源基础不同，产生的旅游新业态的方向和结果也不同。最后，高度差异化也越来越明显。因为，新业态使旅游产业内部各企业间的竞争越来越激烈，这迫使旅游企业不断地创新和寻求新的出路，以面对不断变化的大环境和旅游者变化的需求。旅游新业态下高度差异化的特征是不可避免的趋势。

二、旅游新业态的营销策略

旅游新业态下的市场营销需要不断的探索和发展，以应对旅游新业态给旅游企业带来的新挑战。下文我们将从营销渠道、产品设计、市场细分以及情感营销的角度提出四种营销策略。

（一）在营销渠道上注重新媒体传播

高度信息化是旅游新业态的特征之一。我国旅游业态也已经进入“散客时代”，自由行的出游方式更加流行。在移动互联和散客自由行的模式下，游客可以利用大量的移动互联 App 实现自己自由行的各流程事项。而在旅游服务业方面，门户网站及论坛日渐衰退，旅行社的传统营销模式也变得效率低下。在这样的背景下，旅游企业以及旅游政府部门的旅游营销在渠道上要重视互联网与自媒体等新媒体传播方式。将产品加入互联网营销平台、与散客通过移动互联积极互动、拥有大数据分析的能力，才能让旅游企业获得更好的发展。

（二）产品设计重视满足高层次旅游需求

满足高层次旅游需求的产品设计，是针对旅游新业态下游客需求变化而采取的营销应对措施。根据马斯洛的需求层次理论，虽然旅游本身就是人类高层次的需求，然而，旅游行为也存在基于旅游的“马斯洛旅游需求层次”，即人们也不再是在旅游过程中追求满足生理、安全因素的“到此一游”。因为，人们所关注的世界的大小会随旅行经验的丰富而扩大，旅游者愿意承担的社会责任也会更多，对自我的要求也会变得更高。其旅行的需求就会上升到如社交、情感甚至自我实现等更高的层次。简单程式化的旅游产品和服务将被旅行者所淘汰。因此，为适应这一趋势，旅游服务供应商必须做出改变，设计出类似于“充满社会责任感的公益旅行”“提升自我修养的游学旅行”等类型的承载着丰富的社会、情感、文化等元素的旅游产品，使其拥有满足游客高层次旅游需求的功能。

（三）动态化市场细分

根据旅游新业态高度差异化的特征，人们对旅游需求的变化越来越大，形式也越来越丰富。那么，旅游服务机构就必须能够及时和准确地针对旅游需求的改变而做出改变，才能精准地选择目标市场，进而有针对性地制定策略和采取具体的行动。而市场细分就是企业达到这个目的的前提和基础。在旅游新业态下，散客的特征貌似无规律且变幻莫测，但实际是有迹可循的；企业利用现代发达的科学和信息技术，可以通过大数据的分析发现其规律。但这对企业的市场细分提出了更高的要求，要求企业的市场细分更加专业和细致。

（四）重视情感营销

在旅游新业态下，旅游企业间的竞争越来越激烈，旅游产品在各企业间能够快速和轻易被复制和模仿。企业之间的竞争超越了基于技术优势的竞争内涵。根据“顾客的情感影响其决策”的原则，满足顾客的情感因素、获得顾客的情感依赖，将成为企业持续保持市场竞争力的关键。因此，企业只有与顾客保持情感上的互动，获得顾客对于企业的信赖才能立足于新业态下。企业在旅游营销的具体实践操作中要做到倡导情感管理理念，加强与顾客情感的互动；在营销中给予顾客人文关怀，通过人性化的沟通和服务与顾客建立长久的合作关系。因此，在旅游新业态下，企业必须赋予产品情感内涵，从而保证顾客忠诚和保持企业持续的市场竞争力。

课堂训练

KETANG XUNLIAN

遨游网以巨资补贴主打青少年暑期修学旅游

遨游网在北京举办“老爸老妈，宝贝喊你去旅游——2014 年暑期产品发布会”，介绍了今年以亲子游为主打的暑期产品——修学旅游。其观光产品根据孩子发展的三个阶段设计出具有不同内容的产品：0~6 岁的“感知”阶段以短线的海岛、游轮、日韩产品为主；7~12 岁的“认知”阶段产品中，短线产品包括中国香港、新加坡游学，长线产品则包括行程含安徒生博物馆的 10~15 天北欧之旅以及至肯尼亚亲眼见证野生动物大迁徙；13~18 岁的“探知”阶段，主推游学和名校考察。

有关数据显示，目前中国 0~14 岁人口已经超过 2.2 亿。越来越多的家长发现，旅行不仅是帮助孩子成长的第二课堂，更是可以用心陪伴孩子的最好方式。中青旅控股副总裁高志权表示，在产品研发上，我们针对不同家庭的差异化需求，提供基于全球目的地的旅游产品，这些产品不仅突出了目的地的独特性，更为亲子活动创造了无限的发挥空间。

为使出境游产品的价格更亲民，遨游网推出了总额高达千万元的优惠政策，如使用银联卡或手机 App 支付，即可享受打折、降价、获优惠券等特权。据统计，中青旅连续五年推行的“中高考成绩当钱用，考多少分抵多少钱”活动迄今已帮助 3 500 名学子实现一生一次的毕业旅行。

思考：分析遨游网的产品推出使用了哪些营销策略。

生产性实训任务

SHENGCHANXING SHIXUN RENWU

《文净斋休闲云社区》项目规划案

——助力复工投建休闲云社区，行动抗疫拥抱北海新零售

2020 年，世界各国遭受了新冠疫情的打击，旅游业首当其冲。在此期间，我们欣喜地看到新发布的：《北海市加快推进品牌建设行动计划（2020—2025 年）》。为响应政府抗疫复工，拥抱旅游新业态的号召，广西文净斋商务服务有限公司紧急规划“助力复工投建休闲云社区，行动抗疫拥抱北海新零售”《文净斋休闲云社区》项目，以实际行动为北海文化旅游市场的复苏和创新贡献自己的力量。

该行动计划显示，为落实《国务院办公厅关于发挥品牌引领作用推动供需结构升级的意见》精神，推动北海市经济社会向高质量发展，根据《广西壮族自治区人民政府关于实施质量强桂战略的决定》（桂政发〔2016〕50 号）、《北海市人民政府关于实施质量强市品牌亮市战略的决定》（北政发〔2018〕13 号）等文件要求，结合我市实际，制定《北海市加快推进品牌建设行动计划（2020-2025 年）》。该行动计划指出要打造特色的“北海特色、北海制造、北海文旅、北海服务”四大品牌，基于我们对该文件的粗浅理解，我们认为基于 5G 时代的北海文旅产业中，需要有一个具有本地标志的云休闲概念企业，才能跟上政府的新旅游业态前进步伐，告别传统思维，创新产业格局。为此，我们决定创办一家新型云休闲社区企业《文净斋休闲云社区》。

本项目的基础为广西文净斋商务服务有限公司的资源和客户群，原公司主要从事文化传播、国学文化培训、企业文化培训、佛事用品销售、工艺品及珠宝销售及其他相关产品销售，已拥有稳定用户群。本项目关注的核心就是地点和环境的变化，其会造成用户群的变化（原来的小众群体扩大至大众群体）。而北海本地用户群体规模并不大，要充分利用地处市中心的优势，必须针对用户群、新项目以及商务模式展开工作。本项目的出发点是：必须跳出原有小众的用户群经营思维，重视线上市场空间，开展电子商务业务并增加经营项目的大众化比例，照顾用户群的下沉市场。

本项目的名称为：文净斋休闲生活云社区，以休闲文化 O2O 社群的形象出现，以此为线下基地，打造北海网红地，通过大众化传播获得边际收益。

《文净斋休闲云社区》项目的信息如下：

（1）项目名称：文净斋休闲云社区。

（2）企划释义：身在巷陌，云享禅意，一个北海文旅休闲领域最具特色的社群和其线下体验地。

（3）企业使命：传统文化民间发扬者、体验者。努力用生活体验传统文化，用生命悟证传统文化。

（4）市场定位：文化生活馆、新零售秀场、未来旅游体验场。

为本讲生产性实训案例——广西《文净斋休闲云社区》项目规划案进行营销设计，并给出新媒体营销方案。

第 17 讲

旅游市场营销的策划与计划

学习目标
XUEXI MUBIAO

通过本讲的学习，学生应能够达到以下学习目标：

1. 掌握旅游营销策划与旅游营销计划的关系；
2. 了解旅游市场营销计划的内容和制订方法；
3. 通过实践锻炼相应的能力。

理论概要
LILUN GAIYAO

旅游市场营销策划并不等同于计划工作，它是为实现某一既定目标而对行动方案进行全面设计，对行动步骤进行衔接协调，对行动结果进行预测应变的谋略活动。旅游市场营销策划为旅游市场计划提供依据，策划是根据营销目标对营销方案的谋划和设计。策划在前，计划在后。旅游市场营销计划是根据被审定的营销的策划方案的要求，对策划方案的事实做出具体的安排。营销策划方案通常是由一系列连贯的营销活动计划组合而成的。

一、旅游市场营销策划

策划是一种策略、筹划、谋划、打算，是个人、企业、组织为了达到一定的目的，在充分调查市场环境及相关联的环境的基础之上，遵循一定的方法或者原则，对未来即将发生的事情进行系统、周密、科学的预测并制定科学的、可行性的方案。旅游企业的营销活动是从营销策划到营销目标实现的完成过程，是在旅游市场营销原理的正确指导下，对将开展的旅游营销活动进行创造性的谋划，并设计出营销活动方案的脑力劳动过程。

二、旅游市场营销计划

旅游市场营销计划是指旅游企业通过对市场发展态势、企业自身地位和企业实例进行分析后，设计出实现旅游企业经营目标的综合性营销方案。旅游市场营销计划是旅游企业指导、协调市场营销活动的主要依据。旅游企业要为每一次的市场营销活动精心准备计划，并分析、预见实施中可能遇到的各种问题，制定防范措施。旅游市场营销计划能够帮助旅游企业制定更符合市场需求的经营目标和营销策略，使企业明确自己的长、中、短期的经营目标，使企业员工以全局的观点对待旅游企业的营销策略和部门利益，减小企业内部摩擦，提高旅游企业的经营效率。

三、旅游市场营销组织

旅游市场营销组织是指旅游企业为了有效实施营销战略，并最终达到企业的经营目标而进行的对内部各组织层次的设计。旅游企业为了能够更好地实施市场营销计划，实现营销目标，在不同规模、定位的企业，设置称谓不同的、具体进行营销活动的部门。

四、旅游市场营销控制

旅游市场营销控制是实施旅游企业营销计划的必要措施，在执行计划过程中必须对营销和销售活动进行调节、管理和控制，市场营销控制是营销部门进行有效运作的基本保证。

第一节 旅游市场营销策划

导入案例

江南水乡，枕“网”而居：乌镇，依托数字化崛起的成功策划

从 1999 年尚未开发的衰败古镇，到 21 世纪初成为享誉国内外风情旅游古镇，其开发模式被联合国专家考察小组誉为“乌镇模式”，乌镇用几年的时间创造了中国旅游的奇迹。乌镇开发模式的经验有典型意义，它在管线地埋、河道清淤、修旧如故、控制过度商业化等方面的成就，一直以来都是全国古镇保护开发中首创或成功运作的典范。

当首届世界互联网大会于 2014 年 11 月 19 日至 21 日在乌镇举办，乌镇又一次用一个顶级策划惊骇了世界。江南水乡，枕“网”而居，是由中华人民共和国倡导并每年在浙江省嘉兴市桐乡乌镇举办的世界性互联网盛会——世界互联网大会（World Internet Conference，WIC），由中华人民共和国国家互联网信息办公室和浙江省人民政府共同主办，旨在搭建中国与世界互联互通的国际平台和国际互联网共享共治的中国平台，让各国在争议中求共识、在共识中谋合作、在合作中创共赢。

案例解析

乌镇的早期营销策划的成功主要归于两点：一是顺应旅游发展趋势，在其他古镇着眼于“门票经济”发展的同时，乌镇立足于“区域经济”发展的目标，进行客源地市场的精耕细作，抓住了旅游发展的先机。二是在于传播上的借势突围，以邀请当红明星做代言人的形式，借势当红明星的人气，在很大程度上提升了乌镇的关注度。乌镇在开发中坚持“历史遗产保护和再利用”，实施了遗迹保护工程、文化保护工程、环境保护三大工程，令乌镇充分再现了19世纪末20世纪初的水乡古镇的风貌，由此形成一个集吃、住、行、游、购、娱于一体的休闲观光区。

在营销传播上，乌镇更是加大了投入，聘请影视明星刘若英做形象代言人，以“一样的古镇，不一样的乌镇”为宣传语，在传播上与竞争对手形成差异，取得了突破性成功。此外乌镇更在不断完善和充实景区品牌文化内涵上进行创意突破，除向世人展示乌镇特有的民居水阁、老宅深巷、船拳皮影和民间作坊以外，还更深层次地挖掘了民间传统文化，把许多鲜为人知的民间节俗、寿俗、礼俗、婚俗、衣俗等和丰富多彩的“蚕文化”推向旅游前沿，让茅盾笔下的“老通宝家乡风情”走出千百年尘封的古镇。乌镇还举办了“第五届茅盾文学奖颁奖仪式”；连续两年举行了民俗风情浓郁的“乌镇香市”，从而获得了媒体及游客的极大关注。2004—2005年，周边各古镇在门票价格提升上大做文章的时候，乌镇却将更多精力用来培养客源市场，因此后来居上，成功超越周边各古镇。

但是，世界互联网大会让乌镇依托数字化崛起，才是更成功的策划。

理论链接

旅游市场营销策划的内容很多，一般包括以下三个方面的内容。

一、产品决策与市场开发的策划

随着大众旅游时代的到来，旅游市场需求与人们的心理和生活方式都处于同步变化中，旅游市场的产品也日益丰富，竞争也日益激烈。由需求带动的产品供给速度也越来越快，在“互联网+旅游”的模式下，旅游市场上一个新产品的出现受到人们的欢迎，随之而来的同质类产品便如雨后春笋般接踵而至，市场很快就处于同质化竞争中，产品市场也很快趋于饱和。

在这种急剧变化、急剧更新的市场上，企业面临着不开发产品就没有生路、产品无特色就没有竞争优势的局面。因此，积极进行产品和市场开发的决策与策划便显得尤为重要。把握产品开发的正确方向，同时在产品的市场进入、市场开发等方面进行认真策划，是企业经营活动不可缺少的基本技能，也是企业获取市场竞争优势的首要环节。

二、渠道决策与市场布局的策划

在现代旅游市场中，旅游产品的推广和营销渠道与产品开发一样重要，产品的销售渠道是产品与受众之间的纽带，在种类繁多、变化极快的旅游产品市场中，销售渠道与市场覆盖率对企业的发展和业务的维系至关重要。

同时，企业对于销售渠道的选择策略，还会在一定程度上影响企业及其产品的声誉，所以企业必须在销售渠道的选择和布局上进行认真决策和策划。销售渠道的选择和策划并不是可有可无的事情，企业不仅要找到能够销售其产品的合适渠道，而且要对怎样能充分利用各种销售渠道进行周密的策划。

三、促销决策与市场扩展的策划

旅游产业是个周期性明显、淡旺季明显的产业。大众旅游时代的旅游市场，与经济发展状况关系密切，有经济晴雨表之称。在竞争激烈的旅游市场中，旅游企业要保持或扩大市场占有率，提高市场竞争力，更需要做好市场扩展和促销策划。

在各种广告活动和促销手段层出不穷的情况下，策划出具有强大吸引力的促销活动，是扩展企业市场、增强竞争实力的重要措施。促销策划的创新意识是至关重要的。要促进企业的销售增长和扩大企业的影响力，企业必须进行精心的设计和周密的策划，才可能取得一鸣惊人的效果，并能最大限度地防止产生负面效应。在企业遇到势均力敌的竞争对手或面临生死攸关的情况时，营销策划便显得更为重要。

课堂训练
KETANG XUNLIAN

请关注乌镇的社会化营销宣传工具，了解其相关信息，撰写上一年度乌镇的旅游营销策划分析。

第二节 旅游市场营销计划

导入案例

事件营销——张家界模式的计划与执行

事件营销模式是指旅游目的地通过参与重大的社会活动或整合有效的资源来策划大型事件而迅速提高旅游目的地及其品牌知名度、美誉度和影响力，促进旅游产品销售的一种营销模式。张家界的事件营销可谓是旅游业界的典范，其效果似乎远远超出了人们最初的设想，从1999年“穿越天门洞”到2010年世博会卖空气，张家界不竭的营销创意一次又一次地震惊了世人，但这种成功的背后，良好的计划与执行是关键。

1999年“穿越天门洞”世界特技飞行表演事件使张家界走出了国门，闻名于世界。

在电影《阿凡达》火爆之时，很多人都想利用这次机会但张家界迅速出击，马上打出悬赏10万元寻找悬浮山的“真迹”的活动，再次引起了世人的关注，甚至很多国外游客就是通过《阿凡达》更加了解张家界，张家界的境外旅游市场得到有力的开拓。

案例解析

这些活动的受众面十分广泛，对不同阶层、不同行业、不同地区或国家都有着很强的影响力。事件营销集新闻效应、广告效应、公共关系、形象传播于一体。纵观张家界的众多营销事件，我们可以看出张家界在活动营销方面做得非常成功，可以为其他旅游目的地提供很好的借鉴。同时，我们可以看到事件营销投入少、产出大、收益率高。

没有良好的计划和实施，这些创意是很难实现的。例如，“穿越天门洞”要周密计划和安排，请来自美国、匈牙利、俄罗斯、捷克、斯洛伐克、立陶宛、德国、法国、哈萨克斯坦9个国家的15名运动员（包括进入世界排名前10位的特技飞行员）的飞行特技演员进行表演。本次活动以其征服自然、具有“前无古人”的“空中芭蕾”让张家界闻名世界。

理论链接

严格来说，市场营销计划是一个统称。从特定层面来说，市场营销计划一般可以分为品牌计划、产品类别市场营销计划、新产品计划、细分市场计划、区域市场计划、客户计划等。从营销计划的长远性和涵盖面来看，市场营销计划可以分为战略性营销计划和战术性营销计划。

战略性营销计划是旅游企业的长远规划，涉及全局性方向问题，诸如旅游产品的开发方向、旅游市场选择、旅游产品组合方式选择、旅游企业规模扩展计划、旅游资源的合理利用、旅游景区环境生态保护等，是旅游企业总体经营规划中的主体部分。战略性营销计划包括战略目标、形象地位确定、营销预算、营销举措。

战术性营销计划是在战略性营销计划既定的前提条件下，为保证战略性营销计划最终实现而制订的具体计划。市场营销部门的战略性营销计划需要以战术性营销计划为基础，如果战略性计划所制订的是一个基本框架，则战术性计划便是这一框架内的阶段性方案。战术性营销计划包括营销目标、营销手段和预算、营销行动方案、营销评价与控制。

企业的整体战略规划确定了企业的任务和目标以及各业务单位的发展战略，就每一个业务单位而言，还必须制订更为具体的职能计划，保证企业市场战略目标的实现。旅游企业营销计划主要包括以下五个方面的内容（图 17-1）。

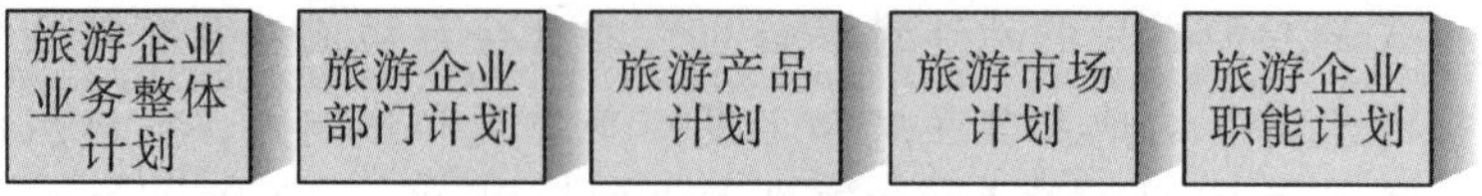

图 17-1　旅游企业营销计划的五个方面

受旅游企业具体类型、规模的影响，市场营销计划的制订没有统一的模式，但大体上都包括以下七个方面的内容（图 17-2）。

图 17-2　市场营销计划制订的七个方面

市场营销计划一般包括以下八个方面的内容。

一、内容概要

内容概要是对主要营销目标和措施做简明扼要的说明。其目的是使高层主管迅速了解该计划的主要内容，抓住计划的要点，一般位于计划文本的前面。

二、营销现状分析

市场营销计划的第一个主要部分是提供与宏观环境因素及市场、产品、竞争、分销等相关的营销状况的简明而明确的分析，位于计划文本中内容概要之后。其具体内容有：分析市场销售状况，了解自身经营变化趋势以及在现有旅游市场中所处的地位；分析客源概况，了解他们对旅游产品购买态度和购买行为；评价自身产品及发展趋势，明确处于旅游产品生命周期各阶段的产品，进而确定旅游企业的营销产品组合和产品开发方向；掌握外部环境中相关因素的发展动向。

三、机会与风险分析

市场营销计划的第二个主要内容是分析市场营销中能把面临的机会和威胁，我们主要运用SWOT分析法进行分析。所谓SWOT分析，即基于内外部竞争环境和竞争条件下的态势分析，分析与研究对象密切相关的各种主要内部的优势、劣势和外部的机会和威胁等。

内部的优势是指旅游企业在某些方面比其竞争对手拥有更多的顾客和更好的资源；内部的劣势是指不如竞争对手的营销因素，如交通和住宿不便的旅游目的地、工作质量低劣和待客无理的员工等；外部的机会是指由于环境变化所形成的对旅游目的地或者企业营销富有吸引力的因素；外部的威胁指由于环境的变化形成或可能形成的对旅游目的地或者企业的冲击和挑战。

四、拟定营销目标

旅游企业营销目标是指旅游企业管理部门，计划在某一特定时期内实现的经营业绩。营销目标一般分为两类：以利润为核心的营销目标，包括利润额、销售额、销售量、市场占有率或者市场份额等；以企业形象和顾客满意度为主要内容的营销目标。

五、营销策略

营销策划是指达到上述营销目标的途径和手段，包括目标市场的选择和市场定位策略、营销组合策略、营销费用策略等。

目标市场：在营销策略中应首先明确自己的目标市场，即企业准备服务于哪个或者哪几个细分市场，如何进行企业市场定位和确定何种市场形象。

营销组合：企业准备在各个细分市场采取哪些具体的营销策略，如产品、渠道、定价和促销等方面的策略。

营销费用：根据上述营销策略确定营销费用水平。

六、行动方案

营销策略还要转化成具体的活动程序，内容包括：要做什么？何时开始，几时完成？由谁负责？需要多少成本？按照上述问题把每项活动都列出详细的程序表，以便进行执行和检查。

七、营销预算

营销计划中还要编制各项收支预算，在收入一方说明预计销售量及均价，在支出一方要说明生产成本、实体分配成本及营销费用，收支差额为预计的利润（或亏损）。高层管理者负责审批预算，预算一经批准，便成为购买原材料，安排生产、人事及营销活动的依据。

八、营销控制

在整个计划实施过程中，建立监控目标实现的机制是非常必要的。这个起[…]用的机制可以提供大量的反馈信息。依靠反馈系统，企业可以及时采取[…]措施。

课堂训练

KETANG XUNLIAN

请关注张家界景区的社会化营销宣传工具，了解其相关信息，撰写关于上一年度乌镇的旅游营销计划的分析报告。

生产性实训任务

SHENGCHANXING SHIXUN RENWU

凌云白毫茶产于广西壮族自治区凌云、乐业二县境内的云雾山中，因生长在常年云雾缭绕的岑王老山、青龙山上，以其独特的性味以及药用价值成为茶中极品。云白毫茶，因其叶背长满白毫而得名。而凌云县位于广西西北部，靠近云贵高原，地势险峻，日照适宜，气候温和湿润，春季和夏季更是“晴时早晚遍山雾，阴雨成天满山云”，冬天严寒，夏无酷暑，年平均温度 19℃～23℃，年降雨量 1 700～1 800 毫米。茶树多生长在 800～1 500 米的群山峻岭上，连片茶园多分布在峡谷溪间，土壤多为高原森林土、有机物质含量高，土壤肥沃，适宜茶树生长。凌云白毫茶也是亚洲唯一能加工出绿茶、红茶、白茶、黄茶、黑茶、青茶六大类茶品的茶树品种，素有“一茶千化”的美名。

白毫六色茶创业项目可以做如下两个方面的创新。

1. 开发六色茶产品

虽然，凌云白毫茶能制作六种茶类，但市面上销量比较多的只有白、绿、红三种。因此，我们将白毫茶的六种茶类进行整合，推出六种茶类齐全的六色茶产品。

2. 设计以“慢直播 & 快视频”为主的视频营销方案

随着 5G 及人工智能技术的快速发展，产品宣传路径多元化更是让直播电商的未来充满无限可能。目前，慢直播的不间断实景直播的成本非常低，非常适合企业进行营销推广。企业在茶工厂和茶园安装高清设备，把茶业制茶过程通过慢直播的形式在抖音平台进行传播，为观众提供身临其境的真实感。同时，大学生创业团队可以提供快进视频的专业制作，这样便可以打造“慢直播 & 快视频”的特色视频 IP，提高企业与产品的信息传播力和影响力。

根据所提供的凌云白毫茶资料与创意营销思路，请完善该项目，提出营销策划方案，并制订出营销计划。

第 18 讲

旅游市场营销组织与控制

学习目标

XUEXI MUBIAO

通过本讲的学习，学生应能够达到以下学习目标：

1. 了解几种常见的旅游市场营销的组织结构和类型；
2. 了解旅游市场营销的管理过程和控制过程；
3. 全面回顾旅游市场营销的工作体系和内容，完成综合性考核。

理论概要

LILUN GAIYAO

旅游市场营销的实现，离不开有效的管理和控制，这也是旅游企业开展旅游市场营销工作的管理基础。旅游市场营销管理是把管理的技术（组织、分析、执行、控制）应用到旅游企业的营销活动中去的过程，从设置企业的营销目标开始，直到为实现目标的战略规划与战术方案的实施、控制与评价，是一项系统有序的科学活动。在旅游市场营销管理过程中，需要依托一定的市场营销组织开展活动，必须具有制订、实施稳健的市场营销计划、评估和控制市场营销活动的能力。

一、旅游市场营销策划的组织与过程

旅游市场营销活动的管理过程（图 18-1），是一个有序的管理过程，包括确定营销

策划部门、分析市场营销机会、研究选择目标市场、制定市场营销策略、制订市场营销计划，实施控制营销计划。营销策划部门在市场营销活动中应先行动起来，并应持续从实施和控制计划中摄取反馈信息。从企业实际的营销活动来看，实施营销策划一般有三种状态。

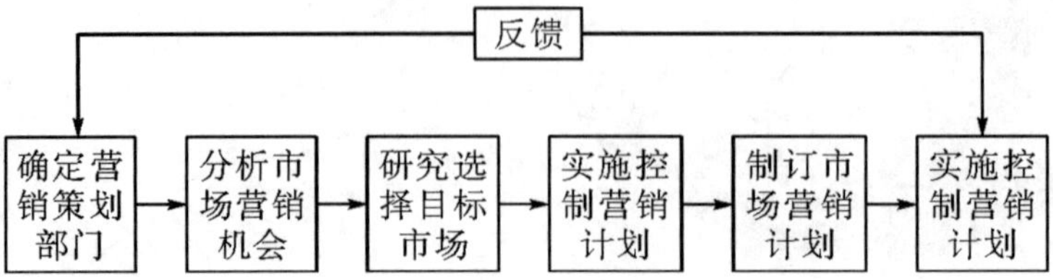

图 18-1 旅游市场营销活动的管理过程

（一）单部门营销策划

单部门营销策划一般流程如图 18-2 所示。

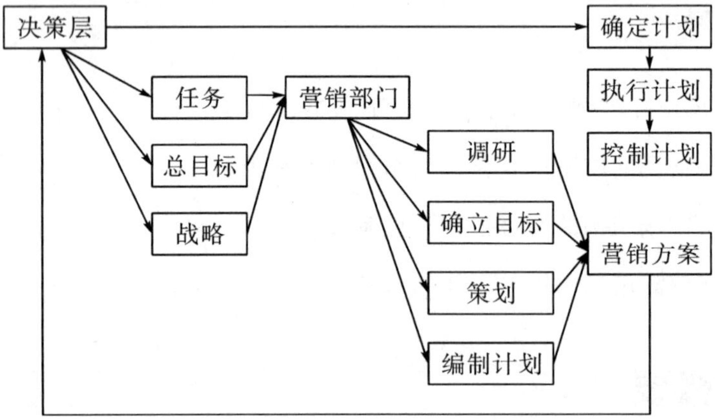

图 18-2 单部门营销策划一般流程

（二）多部门营销策划的相互关系

多部门营销策划的相互关系如图 18-3 所示。

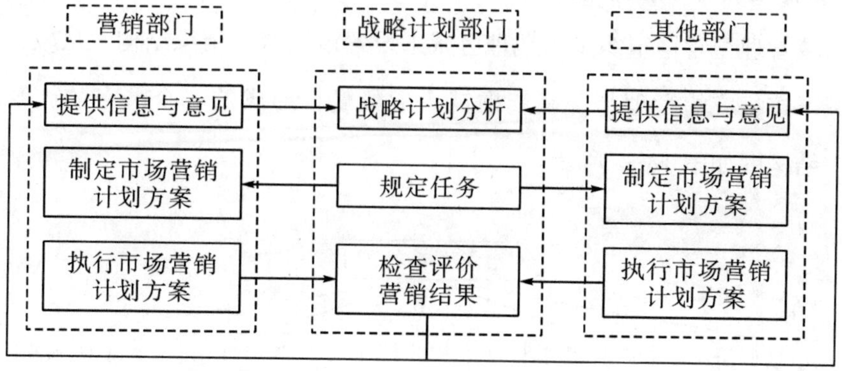

图 18-3　多部门营销策划的相互关系

（三）委托专业机构做营销策划

企业在进行营销策划前，需广泛收集相关信息，密切监察社会环境的变化、调查竞争者的状况、预测社会公众的需求，以及了解外部政治、经济、时尚潮流等各种影响企业管理因素的情况。对于大多数企业而言，不管是在时间、精力、专业还是在技巧方面，都较难达到专业调查团队的效果，因此，部分大型企业在内部组织人员开展策划的同时，还委托专业的营销咨询机构进行调研策划。

二、现代旅游市场营销组织类型

（一）旅游产品管理型营销组织

旅游产品管理型营销组织是根据旅游企业所提供的的旅游产品的类型来设置相应的营销机构，并对各项主要旅游产品建立不同的成本中心和收入中心。旅游产品管理型营销组织的结构如图 18-4 所示。

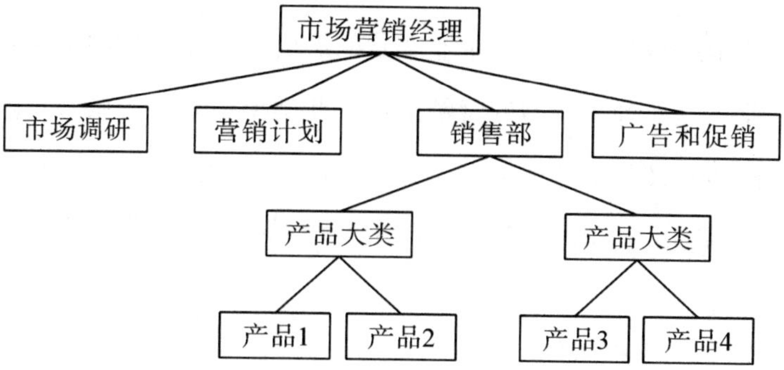

图 18-4　旅游产品管理型营销组织的结构

（二）旅游区域管理型营销组织

旅游区域管理型营销组织是以地理区域来设置市场营销组织结构，从较大区域依次到较小区域，按相应的管理跨度确定推销人员数量，形成的一个严密的旅游产品销售网。其组织结构图如图 18-5 所示。

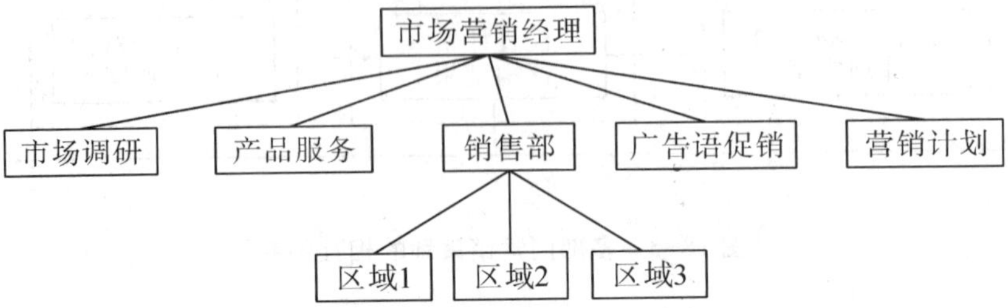

图 18-5　旅游区域管理型营销组织的结构

（三）市场管理型营销组织

市场管理型营销组织是根据旅游消费者类别来设置相应的营销机构，围绕旅游企业所服务的主要目标旅游市场，形成以主要目标市场为核心的旅游营销组织，体现"以消费者为中心"的营销观念。其组织结构图如图 18-6 所示。

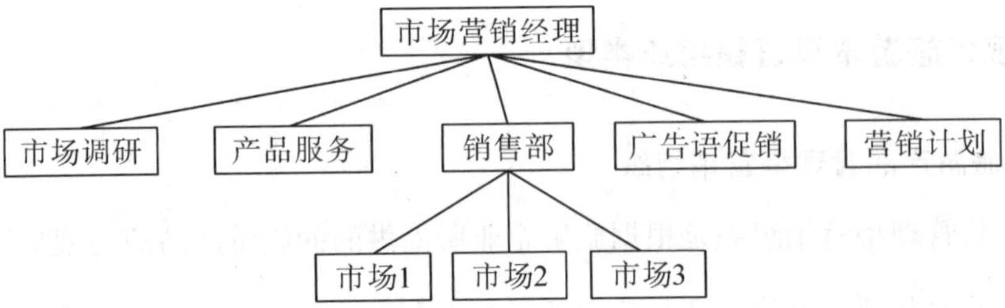

图 18-6　市场管理型营销组织的结构

（四）综合矩阵型营销组织

综合矩阵型营销组织是根据旅游企业经营的需要，根据产品和市场两大方面的因素来设置的旅游企业，是一种复合型的营销机构。此类型主要源于旅游企业营销活动的两点需要：一是生产活动及其他业务活动对部门职能专门化的需要，二是市场营销对整个企业协调一体化的需要。其组织结构图如图 18-7 所示。

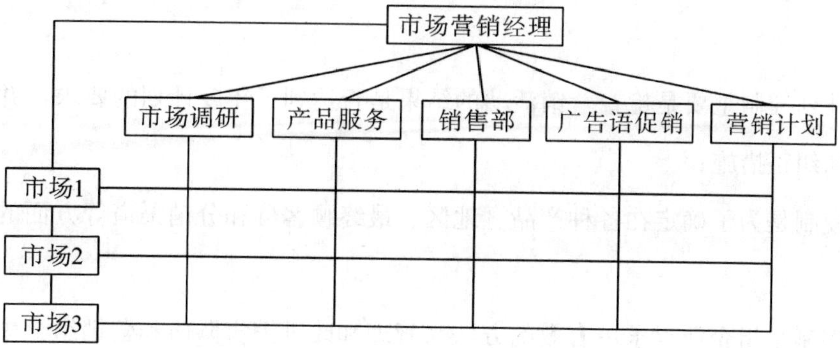

图 18-7 综合矩阵型营销组织的结构

三、旅游市场营销控制

（一）旅游市场营销控制的内容

营销控制是指企业对营销战略和计划的实施效果进行衡量与评估，随时采取措施修正实施过程中的偏差，以确保营销目标实现的管理过程。营销控制的内容和目的如表18-2 所示。

表 18-2 营销控制的内容和目的

内容	目的
经理摘要	使经理人迅速了解计划的内容
当前营销状况	提供与市场、产品、竞争、分配和宏观环境有关的背景数据
机会和背景分析	概述主要的机会、威胁、优势、劣势，以及在计划中必须要处理的问题及面临的问题
目标	确定计划中要达到的关于销售量、市场份额和利润等目标
营销战略	描述为实现计划目标而采取的主要营销方法
行动方案	回答做什么、谁来做、何时做、需要多少成本
预计损益表	概述计划预期的财政收益情况
控制	说明如何监控该计划
评估	对计划实施的结果怎样进行科学的评估

营销控制包括年度计划控制、营利能力控制、效率控制和战略控制等不同的控制过程。

年度计划控制主要是检查营销活动的结果是否达到了年度计划的要求，并在必要时采取调整和纠正措施；

盈利控制是为了确定在各种产品、地区、最终顾客群和分销渠道等方面的实际获利能力；

效率控制是指企业寻求更有效的方法来管理和改进销售队伍和营销组合中绩效不佳的实体活动；

战略控制则是审查企业的战略计划是否有效地抓住了市场机会，以及是否同迅速变化着的营销环境相适应。

（二）旅游市场营销控制的过程

控制过程分为三个步骤：

第一，管理者要确定年度计划中的月份目标或季度目标；

第二，管理者要监督营销计划的实施情况；

第三，如果营销计划在实施中有较大的偏差，则需要找出发生的原因，并采取必要的补救或调整措施，以缩小计划与实际之间的差距。

年度计划控制的内容主要是对销售额、市场占有率、费用率等进行控制。

生产性实训任务

SHENGCHANXING SHIXUN RENWU

本课程结课综合实训随堂进行，可以用于课程考核。本任务以本讲的生产性实训资源为基础，根据实际形势和企业动态需求，开展企业的下一年度用短视频或者直播渠道开展营销活动的工作规划方案（包含策划、计划、实施条件三个部分）。

一、实训目的

检验学习综合应用水平，尤其是旅游营销的创意能力、设计能力、和综合集成能力，并从新的视角考核新旅游业态下学生的营销理念和对“互联网+旅游”的理解能力。

二、内容要求

必须说明自己所选的创作形式（短视频或者直播）另外，文字内容应包括用户分析、营销设计思路、实施计划书及组织实施的需求列表。在活页中手写全部内容答案，在规定时间内上交，如果时间和条件允许，可以要求提交最后成品。

三、要求方案

不少于800字。

四、其他要求

1. 遵守考试纪律。

2. 方案应有自己的特色，创新性。

3. 文案思想正确、设计合理，表达完整，有独到见解。

五、评分标准

分项	文案正确、完整、三观正确	设计的创新性	方案可行性	内容的文创成分	政治思想性
分值	20	30	30	10	10

参考文献

［1］连漪. 市场营销学理论与实务［M］. 北京理工大学出版社，2018：132-145.

［2］刘晓明. 旅游市场营销［M］. 上海交通大学出版社，2007：133-137.

［3］郑伟平. 4P 与 4C 在经济型酒店的营销中的互补和应用［J］. 江苏商论，2010（7）：27-34.

［4］刘晓明. 旅游市场营销［M］. 上海交通大学出版社，2007：183-200.